Inhalt

Vorwort: Wie es zu diesem Buch kam

Ein persönliches Erleben

An einem wolkenverhangenen Januarnachmittag betrete ich das Freiburger Münster. Es ist nur spärlich beleuchtet. Ich muss mich erst an die Dunkelheit gewöhnen. Ein Sonnenstrahl fällt durch die leuchtend-bunten Glasfenster auf die erste Figur im Mittelgang links und taucht sie in warmes Licht. Es ist eine Petrus-Statue auf einem achteckigen Sockel unter einem achtstrahligen Baldachin vor dem dicken Bündelpfeiler (- die Zahl 8 nehme ich deutlich wahr als Symbolzahl für Neubeginn). Mein Blick fällt auf die Geste seiner linken Hand, die mich seltsam anmutet. Der Unterarm ist angehoben, das Handgelenk fast waagerecht, die Finger locker eingeschlagen, der Zeigefinger weist steil senkrecht abwärts. Die Geste hat etwas stark Auffordernndes für mich. Der Blick des Petrus ist wie in einem inneren Hören und Schauen nach schräg oben gerichtet.

In der rechten Hand hält er einen mächtigen Schlüssel mit dem Bart nach oben. »Verweile«, scheint er zu sagen, »bleibe da! Das ist der Schlüssel: Verweile!« Ich bin angerührt von dieser aufblitzenden Erkenntnis, staune und schaue. Da verschwindet die Sonne, die ganze Figur ist wieder so in Dunkel getaucht, dass sie fast gar nicht mehr zu sehen ist: »Bleibe! Nacht ist wie das Licht und sie leuchtet wie der Tag«.

Im Nachsinnen über diese »Begegnung« im Münster spüre ich die Kraft dieses Impulses: Gottesbegegnung braucht nicht ein Mehr an Erfahrungen, Methoden, Büchern, Eindrücken, Bildern oder Worten, sondern ein Verweilen im Augen-Blick, ein Da-Sein im Jetzt, ein Vertiefen und Nachspüren dessen, was auftaucht. Es ist geschenkte Gegenwart in jedem Atemzug und jedem Herzschlag, bei jedem Schritt und jedem Augenaufschlag. Der Moment wird zur Möglichkeit Gott in allem und durch alles zu finden (nach Ignatius von Loyola[1]).

Solche Zeiten werden mehr und mehr zu erfrischenden Oasen und zu Quellorten der Entfaltung von Lebendigkeit.

Menschsein heißt Gott suchen

Gott, der die Welt gemacht hat und alles, was darin ist, er, der Herr des Himmels und der Erde, wohnt nicht in Tempeln, die mit Händen gemacht sind. Auch lässt er sich nicht von Menschenhänden dienen, wie einer, der etwas nötig hätte, da er doch selber jedermann Leben und Odem und alles gibt. Und er hat aus einem Menschen das ganze Menschengeschlecht gemacht, damit sie auf dem ganzen Erdboden wohnen …, damit sie Gott suchen sollen, ob sie ihn wohl fühlen und finden könnten; und fürwahr, er ist nicht ferne von einem jeden unter uns. Denn »in ihm leben wir, in ihm bewegen wir uns, in ihm sind wir« (Wilckens, Apostelgeschichte 17,24-28).

Und der Psalmist spricht voll Staunen: Ich danke dir dafür, dass ich wunderbar gemacht bin; wunderbar sind deine Werke, das erkennt meine Seele. Es war dir mein Gebein nicht verborgen, als ich im Verborgenen gemacht wurde, als ich gebildet wurde unten in der Erde. Deine Augen sahen mich, als ich noch nicht bereitet war ... (Rev.Luther, 1984, Psalm 139,14-16).

»Ausgehend von der in beiden Textstellen formulierten Gewissheit, dass kein Mensch auf dieser Welt ohne eine vom Schöpfer in ihn gelegte Sehnsucht nach Gott lebt, wohl ahnend, dass der Lebenskern eines jeden Menschen selbst Gedanke Gottes und ein Stück Himmel ist und in dem Bewusstsein, dass es keinen Ort und keine Zeit ohne Gott gibt, ist es für mich wichtig Gelegenheiten zu inszenieren und zu gestalten, in denen wir dieser inneren Suche und dem Hunger nach Bedeutung und Annahme Stimme geben können.

»Wer bejaht mich so, wie ich jetzt gerade bin, bin ich wichtig und habe ich eine Bedeutung in meinem So-sein, in meinem Jetzt-Sein und in meiner Lebenszeit?« Diese Fragen ... sind der Motor unendlich vieler Experimente, um aus der Menge der Vielen als Individuum herauszutreten und »Ich« zu werden.

Damit bin ich ... im Zentrum der Frage nach Gott, nach Ursprung und Ziel, oder einfacher, nach dem unbedingten Ja, dem unerschütterlichen Gewolltsein und der unverwechselbaren Einmaligkeit eines jeden Lebens.

Wer könnte sagen, dass sie/er damit am Ziel sei? So befinde ich mich bei diesem Thema wohl niemals in der Position einer Belehrenden oder Wissenden, sondern immer auf einer Stufe als Suchende unter Suchenden. Was wir von und über Gott mitteilen, ist – wie die Zeugnisse der Bibel – persönliche und gemeinsame Glaubensaussage, gegründet auf lebensgeschichtliche Erfahrungen der Präsenz und des Wirkens Gottes, stückweises Erkennen und tastendes Beschreiben des doch immer Viel-Größeren, Unfasslichen und Unbegreiflichen.

Wenn ich mich also darauf einlasse, tatsächlich mit Gott als existentieller Mitte zu rechnen ..., wenn es mir mehr um die persönliche »Betroffenheit« als um Wissensvermittlung geht, dann bedeutet dies zugleich, dass ich um die Unverfügbarkeit dieses Gottes weiß und dennoch seine Selbstoffenbarung in jedem Menschen erwarte. Ich lasse mich damit auf einen Erfahrungsweg mit offenem Ende ein und befinde mich zugleich in guter Gesellschaft der Gottsuchenden und Mystikerinnen aller Zeiten.«[2]

Spiritualiät

Der Begriff ›Spiritualität‹ ist ein schillernder, der im jeweiligen Kontext östlich-meditative, esoterisch-exclusive oder mystisch-christliche Züge aufweisen kann.

Der in diesem Buch verwendete Begriff bezeichnet den weiten Bereich eines sich durch das Wirken des Geistes Gottes entfaltenden und Gestalt suchenden christlichen Lebens in der Beziehung zum dreieinigen Gott auf der Grundlage der Heiligen Schrift. Dabei trifft die Suchbewegung des Menschen nach Ursprung und Ziel seines Lebens auf das Gefunden- und Gewolltsein durch Gott in Jesus Christus.[3]

Das lateinische Grundwort ›spiritus‹ weist mit seiner Bedeutungsfülle auf die vielfältigen Deutungs- und Entfaltungsmöglichkeiten des Begriffs Spiritualität hin. In jeder Übersetzungsvariante spiegelt sich eine Facette, die in ihrem jüdisch-christlichen Verständnis meinen Ausführungen zugrunde liegt (die Darstellung der historischen Entwicklung und inhaltlichen Füllung des Begriffes in der christlichen Mystik würde hier zu weit führen):

›Geist‹ – Spiritualität hat einen Sitz in unserem Verstand und Willen, braucht unsere Absicht und bewusste Orientierung oder Ausrichtung.

Der Begriff ›spirituell‹-›geistlich‹ für ein Leben, das durch den Heiligen Geist Gottes geprägt und geleitet ist, erschien bereits in der mittelalterlichen Mystik ab dem 14. Jh., war dort aber hauptsächlich auf den ›geistlichen Stand‹ der Ordensleute und Priester beschränkt im Unterschied zum ›weltlichen‹ Stand. Der Terminus ›geistliches Leben‹ beschreibt aber bis heute die aktive Hinwendung des Menschen zu Gott und die willentliche Lebensgestaltung aus den Quellen der christlichen Tradition und der Heiligen Schrift.

›Luft‹,›Hauch‹ – beschreibt die spirituelle Dimension der Lebendigkeit und des Bewegtwerdens durch die Impulse des Wortes Gottes und die persönlich erfahrene Gottesnähe. Im hebräischen ›ruach‹-›Hauch‹, das sowohl eine männliche wie eine weibliche Komponente aufweist, klingt der lebenschaffende ›Atem‹ (Gen 2,7 – lebendiger Odem) Gottes an, der als ›Lebenshauch‹ in jedem Menschen ein Hinweis auf den Schöpfer und Erhalter unseres Lebens darstellt, der gesucht und dem nachgespürt wird,

	dessen Anspruch und Zuspruch gehört und gehorcht und dessen Wirken Raum gegeben wird. Nicht umsonst werden viele spirituelle Übungen in Verbindung mit unserem Atem gebracht.
›Seele‹ –	weist wie Geist auf den Raum, in dem Spiritualität wirkt und Gestalt annimmt. Gemeint ist damit sowohl die Welt der Empfindungen, Stimmungen und Gefühle, wie auch die Mobilisierung und Stärkung, Weckung und Vertiefung von ›Begeisterung‹ und allem, was unseren (Lebens-)›Mut‹ erneuert, entfacht und kräftigt.
›Sinn‹ –	schließlich eröffnet die ganze Bandbreite spiritueller Erfahrungen, die durch die sinnenhafte Wahrnehmung z.B. der Natur, aber auch der eigenen Befindlichkeit, ein Hinweis auf die dahinter und darin verborgene Gegenwart Gottes sind.

Eine Herausforderung zum Umdenken

In der Vorstellung des Buches ›Ein Jahr der Jesusbegegnungen‹ von Heinz Schürmann finde ich einen weiteren Schlüssel: »Das charakteristische Jesus-Bild unserer Tage scheint der ›innere Jesus‹ zu werden, der sich in den Seelen, in Gemeinden und Gemeinschaften immer stärker bemerkbar macht.«

Ich frage mich, ob es gelingen kann für uns als Einzelne, aber auch in den Hauskreisen, im Lebens- und Lernraum Schule oder im Unterricht und den Gruppentreffen der Kirchen- oder Pfarrgemeinde Freiräume für Innehalten, Verweilen, Hören, Schauen und geistliches Erkennen zu gestalten?

Der kreative Ansatz erfahrungsorientierter Zugänge inspiriert mich seit Jahren immer neu und eröffnet vielfältige Möglichkeiten vertiefender Begegnung miteinander und mit biblischen Themen[4].

Doch was hier aufleuchtet, fordert meine bewusste Entscheidung, dem Vielerlei die Einfachheit und Schlichtheit, der Hektik und dem Zeitdruck das Verweilen und Vertiefen entgegenzusetzen. Ich spüre, es geht um einen Zuwachs an Identität durch die Dichte persönlicher Erfahrung, um Zulassen und Aufwecken von Innerlichkeit, um die leise Stimme, die angedeutete Regung, die auftauchende Empfindung als persönlichen Lebensimpuls, als Berufung zur Entfaltung und Verwandlung wahrzunehmen.

Die Herausforderung liegt darin, dass ich es selbst erfahre, ja dass es existentiell mit mir zu tun haben muss, um es weitergeben zu können. Ich vermittle nicht einen Lernstoff, der mir intellektuell begreiflich und verfügbar ist, sondern ich lasse mich auf Prozesse ein, deren Verlauf ich nicht zuvor absehen kann. Es kommt mir vor wie eine Entäußerung und Preisgabe meiner Person, das Öffnen meiner

Privatsphäre, indem ich mich mitteile, Anteil gebe und doch frei bleibe und die Mitgehenden frei lasse. Ich rechne damit, dass ich in Berührung komme mit mir, mir dir, mit Gott, mit der Quelle in mir, mit dem Feuer in dir, mit dem Verdrängten und Verstoßenen in mir und dir. Will ich das? Spirituelle Wege gehen bedeutet das Wagnis einzugehen, in Berührung zu kommen und mich berühren zu lassen. Das ist nicht unbedingt typisch für unsere schulischen und gemeindlichen Lehr- und Lernsituationen. Doch habe ich eine andere Wahl, wenn ich mit anderen Leben teilen möchte? »Glaubenssachen sind Liebessachen, es gibt keine Gründe dafür oder dagegen«, sagte schon Wilhelm Busch. *»Nur, wenn dein Herz brennt und du selbst entflammt bist, kannst du so lehren, dass mein Wort in anderen Funken schlägt!«*

Also will ich mich auf das Wagnis einlassen und beginne mitten im Alltäglichen einen Weg zu suchen, Kleinigkeiten zu entdecken, Situationen zu ergreifen und Anlässe so zu inszenieren, damit darin etwas Wesentliches und Heilsames wachsen, aufblühen und sich entwickeln kann. Ich verwende den Begriff ›Inszenierung‹, weil darin zum Ausdruck kommt, dass es um sorgsame und überlegte Gestaltung geht, um einen bereitgestellten Rahmen und gut vorbereitete Übungen und Anregungen, durch die in einer Atmosphäre der Sammlung Raum für spirituelle Erfahrungen wird.

Warum also ein »Werk-Impulsbuch Spiritualität«?

Ich möchte mit den Anregungen, Berichten und Impulsen in diesem Buch dazu ermutigen, zunächst dem eigenen, sehr persönlichen geistlichen Leben Raum zu geben, dem Wachsen zu trauen und eigene Erfahrungen wahrzunehmen und zu integrieren. Nur in der Identität mit der eigenen geistlichen Entfaltung und der persönlichen Gottesbegegnung liegt die Wurzel zur Sprachfähigkeit des Glaubens, um in anderen die gleiche Sehnsucht zu entdecken und mit ihnen gemeinsam innere Wege zu gehen.

Für mich sind ignatianische Exerzitien eine große Hilfe und Herausforderung, den inneren Wahrnehmungen und Anregungen zu trauen. Geistliche Begleitung durch liebevoll-wachsame Menschen, die im teilweise recht exotischen Garten der Mystik, Meditation oder innerer Erlebniswelten erfahren sind, werden mir zur wesentlichen Ermutigung, helfen zur Klärung und Unterscheidung, um bei diesem Abenteuer einen befriedeten Weg gehen zu können.

Ich wünsche mir, dass die Fülle der Übungen und Anregungen nicht verführt zum Absolvieren eines Programmes. Wenn die eine oder andere Übung uns gut tut, dann bleiben wir dabei, bis wir gesättigt sind und lehren sie andere nur, wenn wir sie selbst gelebt haben. Mehr als eine Übung pro Woche scheint mir nicht angebracht. Es wächst nur, was in der Tiefe in Geduld einwurzeln kann, dann birgt es auch die Chance der Verwandlung.

Zu den Impulsen, Texten, Liedern und praktischen Übungen

o Jede Übung kann allein oder in einer Gruppe erprobt werden.

o Allen Angeboten ist ein bewusstes Verweilen bei einer Wahrnehmung gemeinsam.

o In einer Gruppe oder in der Familie empfiehlt es sich, dass wir uns aus einem Themenfeld auf eine Übung einigen und diese in einem zuvor festgelegten Zeitraum praktizieren, z.B. 1x täglich, eine Woche lang. Danach tauschen wir uns aus, was sich in unserer Wahrnehmung eingestellt oder verändert hat.

o Die Impulse und meditativen Texte können in Auswahl als Einstimmung und Schluss verwendet werden. Auch hier gilt, dass die Beschränkung auf einen Impuls hilfreicher ist als ein Überangebot von Anregungen.

o Die angebotenen Lieder (oder andere) dienen der Vertiefung. Sie können zur Eröffnung oder zum Abschluss einer Übung gesungen werden. Kurze Liedrufe singen wir mehrfach, summen sie dazwischen und singen sie dann noch einmal.

o Tragende Rituale bedürfen der Beständigkeit und Schlichtheit, der Wiederholung und dadurch wachsenden Vertrautheit.

o Es kann hilfreich sein, ein Gedicht-Gedanken-Bilder-Buch anzulegen, in dem wir festhalten, was uns wichtig ist, was aus der Tiefe aufsteigt, was uns bewegt und worüber wir mit einem Menschen unseres Vertrauens als Hilfe zur Klärung reden können.

In diesem Buch finden sich steinbruchartig verschiedene Wege, Zugänge und Übungen, die Gefäße sein können, in die der Geist Gottes souverän und unvereinnahmbar, frei und überraschend Leben gießt und fließen lässt.

Es ist also kein Methodenbuch, sondern möchte anregen eigene »Gefäße« zu entdecken und zu formen. Nicht alles ist für alle zur gleichen Zeit angemessen, sondern jede/r entfaltet und wandelt sich in ganz eigenem Maß durch die Berührung mit dem Lebendigen, mit Gott.

Die persönliche Erfahrung wird die Richtung weisen, wie wir ganz individuell und originell diesen Weg der spirituellen Gott-Suche und Gottesbegegnung gehen werden. Dabei bleibt die Heilige Schrift der Leitfaden der Orientierung und Jesus Christus selbst der Lehrende, Weggefährte und die Stimme.

Aufschreiben möchte ich,
vor offene Augen malen
und hineinreden in bereite Ohren,
die sehnsüchtig mithorchen
und erwartungsvoll aufmerken
auf das Wirkliche, Wesentliche, Heilende.
Dich unablässig suchend
finde ich die Quelle in mir
wie ein Geheimnis vor aller Zeit,
nicht fern, nicht irgendwo oben oder unten,
in der Tiefe bist du von Anfang an.

Ich schreibe dieses Buch in der Ich-Du-Wir-Form; denn das Gehen eines gemeinsamen spirituellen Weges und das Mitteilen mir bedeutsamer Fundstücke des Glaubens braucht Vertrauen und den geschützten Raum eines offenfreundschaftlichen
aufeinander Hörens und miteinander Redens.
Wenn wir den finden, der uns sucht, und aufspüren, was uns trägt und nährt, dann
wächst unsere Weggemeinschaft im Reich Gottes.

Im Oktober 2001   *Irmintraud F. Eckard*

Grundbedingungen einer persönlichen Spiritualität

So unteilbar der mystisch-geistliche Schatz der ganzen Kirche ist, so unverfügbar ist er zugleich und wird immer als Geschenk empfangen. Sich ihm zu öffnen und ihn zu entdecken verlangt die Weitung unseres Herzens und das Ablegen aller Grenzziehungen; denn Gott offenbart sich unabhängig von unseren menschlichen Vorstellungen.

Mit allen Sinnen wollen wir uns auf Gott einlassen, von dem all unsere Sehnsucht, alles Suchen nach Ganzheit ausgeht: »*Was von Anfang an war, was wir gehört und mit unseren Augen gesehen haben, was wir betrachtet haben und was unsere Hände betastet haben, vom Wort des Lebens ... was wir gesehen und gehört haben, das verkündigen wir auch euch, damit auch ihr Gemeinschaft habt ... mit dem Vater und mit seinem Sohn Jesus Christus*« (Aus 1 Johannes 1,1-4).

Alle Mittel und Wege werden fokussiert (d.h. alle »Lichtstrahlen in einem Punkt vereinigen«[5]) im Zentrum der Liebe: »*In Jesus Christus liegen verborgen alle Schätze der Weisheit und der Erkenntnis*« (Kolosser 2,3).

Unsere Suche beginnt mit unserer Bedürftigkeit nach Tiefe, Weite, Licht, Glanz und Lebensfülle, die darin zugleich dem Offenbarungswillen Gottes und seiner unerschütterlichen Menschenliebe begegnet. Er hat ein Herz für unseren »inwendigen Menschen«: »*Christus wohne durch den Glauben in eurem Herzen, damit ihr in Liebe festgewurzelt und festgegründet seid, damit ihr ... erkennen könnt, welches die Breite und Länge, die Höhe und Tiefe ist, und die Liebe Christi erkennt, die alle Erkenntnis übersteigt, damit ihr erfüllt werdet zur ganzen Fülle Gottes hin*« (Nach Epheser 3,16-19).

Martin Buber wagt die Behauptung: »*Dass du Gott brauchst, mehr als alles, weißt du allezeit in deinem Herzen; aber nicht auch, dass Gott dich braucht, in der Fülle seiner Ewigkeit, dich? Wie gäbe es den Menschen, wenn Gott ihn nicht brauchte, und wie gäbe es dich? Du brauchst Gott, um zu sein, und Gott braucht dich – zu eben dem, was der Sinn des Lebens ist ... Schöpfung – sie geschieht an uns, sie glüht sich uns ein, glüht uns um, wir zittern und vergehn, wir unterwerfen uns. Schöpfung – wir nehmen an ihr teil, wir begegnen dem Schaffenden, reichen uns ihm hin, Helfer und Gefährten.*«[6]

> *Ein Funke deines göttlichen Lebens ruft meinem Leben zu sein.*
> *Eine Berührung deiner Liebe weckt in mir Wachstum zu dir.*
> *Ein Tropfen deiner Schöpferkraft lässt meine innere Quelle fließen.*
> *Immer ist es dein Sein vor allem anderen Sein*
> *und mein Sein gebettet in dir.*

Alles Äußere, mit dem wir uns in Sammlung und Betrachtung beschäftigen, kann Tür und Weg zum Inneren sein und uns seine innerste geistliche Dimension enthüllen. In allem ist Gott lebendig; denn wir sind eins: In Gott ins Lebens gerufen, aus Gott geschaffen, zu Gott hin ausgerichtet, mitten in Zeit und Welt mit Ziel und Ursprung eins. Jeder Mensch trägt das Geheimnis göttlichen Lebens in sich, das auf Entfaltung wartet. Wer wir auch sind und wo wir auch sind, wir haben in jedem Augenblick die Chance des Anfangens.

In jedem kleinen, unscheinbaren Anfang, den ich wage, werde ich geboren als lebendiges Wesen, komme ich wie ein neugeborenes Baby mit der ganzen großen Botschaft des Lebens und der Hoffnung auf Vollendung in die Welt. Wie in der Keimzelle und Samenzelle alles schon da ist, was es zum Werden und Wachsen braucht, so ist in jedem kleinen Anfang die Fülle der Verheißung sich entfaltenden Lebens.

> *Geboren-werden,*
> *ein geschenktes, neues Leben empfangen,*
> *das in der Ewigkeit gehimmelt*
> *und in der Gemeinschaft*
> *der Menschenkinder geerdet ist.*
> *Geboren-werden mit dem Schrei*
> *nach Luft, Liebe und Licht.*
> *Geboren-werden als ich und du,*
> *als einmalig gewollt.*
> *Geboren-werden als Anfang*
> *eines geführten Lebens.*
> *Nicht sehe ich ein Ziel,*
> *nicht plane ich den Weg,*
> *wähle auch nicht die Mittel, noch den Preis*
> *und verzichte auf das Machbare,*
> *gebe mich zurück in deine Schöpferhände*
> *zu schöpferischem Sein*
> *und atme von Augenblick zu Herzschlag*
> *dein Sein,*
> *bäume mich auf,*
> *dann und wann,*
> *aufbrausend-stürmisch,*
> *wirble viel Staub auf und*
> *bleibe nach dem Gewitter doch allezeit*
> *in deinem Arm.*

Es fällt uns vielleicht nicht immer leicht, uns auf den inneren Weg einzulassen. Die Müdigkeit kriecht in uns hoch, wenn wir uns sammeln wollen, Gedankenfetzen jagen wie Wolken am Sturmhimmel. Das Verweilen wird schwer. Dann ist es gut, auf die tröstliche Stimme des Schöpfers zu hören, der uns Gelassenheit zuspricht:

»Überfordere dich nicht. Es gehört zu deinem Menschsein und ist nichts Verwerfliches müde oder erschöpft oder ungeduldig zu sein. Lass dir Zeit. Dein So-Mensch-Sein hindert mich nicht in dir zu sein und durch dich. Du hast deine ganz eigene Kontur. Mache dir keine Gedanken und vor allem: Lehne dich nicht ab in deinen Grenzen. In allem bin ich. Alles ist mir vertraut. Trauere nicht um Halbes, Unfertiges oder Zerbrochenes. Lass es ruhen bei mir. Ich bin der Vollender.«

Im Wachsen unserer Gottesbeziehung ist die befreiende Lösung vom Gesetz der Leistung, von den Gedanken der Nützlichkeit und dem Erreichen eines bestimmten Zieles oft ein langer Weg, der weniger durch Kampf und Anstrengung, als eher mit einem Lächeln der Gelassenheit und einem geduldigen Loslassen gegangen werden kann. Ein afrikanisches Sprichwort ermutigt zur Beharrlichkeit: »Wenn du dich durch jeden Hund aufhalten lässt, der dich auf dem Weg anbellt, wirst du nie ans Ziel kommen.«

Im schweigenden Sein vor dir
schwingt ein Rest
des Irgendwohin-Kommen-Müssens.
Ich nehme wahr, wie sich aufbäumt,
dass doch nicht möglich sei,
absichtslos und frei einfach da zu sein.
Das eig'ne Wollen, Meinen und Suchen
knüpfe ich an das Band der Hoffnung,
winde es um meine Gedanken
und neige mein Herz zu dir:
Ja. So. Jetzt. Hier. Amen.

Es braucht Entschlossenheit und den Mut zur Schlichtheit und Aufrichtigkeit, es bewusst wahrzunehmen und auszusprechen, dass ich mich loslassen will, einlassen auf das, was ist und wird und kommt, und zulassen, was auch immer auftaucht. Mehr Herz als Kopf ist gefragt.

In dem Wirrwarr meiner Gedanken und Gefühle
bin ich nicht allein, du bist da, das ist tröstlich.
Ich lasse mich dir mit allem, was in mir ist,
dir und deinem Willen.
Ich lasse mich dir und setze meine Hoffnung
auf dein Eingreifen und Verwandeln.
Ich lasse mich dir, dem alle Macht gegeben ist
im Himmel und hier auf der Erde.
Ich lasse mich dir in der Gewissheit deiner Liebe
und Zugewandtheit,
voll Trost des Heiligen Geistes. Amen.

Bevor wir einzelne Übungen oder angebotene Schritte zur Vertiefung unserer Gottesbeziehung für uns selbst oder mit Gruppen erproben, rate ich ein inneres Wahrheitsfundament zu legen, das wie ein roter Faden in allem Erkennen, Empfinden oder Wahrnehmen Orientierung geben kann und zur Unterscheidung dient, ob etwas Lebendigkeit nach Gottes Schöpfungswillen fördert oder hindert.

Wir brauchen das Einwurzeln im Boden des Geliebtseins gegen alles Getön der Zweifel, gegen die inneren Stimmen der Abwertung, der Anklagen, Forderungen oder Selbstüberschätzung. Wir brauchen einen göttlichen Begleiter.

Übung

Sprich folgende Sätze (nach Psalm 139, Jesaja 43,1-4, Jeremia 31,30) deutlich und hörbar nach. Wiederhole sie im Rhythmus deines Atems (erster Teil beim Einatmen, zweiter Teil nach dem ✳ beim Ausatmen; denn von Atemzug zu Atemzug ruhst du in Gott) so lange, bis du spürst, dass sie in dir wahr geworden sind. Wenn sich in dir Widerstand regt, dann unterbrich die Übung an dieser Stelle und überlege, was es ist, das dir Mühe macht. Schreibe es auf. Sprich mit einem dich geistlich begleitenden Menschen darüber. Dann kehre zurück und übe weiter.

o *Gott, ✳ alles Leben ist aus dir.*
o *Von allen Seiten ✳ umgibst du mich.*
o *Ich bin, ✳ die/den du erdacht hast.*
o *Du ✳ kennst meinen Namen.*
o *Ich bin, ✳ die/den du gebildet hast.*
o *Du ✳ hast mich wunderbar gemacht.*
o *Ich bin geliebt ✳ und gewollt.*
o *Ich bin bejaht ✳ und angenommen.*
o *Ich bin einmalig ✳ und mit etwas Besonderem beschenkt.*
o *Glanz der Ewigkeit ✳ leuchtet in mir.*

Du kannst dabei einen kleinen Bergkristall in die Hand nehmen und anschauen. Vielleicht ist er nicht ganz klar, hat Brüche und Risse, Trübungen und Einschlüsse. Er wurde, was er ist, aus schwarzer Kohle im Inneren der Erde durch gewaltigen Druck und Hitze.

Er kann zu einem Bild deines Lebens werden: Trotz mancher Beimischungen wächst in der Gegenwart Gottes die immer größere Klarheit.

Das ist ein Lebensprogramm.

Lass dich nicht abhalten,
wirkliches Leben zu suchen,
in dir und um dich,
in Genuss und Verzicht,
in Arbeit und Freizeit,
in Kopf und Herz,
mit Schmerz und Freude,
allein und mit andern.
Es gibt nichts Faszinierenderes
als einen wirklich lebendigen Menschen.

Ulrich Schaffer[7]

Also: Gönne dir ein Verweilen »in der liebevollen Aufmerksamkeit Gottes« (nach Ignatius v. Loyola)! Dein Leben entfaltet sich zu Gott hin in immer neuer Schönheit und Klarheit.

Grundbedingungen für spirituelle Erfahrungen in der Schule und der außerschulischen Bildungsarbeit

● *Der äußere Rahmen* wird gründlich und sorgsam geplant und vorbereitet. Dazu gehört die Ordnung und kreative Gestaltung des Raumes (– die Verantwortlichkeit dafür kann von allen Beteiligten im Wechsel wahrgenommen werden –) ebenso wie die Sicherstellung von Ruhe und Möglichkeit zur Sammlung. Wenn möglich, werden Störquellen weitgehend ausgeschlossen: Wir teilen betroffenen Kollegen/Kolleginnen mit, was wir vorhaben, wir informieren den Stufen- oder Schulleiter, wir sorgen dafür, dass im Vorraum Ruhe herrscht usw. Sollten dennoch Unterbrechungen von außen auftreten, unterbricht die/der Anleitende die Übung für kurze Zeit, klärt die Situation in ruhiger Sachlichkeit und Gelassenheit und schafft danach eine Brücke zum neuen Einstieg in die Übung. Schule ist keine Insel, auf der spirituelle Erfahrungen ungestört eingeübt werden können. Das hat den Vorteil, dass die »Erdung« erhalten bleibt.

● Es ist empfehlenswert, wenn jede/r Teilnehmende ein besonderes *Leer-Buch* besitzt (dessen Umschlag z.B. besonders gestaltet wird), in dem die persönlichen Eindrücke und Erfahrungen, Geschichten, Gedichte, Zeichnungen und Bilder gesammelt werden können. Dieses persönliche Buch bleibt »unangetastet«, jede/r entscheidet selbst, was sie/er davon mitteilen, veröffentlichen oder preisgeben will. Auch die/der Anleitende wahrt die Diskretion, bietet aber eventuell die Begleitung und das Mithören, Mitlesen oder Mitberachten an, wenn und wann es gewünscht wird.

● *In unterrichtlichen Vorhaben* und Projekten werden Sequenzen bewusst eingeplant, die als Freiräume für persönliche Erfahrungen ausgewiesen sind, von denen die Beteiligten wissen, dass es darin nicht um Beurteilung oder Bewertung geht. Diese ausgesparten Zeiten können jeweils zu Beginn oder am Ende einer Stunde wie ein Ritual erlebt werden oder als besondere Bausteine zwischen den Lerneinheiten liegen. Auch Projekttage oder spezielle Wochenenden eignen sich gut für geistliche Erfahrungswege.

● Die tatsächliche *Freiwilligkeit* der Beteiligung und die respektvolle Achtung der freiwilligen Entscheidung der anderen gehen Hand in Hand. Das heißt, wer sich nicht aktiv beteiligen möchte, ist als aktiv-Hörende/r oder Miterlebende/r willkommen, auf (wertende u.a.) Kommentare verzichten wir. Die Regeln für Zeiten der spirituellen Erfahrung werden miteinander abgesprochen. Die ausgewiesenen Zeiten werden so weit wie möglich verlässlich eingehalten.

● Spirituelle Übungen in der Schule zielen u.a. auf die *Stärkung der Persönlichkeit* (wie sie schöpfungsmäßig gedacht und gewollt ist) als hörendes und antwortendes Gegenüber Gottes. Dies wird gefördert durch die Erfahrung der

Annahme und Wertschätzung in Christus, die sich in menschlicher Zuwendung bruchstückhaft zwar, aber mit der ganzen Bereitschaft zu einem uneingeschränkten Ja zeigt. Dieses Ja gilt zunächst den Anleitenden selbst. Je tiefer es für uns persönlich zu einem tragenden Fundament unseres Lebenshauses geworden ist, das *vor aller Leistung und nach allem Scheitern* bestehen bleibt, desto eher können wir es anderen als Entfaltungsraum anbieten. Das kann bedeuten, dass wir zuerst unsere eigenen Defizite und Beeinträchtigungen auf diesem Gebiet bearbeiten müssen, damit wir als ›Genährte‹ nährende Erfahrungssituationen zu begleiten und zu gestalten vermögen. (Welchen Stellenwert hat Leistung und Perfektion in meinem eigenen Wertesystem?)

Die ›Inszenierung‹ von Situationen, in denen spirituelle Erfahrungen gemacht werden können, will dem souveränen und niemals planbaren Wirken Gottes an uns einen Ort und eine Zeit reservieren. Die Teilnehmenden werden sich als Menschen erleben, in denen sich je individuell und originell das Reden Gottes verwirklicht und die eigene Antwort auftauchen kann. Dazu ist es hilfreich, ein möglichst breites Repertoire an kreativen *Ausdrucksmöglichkeiten* einzuüben, um vielerlei Brücken anzubieten. Dabei bleiben wir uns bewusst, dass alle Methoden nur Hilfestellungen sein können, in denen und an denen vorbei das Wesentliche einer persönlichen Gottesbegegnung geschehen kann.

In der *Methodenwahl* empfiehlt es sich, mit eher kognitiven Übungen zu beginnen, Körperwahrnehmung und Sinnes-Sensibilisierung fördern die Achtsamkeit für das eigene Befinden. Das kontemplative Betrachten von Bildern, kreativ-meditatives Malen, Zeichnen, Schreiben und Dichten und das Gestalten mit plastischem Material dient der Sammlung und Vertiefung und ermöglicht das Zulassen und Aushalten von Stille. Wenn ein gewisses Maß an Vertrautheit untereinander gewachsen ist, können auch Gebetstänze einbezogen werden. (Vorsicht: Die eigene Körperlichkeit wird bei Jugendlichen oft sehr gebrochen wahrgenommen.) Bei Berührungen und Gesten gilt die gleiche aufmerksame Diskretion, damit keine Überforderung das Gestalten blockiert. Die (tatsächliche) Sprache der (Taubstummen-)Gebärden bietet da eine gute Brücke.

Der Ansatz bei spirituellen Übungen im Bereich der Schule ist im Kern ein anderer als beim leistungs- und bewertungsbezogenen Arbeiten. Das Zulassen und ›Veräußern‹ von persönlichen Erfahrungen, Empfindungen und Gefühlen gelingt – wie auch Kreativität generell – nur im angstfreien Raum eines fröhlich-ungezwungenen Miteinanders. Diese *Grundstimmung der gelassenen Heiterkeit* basiert auf der Erkenntnis, dass es Gott mit uns allen gut meint und gut macht. Dieses einander gewährte Wohlwollen wird sich auswirken und braucht geduldiges Einüben.

- Es wird in jeder Gruppe mit davon abhängen, inwieweit zwischen der/dem Anleitenden und den Teilnehmenden eine *Atmosphäre* wächst, in der niemand befürchten muss, sich zu blamieren. Es fordert von den Anleitenden eine große Sensibilität, diesen Schutzraum zu wahren und zu fördern.

- In der Begegnung miteinander verzichten wir bewusst auf die oft zwischen Lehrer/innen und Schüler/innen übliche »Hierarchie«. Wir sind in unserer Geschöpflichkeit als Gottes-Bedürftige gleichwertig. Diese Gleichwertigkeit hält die Unterschiedlichkeit aus. Offenheit ist ein Geschenk, eine wachsende Pflanze, die gut begossen werden muss, damit sie groß werden kann. Das bedeutet, dass wir eine grundsätzliche Entscheidung für unser Verhalten gegenüber anderen (und eben auch den Kindern und Jugendlichen gegenüber) treffen müssen: Ich will lernen, in meinem Reden (und Denken), in meiner Mimik und Gestik und in meinem Tonfall die Würde der anderen zu achten. Ich mache mir immer wieder bewusst, dass jede/r von uns von Gott geliebter und gewollter Teil der großen Menschheitsfamilie ist. Diese Entscheidung bedingt, dass ich auf alle Formen abwertender Kritik verzichte und dass ich mich weniger mit dem einzudämmenden Negativen beschäftige, sondern mehr um das zu fördernde Positive in den Einzelnen besorgt bin.

- Nur wenn das achtsame Wahrnehmen mit allen Sinnen und die Haltung der gegenseitigen Wertschätzung auch alle anderen unterrichtlichen (u.a.) Situationen durchzieht, kann es *glaubwürdig sein*. An der Integration von Versagen und Schmerz und am Umgang mit Ärger und Enttäuschung wird erkennbar, ob die Erlösung durch Christus, die wir glauben, trägt.

- Setzen wir unser *Vertrauen* jeden Tag auf die suchende Liebe Gottes, die mit und ohne unsere Bemühungen zum Ziel kommt.

Kapitel 1 — Der Aufbruch zur Mitte

Impulse zum (Wieder-)Finden eigener Erfahrungen

- Das Dasein im Raum der »liebevollen Aufmerksamkeit Gottes« lässt mich aufblühen und bringt mein Leben mehr und mehr in seiner ursprünglichen Berufung zur Entfaltung.

- Es ist der Augenblick, in dem mir Gott begegnen möchte. Die aufrichtige Begegnung und das Wahrnehmen seiner Impulse ist wichtiger als Antworten auf Fragen oder Visionen für die Zukunft. Alle Möglichkeiten liegen im Jetzt und Hier.

- Ich lerne, dass mein Dasein, ohne etwas Bestimmtes zu sehen, zu hören oder zu erkennen, genügt; es ist die Ruhe der göttlichen Gegenwart. So löse ich mich von aller Erwartung und bleibe. Ich übe nichts anderes zu suchen und verweile.

- Nicht als von außen kommend, nicht von irgendwoher erwarte ich Gott. Ich lerne nach innen hinabzusteigen in den Raum der Verborgenheit, wo er ist. Es ist der Raum, wo das Kind geborgen ist, wo die Rose der Nacht blüht und alles durchatmet ist von seinem Geist.

- Ich muss nicht erst etwas werden, etwas tun oder sein. Er ist schon alles und immer, überall und in mir. Unverlierbar ist er, weil ich ihn nicht begreifen oder halten könnte, in seinem freien Sein als Leben in der Tiefe, Höhe, Weite und Breite. Ich finde mich aufgehoben, geborgen, da.
  In den Impulsen dieses Kapitels geht es um das Entdecken der geistlichen Dimension in allem, was wir mit unseren Sinnen natürlicherweise wahrneh-

men. Man könnte es eine Sinnenschärfung nennen: Sehen und Hören, Schmecken und Riechen, Fühlen und Empfinden, Tasten und (Be-)Greifen.

Im Verweilen bei einem Motiv und im Einlassen auf einen Gedanken oder Gegenstand können wir Sammlung erleben. Wir kehren immer wieder zurück, fangen unsere Gedanken ein und umwandern mit ihnen ein Bild. Im Zentrum aller Umkreisungen erwarten und wünschen wir Gott, suchen und hoffen wir Jesus Christus.

Meditation

Ich denke
und denke
und denke
immer um dich
wozu
ich weiß es nicht
und kann es
nicht ergründen
und bleibe stumm
denn
ohne Frage
ist das Begegnen
und ohne Antwort
der kurze Augen-Blick
weil
nur ungesagt
dein Dasein schon
mir Freude schenkt
so
wächst das Staunen
in der Tiefe
über das, was ist:
Eine besondere Liebe.

1.1 Unsere Sinne

Mit allen Sinnen können wir Gott erfahren, wenn wir uns auf Achtsamkeit und Verweilen einlassen. Einmal sind es mehr unsere Augen, die einen Impuls auffangen, ein andermal ist es vielleicht ein Klang, ein Geruch oder eine Berührung. Es ist nicht entscheidend, was den Ausschlag gibt, sondern wie sensibel wir auf diese inneren und äußeren Anregungen werden und wie viel Raum und Zeit wir ihnen schenken, damit sie in uns wachsen und wirken können.

Die vorgestellten Wahrnehmungsübungen sind Beispiele. Sie mögen unsere Experimentierfreude wecken oder zu eigenen Variationen führen. Die biblischen Bezüge verankern die Bilder und laden zum Meditieren ein. (Sehen und Hören werden im Kapitel 4 behandelt.)

1.1.1 Schmecken

Impulse zur Einstimmung

Unsere Geschmacksnerven sind neben der Haut die ursprünglichsten Empfangsorgane für Sinneseindrücke. Kleine Kinder erkennen ihre Umwelt zunächst, indem sie alles in den Mund stecken. Aber können wir uns vorstellen, dass eine Wahrnehmung Gottes über unsere Geschmacksempfindungen möglich ist?

- Bei der Feier der Kommunion oder des Abendmahls hören wir die Worte: »*Schmecket und sehet, wie freundlich der Herr ist (Psalm 34,9)*«, und der Psalmbeter vergleicht den Geschmack des Wortes Gottes mit einer besonderen Köstlichkeit: »*Dein Wort ist in meinem Mund süßer als Honig (Psalm 119,103)*«. Wenn Petrus schreibt: »*Ihr habt geschmeckt, dass der Herr freundlich ist (1 Petrus 2,3)*«, dann erinnert er uns damit an die ganze Fülle an Gutem und den ganzen Menschen Nährendem.

- Im Kontrast zu allem, was Leben fördert, satt macht und Hunger stillt, gibt es auch den Geschmack der Verbitterung und Unzufriedenheit, des Schmerzes und Leidens, der sinnenhaft spürbar ist und Unheil anrichten kann: »*Seht darauf, dass nicht etwa eine bittere Wurzel aufwachse und Unfrieden anrichte (Hebräer 12,15).*« Im jüdischen Pesachfest essen die Feiernden z.B. etwas Bitteres, um an die Bitterkeit der Zeit der Unterjochung zu gedenken, und sie tauchen die Kräuter in Salzwasser, um die Tränen zu schmecken, die vergossen wurden. Erfahrungen werden verlebendigt, erneuert, über die Geschmacksempfindung erinnert und bewahrt.

Praktische Übungen

Ideen für eine »Woche des Schmeckens«
- *Montag bis Sonntag:*
  Eine Mahlzeit am Tag wird zur Gelegenheit, meine Geschmacksnerven bewusst einzusetzen: Ich wandere mit den Augen über den gedeckten Tisch und schaue jedes einzelne Gericht an. Ich rieche, welche Düfte aufsteigen. Ich bete: »Danke für alles, was mich/uns nährt!«

Ich fange an, die Mahlzeiten bewusst zu genießen, ich kaue langsam, schmecke aufmerksam. Ich unterscheide, in welchem Bereich meines Mundes die einzelnen Geschmacksrichtungen deutlicher wahrgenommen werden.

(In der Familie oder der Gruppen-Mahlzeit kann es wie ein Spiel sein, wobei ein Mitglied irgendwann während der Mahlzeit das Kommando gibt: »Schauen«, »Riechen«, »Schmecken« ... Jede/r kann sich üben zu formulieren, was sie/er empfindet: »das riecht gut«, »das schmeckt mehr«, »das schmeckt besonders«, »das duftet wie ...«.)

Montag bis Mittwoch (z.B. als Tagesschluss) 5-10 Minuten:
Ich spüre biblischen Vergleichen nach, lasse es ›leibhaftig‹ werden, indem ich zu dem jeweiligen Bildwort etwas Entsprechendes koste.

Montag süß:
Süß ist das Licht. (Prediger 11,7)
Lässt auch die Quelle aus einem Loch süßes und bitteres Wasser fließen? (Jakobus 3,11)
Ich lasse ein Stück Würfelzucker (o.a.) langsam im Mund zergehen und spüre der Geschmacksveränderung nach.
Ich male eine Quelle und einen Strom. In die Tropfen oder Wellen schreibe ich, was für mich heute das Wasser einer guten Quelle war, das meinen Durst nach Leben (Liebe, Anerkennung ...) löschen konnte.

Dienstag: sauer
Ich will dich den Weg der Weisheit führen; ich will dich auf rechter Bahn leiten, dass, wenn du gehst, dein Gang dir nicht sauer werde, und wenn du läufst, du nicht strauchelst. (Sprüche 4,11-12)
Ich esse eine saure Gurke (o.a.). Was geschieht mit meinen Gesichtsmuskeln dabei? Gab es heute für mich einen ›sauren Weg‹? Hat mich etwas sauer werden lassen? Ich spreche es aus und lasse es los, vielleicht wende ich mich verzeihend denjenigen zu, die es mir sauer haben werden lassen.

Mittwoch: bitter
Ihr Männer, liebt eure Frauen und seid nicht bitter gegen sie. (Kolosser 3,19)
Die Liebe (in erster Linie Gottes Liebe zu uns) lässt sich nicht erbittern, sie rechnet das Böse nicht zu. (1 Korinther 13,5)
Ich esse etwas Meerrettich (oder Grapefruit o.a.). Ist in mir etwas bitter geworden? Hat mich heute etwas verbittert? Ich spreche deutlich hörbar den zweiten Bibeltext: »*Gott, deine Liebe zu mir lässt sich nicht erbittern, alles Böse rechnest du nicht an, Danke.*«

Donnerstag bis Freitag:
Redewendungen bedenken und gestalten
Ich male mir eine Situation aus, die diese Redewendung verdeutlicht oder in die die Redewendung hineinpasst. Dazu sammle ich Stichworte und schreibe oder denke mir dann eine kurze Geschichte aus oder ein Zwiegespräch zwischen mir und Gott und spüre darin seiner Wertschätzung meiner Person nach.

Beispiel 1: Einen guten Geschmack haben
Stichworte: Kleidung, Frisur, Einrichtung meines Zimmers, Gartengestaltung o.a.
Zwiegespräch beim Einkaufen
Er: Du suchst nach einem zu dir passenden Hemd?
Ich: Ich bin mir nicht sicher, was mir steht. Die Auswahl ist riesig.
Er: Und der Anlass? Wozu willst du es tragen?
Ich: Eigentlich habe ich keine bestimmt Vorstellung, sondern eher Lust auf etwas Neues:
Er: Greife doch einfach spontan zu dem, was dir zuerst ins Auge fällt.
Ich: (Probiere ein Stück an und betrachte mich im Spiegel, es gefällt mir.)
Er: Wow, du hast einen guten Geschmack!

Oder: Zwiegespräch beim Betrachten eines neuen Bildes an der Wand
Ich: Ich bin begeistert von diesem Bild!
Er: Es hat etwas mit dir zu tun.
Ich: Die Farben haben es mir angetan.
Er: Ich bewundere deinen guten Geschmack.

Beispiel 2: Ein Vorgeschmack auf ...
Stichworte: Fest, Geburtstag, Hochzeit, Frühling, Sommer ...
Ich stecke Blumenzwiebeln in die Erde. Später entdecke ich, dass die Gänseblümchen auf unserer Wiese vor dem Haus schon blühen.
Ich: In jeder Zwiebel ist so viel Hoffnung auf Leben! Noch sieht man gar nichts. Wie schön, dass die Gänseblümchen schon blühen!
Er: Das ist ein Vorgeschmack auf den Frühling! Was meinst du, wie viel Wundervolles in dir verborgen keimt. Alles, was du im Ansatz entdeckst, ist ein Vorgeschmack auf deine ganze Entfaltung!

Nach diesem Gespräch mache ich mit anderen zusammen einen Entdeckungsspaziergang: »Wo zeigt sich neues Leben?« Jede/r sammelt etwas ein, entweder in Gedanken oder ganz praktisch. Zu Hause legen wir alles in die Mitte und betrachten es miteinander. Ich nehme einen Zweig mit schon recht dicken Knospen, überreiche ihn meiner Nachbarin und benenne etwas Gutes an ihr, was ein Vorgeschmack auf ihre immer größere Lebensentfaltung ist.

● *Samstag (Wochenrückblick, Feierabendelement, ca. 15 Minuten)*:

Ich nehme mir Zeit, breite eine Decke auf dem Tisch aus, zünde eine Kerze an und stelle einen Teller/Korb mit Brot darauf (am besten Vollkornbrot). Ich lese die Geschichte vom Bäcker von Paris (»Brot in deiner Hand«[8]). Ich esse ein Stück Brot, kaue es langsam und achte auf die Veränderung des Geschmacks. Ich denke an Menschen, die für mich wie Orte des Friedens sind, ich denke an Christus, das Brot des Lebens.

Was hat mich in dieser Woche satt gemacht, nicht nur äußerlich, auch innerlich? Was nährt meine Seele?

● *Sonntag:*

Ich gehe in den Gottesdienst und feiere das Abendmahl/die Kommunion mit wachen Sinnen. Zur Sensibilisierung meines Mundes erkunde ich mit der Zunge den Innenraum meiner Mundhöhle. Ich nehme meinen Hals, meinen Rachen und meinen ganzen Leib bewusst wahr. Aufmerksam öffne ich in Gedanken jeden Bereich meines Da-Seins. Ich will Beschenkte/r sein mit allem, was und wie ich jetzt bin. Was ich empfange, wird Teil von mir, es wandelt mich. Ich bleibe ganz bei der sinnenhaften Wahrnehmung in meinem Munde.

Die vorgestellten Inszenierungen der einzelnen Übungen lassen sich so auch auf das Üben in der Gruppe/Familie übertragen.

1.1.2 Riechen

Impulse zur Einstimmung

Gerüche können eine unmittelbar stimulierende oder abstoßende Wirkung haben, die auf unser Wohlbefinden, auf Sympathie oder Antipathie einwirken. Wir sagen z.B., dass wir jemand (nicht) riechen können oder uns etwas stinkt. Dies ist nicht nur im übertragenen Sinn gemeint.

● In der Gottesverehrung des Volkes Israel spielt der Wohlgeruch eine besondere Rolle. An vielen Stellen der Schrift wird darauf Bezug genommen, dass es Gott freut und ehrt, wenn von dem Opfer ein guter Duft aufsteigt. Dies verleiht dem Opfer eine ganz neue und positive Dimension, es ist nicht nur Ausdruck von Verehrung, sondern von Liebe, die sich im Raum der freien Entscheidung entfaltet: »*Lass es in Rauch aufgehen auf dem Altar über dem Brandopfer zum lieblichen Geruch vor dem Herrn.*« (2 Mose 29,25)

● Paulus vergleicht dieses wohlriechende Opfer mit dem Opfer Christi, das für Gott wie ein besonderer Duft ist, in dem die Liebe des Sohnes und seine

Übereinstimmung mit dem Willen des Vaters zum Ausdruck kommt: »*Christus hat sich selbst für uns gegeben als Gabe und Opfer, Gott zu einem lieblichen Geruch.*« *(Epheser 5,2)*

Das Wahrnehmen der Gegenwart Gottes geschieht mitten in unseren alltäglichen Bezügen und wir haben Anteil an dieser Suchbewegung. Indem wir je einzeln und gemeinsam nach unserem Maß authentisch davon reden und andere mit hineinnehmen, verbreitet sich dieser »gute Geruch« überall da, wo wir sind: »*Gott aber sei gedankt, der offenbart den Wohlgeruch seiner Erkenntnis durch uns an allen Orten!*« *(2 Korinther 2,14)*

Paulus vergleicht die großzügig gespendeten Gaben der Gemeinden für seinen Lebensunterhalt mit dem Duft eines guten Parfums. Dieser Duft breitet sich aus, liegt in der Luft und wird von allen wahrgenommen: »*Ich habe in Fülle, nachdem ich durch Epaphroditus empfangen habe, was von euch gekommen ist: ein lieblicher Geruch ...*« *(Philipper 4,18)*.

In Verbindung mit Salbe und Salböl wird der Geruch zu einem Zeichen der alles ausfüllenden, sich selbst ohne Vorbehalt verschenkenden Liebe, wie sie in der Erzählung von der Salbung in Bethanien zum Ausdruck kommt. Da überschreitet eine Frau in ihrer Hingabe an Jesus alle Grenzen. Manchen ›stinkt‹ das, sie ärgern sich, rebellieren, verstehen es nicht. Jesus aber hält schützend seine Hand über diese Frau; denn Liebe verletzt Liebe nicht: »*Es riechen deine Salben köstlich.*« *(Hoheslied 1,3)* und: »*Das Haus wurde erfüllt vom Duft des Öls.*« *(Johannes 12,3)*

Praktische Übungen

Morgenübung nach dem Aufstehen (jeweils eine Minute, oder während des Tages):
Ich öffne bewusst immer wieder meine Nase, weite die Nasenflügel und spüre die Luft beim Ein- und Ausatmen im Inneren der Nase vorbeiströmen. Ich wiederhole diese Übung immer, wenn ich im Freien bin, in der Sonne, bei Nebel, bei Regen, auf Wiesen, im Wald ...

Geruchsspaziergang:
Ich gehe spazieren. Ich nehme deutlich wahr: Alles hat Geruch, die Autos, der Staub, die Erde, die Bäume, ein blühender Busch, das Gras, Holz, der Duft aus einer Bäckerei, einem Restaurant, das Parfum einer entgegenkommenden Person. Ich »sammle« die angenehmen, guten Gerüche, indem ich sie jeweils mit etwas Gutem in Verbindung bringe, das ich von Menschen oder von Gott erfahren habe. Zur »Versiegelung« in meinem Gedächtnis atme mich tief ein und lächle mit allen Gesichtsmuskeln.

Wieder zu Hause angekommen nehme ich wahr, wie sich die Haut meines Gesichtes verändert hat, wie meine Augen aussehen, mein ganzer Gesichtsausdruck, meine Haltung etc. Ein Weiser sagte einmal: »Dankbarkeit ist das Gedächtnis des Herzens, das uns wohl tut.«

Die Gestaltung meiner Räumlichkeiten:
Da, wo ich wohne, ruhe, bete und meine Freizeit verbringe, sorge ich dafür, dass angenehme Gerüche da sind. Ich öffne immer wieder die Fenster und lasse frische Luft herein. Ich stelle Schalen mit Gewürzen, Duft-Öle, Früchte u.a. auf.
Zwischendurch atme ich bewusst durch, nehme den Duft wahr und knüpfe ihn an ein Atem-Gebet, z.B. (beim Einatmen): »Gott«, (beim Ausatmen) »deine Liebe (deine Nähe) ist ... (erfrischend, belebend, anregend beruhigend ...).«

Gelassenheitsübung bei besonderen Herausforderungen:
Ich gönne mir ab und zu bewusst ein herzerfrischendes Aufseufzen: Ich ziehe die Luft beim Einatmen durch die Nase und stoße sie mit einem Prusten durch den Mund aus, dabei lasse ich all das, was mich gerade belastet oder mir Mühe macht, los. Ich lege dazu meine beiden Hände flach mit leichtem Druck unter dem Bauchnabel auf und entspanne die Bauchmuskeln bis in die Tiefe hinab.

1.1.3 Fühlen/Empfinden

Impulse zur Einstimmung

Berühren, empfinden, fühlen und spüren sind Fähigkeiten unserer Sinne, die direkt mit unserer Wahrnehmung und unserem Erkennen und Verstehen zu tun haben. Die haptischen Grunderfahrungen vermitteln Kleinkindern eine Vorstellung von der Welt. Sie greifen alles an und begreifen es dadurch.

Bedeutsame Berührungen können uns aufrichten und trösten, *»eine Hand rührte mich an und half mir auf«* (Daniel 8,18), uns mit Mut und Hoffnung erfüllen, *»er rührte mich an und richtete mich auf«* (Daniel 10,10), unsere Angst vertreiben, *»Jesus rührte sie an und sprach: Fürchtet euch nicht!«* (Matthäus 17,7) und Heilung bewirken, *»er rührte sein Ohr an und heilte ihn«* (Lukas 22,51).

Jesus ermutigte Menschen immer wieder, ihn direkt zu berühren und gab den ›Unberührbaren‹, die von ihm Hilfe erhofften, ›hand-greifliche‹ Zeichen der Nähe: *»Fühlet mich an und seht«* (Lukas 24,39). Wer so angerührt wird, ›weiß‹ es, spürt es und kann es in Verbindung mit Gottes liebevoll-heilender Gegenwart bringen: »*Jesus sprach: Es hat mich jemand berührt; denn ich habe ge-spürt, dass eine Kraft von mir ausgegangen ist*« (Lukas 8,46), »*sie fühlte es an ihrem Leib, dass sie geheilt war*« (Markus 5,29). Lassen wir uns berühren ohne Angst vor Rührseligkeit!

Praktische Übungen

Sensibilisierung für das, was gut tut (eine Gruppenübung):
Ein einfacher Stationenweg mit Tastmöglichkeiten ist rund um einen Tisch aufgebaut. Es liegen verschiedene Textilteile unterschiedlicher Beschaffen-heit darauf (nass, trocken, rau, glatt, warm, kalt, weich, hart ...). Wir gehen langsam herum, greifen, halten fest, fühlen an, streichen darüber usw. Wir werden sensibel für die feinen Unterschiede. Jede/r sucht sich ein Teil aus, das ihr/ihm angenehm ist (ausreichende Möglichkeiten jeder Art sind vor-handen).
Wir halten unser Teil fest, schließen die Augen und befühlen es noch ein-mal. Wir erinnern uns an eine heilsame, liebevolle oder bedeutsame Berüh-rung des Trostes, der Liebe, des Segens in unserem Leben und lassen sie in uns aufsteigen und nachklingen als Geschenk Gottes an uns.
(Es kann sein, dass auch schmerzliche Berührungen in uns aufsteigen, dann wissen wir, dass wir in den heilsamen Berührungen Gottes Liebe und in den schmerzlichen sein Mitfühlen an unserer Seite erfahren).
Miteinander sprechen wir zum Schluss: (die/der Anleitende spricht den Satz vor): »Deine Berührung, mein Gott, ist heilsam für mich.«

Wir betrachten ein Bild von Sieger Köder zur Gottesbegegnung des Elija am Horeb (1 Kön 19) »Nach dem Feuer kam ein sanftes, leises Säuseln«. Zur Einstimmung liegen leichte, rote Tücher bereit, in die wir uns ganz einhül-len. Wir sitzen oder knien. Unser Hände liegen offen und locker auf den Oberschenkeln.
Die/der Anleitende spricht leise: »Mein Gott, ich warte auf deine Berüh-rung.«
Wir lassen uns Zeit zu erspüren, was dieser Satz in uns in Bewegung bringt.
Jede/r löst sich nach einer selbst gewählten Zeit wieder aus der Umhüllung.
Wir nehmen das Bild (als Postkarte SK 204 bei Schwabenverlag, 73760 Ost-fildern) und durchwandern es mit den Augen. Wer möchte, teilt die auftau-chenden Gedanken in der Runde mit.
Zum Schluss hüllen wir uns noch einmal in unser Tuch und spüren dem nach, was uns bei der Betrachtung besonders angerührt hat.

Übungen zur wachen Präsenz im Leib (z.B. bei einer Zugfahrt, im Bus, im War-tezimmer, vor dem Einschlafen, nach dem Erwachen ...):

Ich nehme mir die ›freie Zeit‹ und spüre meinen Körper im Sitzen, Liegen oder Stehen, wie er sich anfühlt, die Haut, die Muskeln, die Knochen, die inneren Organe. Ich durchwandere mit meiner Aufmerksamkeit Stück um Stück, z.B.:

o vom Nacken über die Schultern zu den Armen und Händen bis in die Fingerspitzen;
o vom Kreuzbein über das Becken, die Oberschenkel bis zu den Füßen und Zehen;
o vom Kreuzbein das Rückgrat hinauf zum Nacken, dem Hinterkopf bis zum Scheitel;
o vom Becken zum Bauchraum, Rippen und Brustbein über Hals, Kinn, Nase bis zur Stirn;
o von der Nase nach innen über den Hals zu den Bronchien, den Lungen bis zum Zwerchfell;
o vom Kreuzbein zu den Nieren, dem Bauchraum, im Kreis herum;
o von außen nach innen, von oben nach unten, von vorn nach hinten usw.

Jede Übung beginne und schließe ich mit dem Satz: »Von allen Seiten umgibst du mich und hältst deine Hand über mir.« (Psalm 139,5) Ich fühle, was meinem Leib Stand und Halt gibt und verbinde diese Empfindung mit meinem Dank an Gott.

Übung zum Tagesausklang vor dem Schlafengehen:
Ich überlege, welche Stimmungen, Gefühle und Befindlichkeiten mich heute besonders begleitet haben. Ich stehe aufrecht, locker, ruhig auf beiden Füßen, meine Handflächen liegen auf meinen Nieren, die Finger nach hinten, die Daumen nach vorn weisend (oder: Ich lege beide Hände auf dem Brustbein übereinander):
o Was löste bei mir Freude aus?
o Was hat mich wütend, ärgerlich, aggressiv gemacht?
o Was half mir zur Entspannung oder Heiterkeit?
Ich überlasse jede aufsteigende Erinnerung dankbar oder um Hilfe bittend der heilsamen Gegenwart Jesu.

1.2 Schöpfungsbilder

Gottes unsichtbares Wesen, das ist seine ewige Kraft und Gottheit, wird seit der Schöpfung der Welt ersehen aus seinen Werken, wenn man sie wahrnimmt. (Römer 1,20)

Wie man eine ganze Welt der Schönheit in einer einzigen Blume entdecken kann, so kann man auch die mächtige Gnade Gottes in einem einzigen kleinen Augenblick erleben. Man muss keine großen Reisen machen, um die Schönheit der Schöpfung zu sehen, und ebenso braucht man keine großen Ekstasen zu haben, um die Liebe Gottes zu entdecken. Aber man muss still sein und warten, um zu begreifen, dass Gott nicht im Erdbeben und nicht im Sturm oder im Blitz ist, sondern in der sanften Brise, mit der er uns von hinten berührt. (Henri J.M. Nouwen)[9]

- So spricht Gott, der Herr: Wenn ihr umkehrtet und stille bliebet, so würde euch geholfen; durch Stillesein und Hoffen würdet ihr stark sein. (Jesaja 30,15)

- Sei stille! Gott macht es und nicht du! (Blumhardt)

- Die Seele nährt sich an dem, woran sie sich freut. (Augustinus)

1.2.1 Himmel und Erde

Impulse zur Einstimmung/Texte zur Meditation

Das aufgerichtete Stehen zwischen Himmel und Erde ist unsere menschliche Grundbefindlichkeit, Merkmal unseres Geschaffenseins. Alles Verkrümmt- und Gebeugtsein spricht von Verletzung und unerträglicher Last, von Leiden und Bedürftigkeit nach Heilung, nach Aufsehenkönnen und Angesehen-Sein. So kann das Meditieren von Himmel und Erde uns ermutigen, dem Aufrichtungswirken Gottes zu glauben und uns dafür zu öffnen. Was bleibt, ist die Spannung zwischen diesen beiden Polen des Geerdetseins und der immer in uns brennenden Flamme der Sehnsucht nach Himmelsberührung. Im Kreuz Jesu Christi ist diese Kluft überbrückt und wird als Weg begehbar im Anschauen, Begreifen und Bergen meines Seins in seiner Existenz.

Zwischen Himmel und Erde,
zwischen Grund und Ziel darf ich sein,
durchströmt von deinem Geist,
erfüllt mit deiner Lebenskraft,
geheiligt durch deine Liebe.
So breite ich die Schwingen meiner Seele
weit aus
und steige in die Höhe,
lande in der Tiefe,
durchstreife die Weite
und bin immer bei dir.

Und doch spüren wir, wie unverfügbar Gott bleibt, frei in seiner Selbstoffenbarung. Wir ringen mit Gott, suchen, schauen vielleicht für einen Augen-Blick, verlieren wieder und irren wie durch Wüsten, um an einer Oase für einen Moment erfrischt zu werden. Machen wir daraus ein Gebet, in die Ohren des Schöpfers gerufen.

Was hast du dir dabei gedacht,
o Gott,
uns so zu erschaffen,
so himmelweit entfernt
und grenzenlos unfähig
dich zu empfangen,
dir nahe zu sein,
dich zu erfahren,
bei dir uns zu bergen,
dabei mit solch unbändiger
Sehnsucht nach dir?
Himmel und Erde
können sich nicht berühren?
All unser Warten ist offene Schale,
nicht Himmelsleiter!
Allein du vermagst
die Kluft zu überwinden.
Kyrie eleison!

In den Psalmen wird für den Beter das Betrachten des Himmels zur Quelle staunenden Bewunderns. Tag und Nacht, Wolken, Wind, alle Wetter und die Gestirne sprechen ihre eigene Sprache und weisen auf den Schöpfer, der sich in ihnen spurenweise sichtbar macht.
Solche Herzensbetrachtungen nachzubeten eröffnet eine Tiefendimension der Schöpfung in ihrem Bezogensein auf den Schöpfer:

Die Himmel erzählen die Ehre Gottes,
die Tat seiner Hände meldet das Gewölb;
Sprache sprudelt Tag dem Tag zu,
Kunde zeigt Nacht der Nacht an,
kein Sprechen ist's, keine Rede,
unhörbar bleibt ihre Stimme, –
über alles Erdreich fährt ihr Schwall,
an das Ende der Welt ihr Geraun.

Dem Sonnenball setzt er ein Zelt an ihnen,
vom Ende der Himmel ist seine Ausfahrt,
sein Umschwung an ihren Enden,
nichts bleibt vor seiner Hitze verborgen.

Aus Psalm 19[10]

Herr, deine Güte reicht, so weit der Himmel ist,
und deine Wahrheit, so weit die Wolken gehen.

Aus Psalm 36

Praktische Übungen

Wartezeiten nutzen (Minutenübungen):
Ich stehe an der Fußgängerampel, an der Bushaltestelle, in der Warteschlange auf der Post ... Ich stehe locker, atme ruhig und spüre die Erde unter meinen Füßen, die mich trägt, den Grund der nicht wankt.
Ich stehe aufgerichtet zwischen Himmel und Erde. Ich erfahre so, dass ich geerdet und gehimmelt bin, wahrgenommen mit den liebevollen Augen Gottes mit allem, was unter mir, um mich und über mir ist.
Ich bete: »Hier stehe ich und warte. Du stehst neben mir, hinter mir, vor mir, bei mir. Ich warte auf dich. Du wartest auf mich.«
(Siehe auch Meditations-Bild »Zwischen Himmel und Erde«, zwischen S. 48/49)

Sommermeditation (z.B. im Schwimmbad, im Garten o.a. ca. 10 Minuten):
Ich lege mich auf die Erde. Spüre die Berührung meines Körpers mit dem Boden von den Fersen über die Waden, das Becken, die Schultern bis zum Hinterkopf. Ich schaue in den Himmel. Was sehe ich? Ich lasse die Augen ruhig hin und her wandern.
Ich lausche in den Himmel hinein. Was höre ich?
Ich fühle den Himmel um ich herum, wie er meine Haut berührt, mich einhüllt und umgibt. Was wirkt er in mir?
Ich spreche leise im Rhythmus meines Atmens (10-20 mal): *»Es segnet mich Gott, / der Himmel und Erde gemacht hat.«*

Nachthimmel-Sternen-Meditation
In einer sternenklaren Nacht gehe ich hinaus ins Freie, stelle mich gesammelt hin und schaue in den Himmel. Ich staune über die Weite des Himmels und die Menge der Sterne, ihre Bahnen und das Zusammenspiel der Kräfte. Tief lasse ich die Luft in meine Lungen hineinströmen. Mit jedem Atemzug im Rhythmus des Ein- und Ausatmens spreche ich (5-10 Minuten): *»Ich*

sehe die Himmel, deiner Finger Werk, / den Mond und die Sterne, die du bereitet hast.« (Psalm 8,4) oder: *»Meine Hilfe kommt vom Herrn, / der Himmel und Erde gemacht hat.«* (Psalm 121,2)

Variation mit Jugendlichen (z.B. bei einer Nachtwanderung):
Wir suchen mit den Augen den ›Großen Wagen‹ und betrachten ihn einige Minuten. Dann setzen wir uns hin und schließen die Augen. Wir begeben uns auf eine Imaginationsreise:
Beginn: »Himmel und Erde, mein Gott, sind dein.« (Wir wiederholen diesen Satz gemeinsam.)
Eine Stimme vom Himmel lädt uns ein, in den Wagen zu steigen und eine Fahrt zwischen den Sternen zu machen. Wir steigen ein, rücken zusammen. Und schon beginnt die Fahrt. Die Erde unter mir ist ganz klein geworden, aber alles ist noch deutlich sichtbar, es sieht aus wie eine Spielzeuglandschaft. Ich lasse alles an mir vorbeigleiten. Ich entdecke Häuser – Menschen – Städte – eine Landschaft. Wie klein alles aussieht. Von hier oben sehe ich auch, was ich unten nicht entdecken kann. – Was ich sehe, ist ermutigend und macht mich froh. – Nach und nach verlangsamt sich die Fahrt und der Große Wagen bremst ab. Wir halten an, steigen aus und kehren zurück zur Erde. Wir öffnen die Augen und verabschieden uns vom Großen Wagen.
Abschluss: »Himmel und Erde, mein Gott, sind dein.« (Wir wiederholen diesen Satz gemeinsam.)
Was wir gesehen haben, können wir malen oder aufschreiben, um es nicht zu vergessen.

Grund-Übung:
Ich stehe immer wieder, wenn es mir bewusst wird, mit beiden Füßen fest auf dem Boden und spreche im Rhythmus meines Atmens: »Christus, / mein Grund«, oder »Mein Gott, / der mich trägt«. Ich verweile für einen Moment und spüre, wie Gottes Lebenskraft mich durchfließt und stark macht.

1.2.2 Lebens-Wege

Impulse zur Einstimmung/Texte zur Meditation

Das geistliche Motiv des Unterwegsseins begleitet uns durch die ganze Heilige Schrift. Schon Abraham musste seine ursprüngliche und vertraute Heimat verlassen, um das Land der Verheißung zu finden. Er ging als Vertrauender und Geführter, als Wagender und Hörender unbekannt-neue Wege, indem er seine Herzohren auf den Klang der Stimme Gottes einstimmte.

Exemplarisch durchzieht dieses hoffnungsvolle Wandern die Geschichte des Gottesvolkes, das auf langen Irr- und Umwegen nach Gefangenschaft und Unterdrückung im Schatten der Feuer- und Wolkensäule durch Tage und Nächte die zugesagte Heimat findet. Wir spüren darin die ungeheure Zuversicht-Kraft, die auch uns herauslockt aus ausgetretenen und nicht lebensdienlichen Wegen auf die Spur gelingender, tröstlich-ermutigender Erfahrungen, in denen unsere ursprüngliche Bestimmung aufleuchtet. Dass dieses Suchen nach unserer ureigensten Lebensmelodie oft ein mühsames Tasten ist, geboren aus einem unbezwingbaren Durst und Hunger nach Gott, verdichtet sich im Bild der Wüste, von der der Fuchs zum kleinen Prinzen sagt: »Es macht die Wüste schön, dass sie irgendwo einen Brunnen birgt.« (Saint-Exupéry)[11]

Wüstenweg
Vom Freiheitsfanal erreicht
Wüstenweg
Heimwärts unterwegs
Umgürtet zur Einfalt
Wüstenweg
Sand zwischen den Zehen
Sonnenglut rundum
Das Ziel hinter dem Horizont
Wüstenweg
Auch diesen Tag
Eine von den Ausgezogenen
Immer noch davoneilend
Ohne Rück-Sicht
Wüstenweg
Mühsam stolpernd
Dennoch weiter gehend
Nach vorne sehend
Schritt für Schritt suchend
Weitergerufen
Wüstenweg
Heute eine Quelle
Morgen ein Fels
Dann und wann Schattenhain
Manchmal ein Ruheort
Immer ein Zelt
Ewig Deine Wohnung unter uns
Wüstenweg

(Sukkot 5749)

So ist und bleibt christliche Existenz wesenhaft eine pilgernde, ohne zu viel Ballast und mit der Bereitschaft immer wieder um Gotteswillen aufzubrechen zu neuen Ufern.

»Ich weiß aber, dass mein Weg erst mein Weg ist, wenn er mit deinem, o Gott, zusammenfällt. Hilf mir bei meiner Wegsuche!«[12] Darum kehren wir in unserem Suchen von den Rändern unseres Erlebens und Beschäftigtseins immer wieder im Stillwerden zu unserer innersten Mitte zurück und erleben, wenn wir uns auf den inneren Weg einlassen, dass wir magnetisch von der Wärme und Strahlkraft der Liebe Gottes angezogen sind, die unveränderlich und beständig wie die Luft zum Atmen da ist.

Gedankenwanderwege
hin zu dir
um dich herum
und immer am Ende bei dir
Wandergedankenwege
in Begegnungsfreude
und Erlebnisglück
das Ziel vor Augen
Wegwandergedanken
im täglichen Miteinander
oder stillen Nebeneinander
im beherrschten Jetzt
Weggedankenwanderung
aufgebrochen
unterwegs
endlich daheim
bei dir, mein Gott.

Wer einmal wie mit einem Lebenshauch davon berührt wurde, für den verändern sich die Prioritäten, in dem hat eine innere Quelle zu sprudeln begonnen, von der Jesus sagt: *»Wer von dem Wasser trinkt, das ich ihm geben werde, wird in Ewigkeit nicht mehr dürsten, sondern das Wasser, das ich ihm geben werde, wird in ihm zu einer Quelle von Wasser werden, das ins ewige Leben sprudelt.«* (Johannes 4,14) Das ist wie bei der berühmten ›Liebe auf den ersten Blick‹, sie trifft wie ein Blitz:

Ohne zu fragen
um deiner Liebe willen
gehe ich mit dir

Diese Liebesberührung ist vergleichbar mit dem Energy-Drink der Sportler, sie gibt Kraft, Wege weiterzugehen in Grenzüberschreitung des Gewohnten oder Vorstellbaren.

Wer weiß, für wen und wohin er unterwegs ist, verliert nicht so leicht den langen Atem. Das wirkt allem hektischen Rennen nach dem, was nicht nährt und nicht sättigt, entgegen, setzt Fantasie und Mut frei sich aufzumachen und einzusetzen für das, was Leben entfalten, schützen und fördern hilft.

Über die Grenze
meiner eigenen Kräfte
laufe ich weiter

Vor Augen das Ziel
weit über dem Horizont
die Klarheit des »Komm«

Offener Himmel
so wie ein Schleier aus Licht
gebahnter Heimweg

Das bewusste und achtsame Gehen kann uns sensibel werden lassen für die uns aufgetragenen und eröffneten Lebenswege. Auch hier gilt, dass die regelmäßige Übung, das Integrieren solcher Zeiten in unseren alltäglichen Rhythmus die Verwandlung einleitet und begleitet.

Praktische Übungen

Ein Wahrnehmungsspaziergang:
Zur Vorbereitung schreibe ich eines der folgenden Bibelworte auf eine Karte, die ich in die Tasche stecke: *Du gibst meinen Schritten weiten Raum, dass meine Knöchel nicht wanken. (Psalm 18,37) Sieht Gott denn nicht meine Wege und zählt er nicht alle meine Schritte? (Ijob 31,4) Seine Augen schauen auf des Menschen Wege, und alle seine Schritte sieht er wohl. (Ijob 34,21)*
Ich nehme mir Zeit und gehe aufmerksam einen Weg in der Natur. Beim Gehen spüre ich den Boden unter meinen Füßen: Steine, Gras, Matsch, Asphalt ... Wie fühlt es sich an? Woher bekommen meine Füße ihre Impulse? Wie viel Gewicht gebe ich bei jedem Schritte an den Grund ab? Ich achte auf mein Gehen, Auftreten, Abrollen, Heben und Senken der Füße.
Ich probiere aus: Schlurfen, schreiten, auf leisen Sohlen gehen, marschieren mit kräftigem Armausschlag, langsam Schritt für Schritt ertasten, ... Wel-

che Gangart entspricht mir? Diese behalte ich bei. Dabei meditiere ich den mitgenommenen Bibelvers.

Wege bewusst gehen – im Jetzt sein (Alltagsübung):
Wenn ich im Freien zu Fuß einen Weg gehe, höre ich auf die Geräusche um mich herum, spüre die Temperatur der Luft auf der Haut, atme ein und aus, spüre die Sonne, den Wind, das Wetter. Ich schaue umher, nehme die Umgebung wahr. Ich bin wach für Überraschungen und Kleinigkeiten, Begegnungen und ausgetauschte Augen-Blicke. Ich gehe diesen Weg jetzt in dem Bewusstsein, dass jeder Schritt ein Geschenk ist. Nichts ist jetzt wichtiger, als in jedem Moment ganz da zu sein, das Jetzt und Hier so anzunehmen, wie es ist.
Ich beobachte, wie schwer es ist, mit meinen Gedanken und Empfindungen nicht immer schon bei dem zu sein, was danach kommt.
Wenn Gedanken, Sorgen oder Pläne auftauchen, lasse ich sie kommen und lade sie ein, hinter mir herzugehen, ich werde mich später mit ihnen beschäftigen.

Wöchentliche Zwiesprache-Wege (ca. 30-40 Minuten, auch als Gruppenübung):
Ich gönne mir jede Woche einen Weg der Zwiesprache mit Gott. Über alles, was mich beschäftigt, kann ich mit ihm ins Gespräch kommen und innerlich hörbereit sein für das, was er mir zu sagen hat. Ich stelle Fragen, klage, lobe, argumentiere, erzähle ... Ich staune, was an Antworten und Deutungen aufsteigen kann.
Ich gehe meinen eigenen Weg, auf dem ich laut reden kann, bleibe achtsam und hörend. Ich gebe der Freude und Dankbarkeit Raum und Stimme. Was auftaucht, notiere ich mir in mein Gedanken-Gebete-Impulse-Buch.
(Wenn wir diese Übung in einer Gruppe ausprobieren, ist es sinnvoll, in einem inneren, stillen Zwiegespräch zu gehen Wir einigen uns zuvor über ein Frage, ein Bibelwort oder einen Anlass, der Thema unseres Gesprächs sein soll. Danach tauschen wir uns über unsere Eindrücke aus.)

1.2.3 Baum und Wurzeln erspüren

Impulse zur Einstimmung/Texte zur Meditation

Wir stehen staunend vor Baumriesen, bewundern bizarre Gebilde, die, durch Stürme und Gewitter verunstaltet, dennoch grünen und leben, wir legen uns im Schatten mächtiger Zweige nieder, schauen durch filigrane Wipfel in den Himmel, freuen uns an der Originalität besonderer Wuchsformen. Immer schon haben es uns die Bäume angetan. Wir haben vieles gemeinsam.

In der Bibel finden sich viele direkte Vergleiche, die das Wachsen, Ausbreiten, Fruchttragen und Verwurzeltsein von Bäumen zum Gleichnis für das gesegnete Leben eines Menschen oder eines ganzen Volkes deuten.

Wohl dem, der Lust hat an seiner Weisung ... .Der ist wie ein Baum, gepflanzt an den Wasserbächen, der seine Frucht bringt zu seiner Zeit, und seine Blätter verwelken nicht. Und was er macht, das gerät wohl. (Psalm 1,2+3)
Die gepflanzt sind im Hause des Herrn, werden in den Vorhöfen unsres Gottes grünen. (Psalm 92,14)
Gesegnet aber ist der Mann, der sich auf den Herrn verlässt und dessen Zuversicht der Herr ist. Der ist wie ein Baum, am Wasser gepflanzt, der seine Wurzeln zum Bach hin streckt. Denn obgleich die Hitze kommt, fürchtet er sich doch nicht, sondern seine Blätter bleiben grün; und er sorgt sich nicht, wenn ein dürres Jahr kommt, sondern bringt ohne Aufhören Früchte. (Jeremia 17,7+8)
Josef wird wachsen, er wird wachsen wie ein Baum an der Quelle, dass die Zweige emporsteigen über die Mauer. (1 Mose 49,22)

> *Ich finde dich in allen Dingen,*
> *denen ich gut und wie ein Bruder bin;*
> *als Samen sonnst du dich in den geringen*
> *und in den großen gibst du groß dich hin.*
>
> *Das ist das wundersame Spiel der Kräfte,*
> *dass sie so dienend durch die Dinge gehen:*
> *in Wurzeln wachsend, schwindend in die Schäfte*
> *und in den Wipfeln wie ein Auferstehn.[13]*

Es ist heilsam und zutiefst wohltuend, im Anschauen eines Baumes zu verweilen und auf die Botschaft zu hören, die er vermitteln kann.

> *Stehen will ich wie ein Baum*
> *im felsig-harten Boden,*
> *der seine Wurzeln einsenkt in die Tiefe,*
> *der jeden Tropfen Leben wandelt in Grün*
> *unter dem lichten Blau des Himmels*
> *und der sengend-heißen Sommersonne.*
> *Stehen will ich wie ein Baum*
> *inmitten anderer Gewächse,*
> *der sich erhebt und reckt und Schatten spendet,*
> *der in jedem Wind sich regt und doch nicht weicht*
> *und seinen Platz behält,*

Sommer und Winter
Tag und Nacht.
Stehen will ich wie ein Baum
und wachsen ohne Hast wie er,
der seiner Arme Kraft nicht aus sich selbst gewinnt,
der nicht um seiner selbst gesetzt, geblüht
und Frucht getragen hat,
der alle Jahre wieder loslässt, um von neuem zu ergrünen,
so lange seine Zeit denn währt und Gottes Heute.
Stehen will ich wie ein Baum.

Im Anlehnen an einen Baum kann etwas von der rückenstärkenden Kraft der Nähe Gottes spürbar werden, der mir Halt gibt und bei dem ich mich anlehnen kann wie an einen Freund, der nicht vereinnahmt und nichts fordert, sondern durch seine Gegenwart meinem Leben Standfähigkeit verleiht.

Dass ich das darf, Christus,
für einen Moment an dich mich lehnen wie an einen Baum!
Kurzer Augenblick Frieden, nur für jetzt: Du in meinem Rücken.
Und in mir brennt das Flämmchen Dauersehnsucht,
leuchtet auf für eine Minuten-Ewigkeit
und entzündet Freude über das Geschenk,
das du bist, so wie du bist in dieser Begegnung.
Was ich spüre,
ist mehr, als mein Verstand begreift,
ist wie ein Abgrund und wie Gipfelsturm
und lebt doch nur vom Losgelassensein
und absichtslosen Geben,
wie du's gesagt: nicht nehmen, schenken ist das Leben.

Das Spüren meiner Lebenswurzeln beim körperlichen Einfinden in der Gebetszeit wird mir immer hilfreicher, tragender, ein Bild für das, was Gott mir anbietet: In die Tiefe, die weiter hinabreicht als mein Denken, Wissen und Fühlen, reichen meine Wurzeln. Mein Leben ist verankert im Lebensgrund, der vor Beginn der Schöpfung war und nach allem sein wird. Mein Leben ist Liebes-Gedanke und Liebes-Wunder von Anfang an. Dieser Boden ist gesättigt mit Kraft und Saft, der in mir aufsteigt ohne mein Zutun.
Nicht du trägst die Wurzel, sondern die Wurzel trägt dich. (Römer 11,18)
Ich will für Israel wie ein Tau sein, dass es blühen soll wie eine Lilie, und seine Wurzeln sollen ausschlagen wie eine Linde. (Hosea 14,6)

Wenn die Wurzel heilig ist, so sind auch die Zweige heilig. (Römer 11,16)
Seid verwurzelt und gegründet in ihm und fest im Glauben. (Kolosser 2,7)

Tiefer wachsen,
Wege durch die Oberfläche graben.
Wie deine Wurzeln, so deine Kraft.
Quellen suchen,
Unaufhaltsam die verborgenen Arme ausbreiten.
Wie deine Wurzeln, so deine Kraft.
Leben trinken,
Im Stilledunkel das Werden des Tages erhalten.
Wie deine Wurzeln, so deine Kraft.
Seid verwurzelt und gegründet in Ihm
Und fest im Glauben.

Praktische Übungen

Bäume betrachten (eine angeleitete Meditations-Gruppenübung in drei Schritten):
1. Stamm: Wir gehen miteinander in einen lichten Mischwald.
Jede/r sucht sich einen Baum aus. Wir ertasten die Rinde, riechen seinen
Duft, umfassen den Stamm und lehnen uns dann an den Stamm.
Wir spüren dem nach, was es bedeutet, dass wir uns an Gott anlehnen dür-
fen: »Gott ist in deinem Rücken!« Unsere Gedanken schreiben wir auf oder
behalten sie und erinnern sie auf dem Weg zurück nach Hause.
2. Wurzeln: Wir stehen aufrecht-locker vor unserem Baum und betrachten
ihn. Seine Wurzeln sind wie unsere Lebenswurzeln, sie senken sich tief in die
Erde. Wir spüren es durch unsere Fußsohlen hindurch. In der Tief finden sie
Wasser und trinken Leben. Es steigt hinauf bis die feinsten Verästelungen.
Jedes Blatt atmet dieses Leben hinaus: »Gott ist das Leben in dir.«
3. Zweige: Hebe deinen Blick hinauf. Schaue die Zweige an. Sie strecken
sich in einem besonderen Winkel wie Arme dem Licht entgegen. Strecke
deine Arme so aus, spüre, wie sie gehalten sind durch die Kraft deines Rü-
ckens, der Muskeln, Sehnen und Bänder. Wir sind durchdrungen von Kraft:
»Du bist gesegnet von Kopf bis Fuß!«

Bäume modellieren (eine Gestaltungs-Gruppenübung, ca. 30 Minuten):
Aus einer lufttrocknenden Knetmasse (z.B. Efaplast, tonähnlich) formt jede/r
einen Baum.
Wir betrachten die einzelnen Bäume. Jeder ist anders.
Wir befragen die Bäume:
Wie sind deine Wurzeln? Woher nehmen sie ihre Kraft? Was ist der Grund,

in den sie sich strecken und Halt finden? Was sagen sie mir über mich, über Gott?

Wie ist dein Stamm geformt? Ist er stark und massiv oder eher zart und hochgereckt. Was sagt er mir über mich, über Gott?

Wie sind deine Zweige? Tragen sie Blüten, Blätter, Früchte? Was sagen sie mir über mich, über Gott? Wir geben unserem Baum einen Namen.

Siehe auch die praktischen Übungen unter 1.2.8 Jahreszeiten.

1.2.4 Früchte des Lebens

Impulse zur Einstimmung/Texte zur Meditation

Frucht ist ein Bild für den Segen Gottes in unserem Leben, der sich in der Vielfältigkeit unterschiedlicher Gaben und Aufgaben spiegelt. Dieser Segen wirkt wie das Grundwasser und der Regen, er wird nicht erarbeitet oder verdient, nicht erkämpft oder geschuldet, er ist immer freies Geschenk des Liebhabers des Lebens:
Du feuchtest die Berge von oben her, du machst das Land voll Früchte, die du schaffst. (Psalm 104,13)
Denn die Erde, die den Regen trinkt, der oft auf sie fällt und nützliche Frucht trägt denen, die sie bebauen, empfängt Segen von Gott. (Hebräer 6,7)

Frucht ist ein Zeichen für Leben in Übereinstimmung mit unserer Bestimmung, die überall da besonders aufleuchtet, wo wir Geborgenheit, Annahme, Bejahung und Sicherheit erfahren. Dieses Schweigen aller Erwartungen oder Forderungen an uns selbst gleicht dem tiefen Urgrund allen Wachsens:
Und der Gerechtigkeit Frucht wird Friede sein, und der Ertrag der Gerechtigkeit wird ewige Stille und Sicherheit sein. (Jesaja 32,17)

Fruchtbar zu sein ist etwas völlig Natürliches und geschieht ohne Anstrengung durch die Verbundenheit mit Christus, die im Sakrament der Taufe besiegelt ist und bildlich ein Eingepflanztsein in Christus darstellt:
Ich habe euch erwählt, dass ihr hingeht und Frucht bringt. (Johannes 15,16)
Ich bin der Weinstock, ihr seid die Reben. Wer in mir bleibt und ich in ihm, der bringt viel Frucht. (Johannes 15,5)

Wesensmerkmal des Wachsens und Reifens in unserem Leben ist das Wartenkönnen und der Verzicht auf den Vergleich mit anderen Wachsenden:
Einiges (von dem ausgesäten Samen) fiel auf gutes Land und trug Frucht, einiges hundertfach, einiges sechzigfach, einiges dreißigfach. (Matthäus 13,8)

So seid nun geduldig, liebe Brüder, bis zum Kommen des Herrn. Siehe, der Bauer wartet auf die kostbare Frucht der Erde und ist dabei geduldig, bis sie empfange den Frühregen und Spätregen. (Jakobus 5,7)

Gemeinschaft keimt
als Same der Freude
im dunkel-warmen Erdengrund Vertrauen.
Gemeinschaft wächst
zum schattenspendenden Lebensbaum
aus unversiegbaren Quellen offenen Ansehens.
Gemeinschaft gedeiht
durch alle Wetter
in Dankbarkeit für das, was ist,
und in dem kleinen Ja zum Jetzt und So.
Und alles bleibt Gabe, geschenkte Zeit;
denn weder Grund, noch Wasser,
Wetter, Wind und Wärme sind unser,
allein das Sein ist mein
in Gottes Namen. Amen.

Ein Mysterium der Fruchtbarkeit wird im Weizenkorngleichnis eröffnet. Die Bereitschaft, mein Leben und alles, was es ausmacht, vorbehaltlos in Gott hineinzugeben, trägt die Verheißung von ungeahnter Entfaltung. Darin klingt an, dass Loslassen lebendiger macht als Festhalten und Zulassen reicher macht als An-Sich-Raffen. Immer aber geht es um die größtmögliche Lebendigkeit und Freude:
Wahrlich, wahrlich, ich sage euch: Wenn das Weizenkorn nicht in die Erde fällt und erstirbt, bleibt es allein; wenn es aber erstirbt, bringt es viel Frucht. (Johannes 12,24)

Jesus sagt:
Ich bin gekommen, dass sie das Leben
in seiner ganzen Fülle haben sollen.
Leben wie eine Blüte,
die sich immer der Sonne entgegenstreckt
und sich öffnet dem Licht, der Wärme, dem Tau.
Leben wie eine Frucht,
die langsam reift in jedem Wetter,
die Kraft sammelt und Süße,
um alles zu geben zur Freude.

Leben wie ein Licht,
das entzündet wurde am Osterlicht,
das alles Dunkel erhellt,
das aufleuchtet als Wahrheit und Zeugnis.
Leben wie ein Fest,
das mit anderen gefeiert sein will,
das offen ist für das Hinzukommen Vieler,
wo Lieder und Freude zu Hause sind.

Lied zur Vertiefung

Text und Melodie: Irmintraud F. Eckard

Mein Volk soll mei-ne Ga-ben in Fül-le ha-ben.

Praktische Übungen

Früchtevielfalt als Bild für Menschenvielfalt (eine Gruppen-Gestaltungsübung):
Wir gehen an einem Waldrand und über Wiesen und sammeln verschiedene Baum- und Strauchfrüchte:
Wir legen sie in die Mitte, befühlen sie, riechen an ihnen, schauen sie genau an in ihrer Verschiedenartigkeit. Jede Frucht ist einmalig und anders.
Wir gestalten aus allen Früchten ein Bild, eine auf den Boden gelegte Collage und meditieren die Aussage: »Die Vielfalt ist Geschenk.«
Wir denken an die Menschen in unseren Lebenskreisen: »Jede/r ist einmalig, ist Geschenk.«
Alle Namen, die uns einfallen, schreiben wir auf vorbereitete bunte Karten und legen daraus um das Bild einen Namen-Rahmen. Beim Ablegen jedes Namens sprechen wir im Stillen-»Gut, dass es dich gibt« oder »Du bist, wie du bist, ein Geschenk Gottes« oder »Du bist einmalig und wichtig«. (Diese Sätze sind als deutlich lesbare Textstreifen vorbereitet und liegen bei dem Bild.)

Obstkorb-Meditation (mit einer Gruppe im Raum):
Zur Vorbereitung haben wir uns die Hände gewaschen.
In der Mitte des Raumes steht ein flacher, großer Korb mit verschiedenen Früchten. Wir nehmen sie in die Hand, betrachten, fühlen und riechen sie. Jede/r wählt eine Frucht aus und hält sie in der offenen Hand.
Sie/er beschreibt, was ihr/ihm an dieser Frucht auffällt oder gefällt. Wir stel-

© Irmintraud F. Eckard: »Zwischen Himmel und Erde«
Wachs-Aquarell (65 x 50 cm)

© *Irmintraud F. Eckard: »Lebensschale«*
Glas-, Tempera- und Konturenfarbe (29,5 x 39,5 cm)

len uns den dazugehörigen Baum oder Strauch vor und hören auf den Text (Sirach 27,6): »*An den Früchten merkt man, wie der Baum gepflegt ist; ebenso merkt man an der Rede, was das Herz denkt.*«

Wir verweilen im schweigenden Nachdenken: Wie geht es meinem Lebensbaum? Welche Früchte wachsen darauf?

Zum Schluss sprechen wir gemeinsam: »Gott, wir danken dir für alles gute Wachsen und Reifen in unserem Leben.«

Früchte des Tages einsammeln (eine Abend- oder Wochenschluss-Dank-Übung): Ich teile eine Frucht in zwei Hälften. Eine Hälfte lege ich auf einen Teller. Die andere Hälfte genieße ich langsam und aufmerksam. Sie ist ein Geschenk und Gleichnis für alles Gute, das ich an diesem Tag, in dieser Woche erlebt habe. »Die Frucht des Geistes ist Liebe, Freude, Friede, Geduld, Freundlichkeit, Güte, Treue« (Galater 5,22). Ich betrachte meinen Tag/meine Woche und die Begegnungen, die ich hatte: In wem oder durch wen ist mir Liebe, Freude, Geduld ... geschenkt worden? Ich erinnere mich und schreibe es auf. Im dankbaren Denken an diese Menschen esse ich jetzt die zweite Hälfte meiner Frucht.

1.2.5 Steine auf unseren Wegen

Impulse zur Einstimmung/Texte zur Meditation

Steine werden zu Denksteinen, zu Dank- und Erinnerungszeichen für das als helfend, rettend, führend und schützend erlebte Handeln Gottes:
Da nahm Jakob einen Stein und richtete ihn auf zu einem Steinmal. (1 Mose 31,45)

Mein Lebensstein
(Gedanken bei der Bearbeitung eines Specksteines)

Urgestein aus dem Erdboden
Ein Stein, der sich bearbeiten lässt
Und so wird er, was er im Anfang war
Ein allseitiger Bildstein
zum Ansehen
In- die- Hand- nehmen
zum Spüren und Nachsinnen
Die Finger des Schöpfers sind greifbar
Er formt und schleift, poliert und glättet
Und in der schroffen, dunklen Wand

wird Bogen um Bogen sichtbar
Räume und Türen
Vielfältig die Farbspuren
die wertvollen Adern
die Schönheit verleihen
Ein Lebens-Stein
für dich

Steine können Ausdruck unserer Bereitschaft sein, alles zu überwinden, was den Lebensraum des Volkes Gottes, also auch unseren Lebensraum, bedrohen und einengen will. Im Bild von Davids Kampf gegen den Philister klingt eine mutige Entschlossenheit an, sich nicht einschüchtern zu lassen von äußerer Größe, von Machtgehabe und lautem Geschrei. Er schließt seine Hand um fünf Bachkiesel und geht frei und direkt auf den zu, der ihn klein machen will:
So überwand David den Philister mit Schleuder und Stein und traf und tötete ihn.
(1 Samuel 17,50)

Steine können ein Bild für verletzende und treffende Waffen sein, ob es Worte oder Gedanken, Augenblitze oder Mundwinkelsicheln sind. Sie wollen das Wachsen hindern und die Arbeit unerträglich schwer machen. Solche Steine gilt es – im Bild gesprochen – aufzuheben und wegzuwerfen,d.h., wir nehmen deutlich war und treffen klare Entscheidungen, ihnen keinen Platz auf unserem Lebensacker einzuräumen und sie da, wo wir sie finden, durch die befreiende Zusage der Vergebung zu entfernen.
Sein Herz ist so hart wie ein Stein und so fest wie der untere Mühlstein. (Hiob 41,16)
Sie zerstörten die Städte und jeder warf einen Stein auf alle guten Äcker. (2 Könige 3,25)

Allem Zerstörerischen steht Gottes Wille zu schützen entgegen. Er schafft durch seine Engel Raum und Weite, gangbare Wege und Sicherheit, wo wir vielleicht keine Wege erkennen können und uns vieles zu Stolpersteinen geworden ist.
Er hat seinen Engeln befohlen, dass sie dich auf den Händen tragen und du deinen Fuß nicht an einen Stein stoßest. (Psalm 91,12)

Diese Aufgabe teilt Gott mit uns Menschen und ermutigt uns, adventliche Bahnen zu bauen:
Macht Bahn, macht Bahn! Bereitet den Weg, räumt die Anstöße aus dem Weg meines Volks! (Jesaja 57,14)

Bereitet dem Volk den Weg! Macht Bahn, macht Bahn, räumt die Steine hinweg!
(Jesaja 62,10)

Gottes Geist will und kann in uns alles Verhärtete und Starre verwandeln in lebensfördernde, heilsame Wärme. Dies geschieht weniger durch große Willens- oder Glaubensanstrengung, sondern durch ein sanftes und geduldiges Verwandelnlassen, durch die Bitte um Wandlung und durch stetige Vergewisserung, gegen unsere Selbstbeobachtung, dass Gott alles wandeln kann und will. Sein »Ich will« überschreitet die Grenzen unsrer Vorstellung des menschlich Machbaren und Möglichen bei weitem und öffnet neue Hoffnungshorizonte.

Ich will euch ein neues Herz und einen neuen Geist in euch geben und will das steinerne Herz aus eurem Fleisch wegnehmen und euch ein fleischernes Herz geben. Ich will meinen Geist in euch geben. (Hesekiel 36,26-27)

Zuletzt wird auch der Stein des Todes weggewälzt und das Leben bricht unaufhaltsam hervor. Was menschlich gesehen todsicher verwahrt und beerdigt war, sprengt die Vermauerungen in und um uns. Der Engel des Lebens schafft Raum für Neues, öffnet uns für die Erwartung, dass Christus in uns Lebendigkeit weckt.

Und siehe, es geschah ein großes Erdbeben. Denn der Engel des Herrn kam vom Himmel herab, trat hinzu und wälzte den Stein weg und setzte sich darauf. (Matthäus 28,2)

Im Bild des Grundsteins wird Christus selbst erkennbar, der sowohl unser Lebenshaus als auch den Bau der Gemeinde Gottes begründet und trägt. Hier wird der Stein zum Bild eines nicht wankenden und durch nichts zu erschütternden Fundamentes, das nicht durch unseren Glauben oder unseren Mut oder Tapferkeit gelegt wird, sondern durch Gott selbst. Was uns zu tun bleibt, ist lediglich die Verankerung unseres Seins in Denken, Fühlen und Wollen in diesem »fest gegründeten« Grundstein.

Siehe, ich lege in Zion einen Grundstein, einen bewährten Stein, einen kostbaren Eckstein, der fest gegründet ist. Wer glaubt, der flieht nicht. (Jesaja 28,16)

Als verlässlich und fest wie ein Fels in der Brandung erlebt der Vertrauende Gott und birgt sein Herz in der Stärke des Stärkeren. Die Bilder der Geborgenheit in den Psalmen lassen eine immer neu erkämpfte Entschlossenheit ahnen, in diesem Schutzraum bei allen Erschütterungen und Gefährdungen zu bleiben.

Herzlich lieb habe ich dich, Herr, meine Stärke! Herr, mein Fels, meine Burg, mein Erretter; mein Gott, mein Hort, auf den ich traue, mein Schild und Berg meines Heils und mein Schutz! (Psalm 18,3)

Weißt du den Grund,
der trägt und hält und sicher steht?
Weißt du das Fundament,
das deinen Füßen Stand und Orientierung gibt?
Ich will den Fels,
an dem sich aller Wogen Macht geschlagen geben muss.
Ich will ihn jetzt und immer
und weiß ihn unter mir von Ewigkeiten her.

Praktische Übungen

Eine Stein-Pantomime (Gruppenübung für Jugendliche):
Wir gehen einen Weg und jede/r sucht sich einen Stein, den wir mit nach Hause nehmen.
Wir setzen uns im Kreis, halten unsere Steine in den Händen und denken darüber nach, was wir mit Steinen alles tun können:
Häuser bauen, Brücken gestalten, ein Denkmal aufrichten;
sie liegen lassen, über sie stolpern, sie anderen in den Weg legen;
andere damit bewerfen, jemanden steinigen;
sie aus dem Weg räumen, sie umgehen oder ...
Wir entscheiden uns für eine Aussage.
Nacheinander stellen wir unsere Entscheidung vor. Ich sage: »Ich möchte ...«, oder »ich erlebe ...« dann führe ich pantomimisch vor, was ich ausgewählt habe. Die Gruppe deutet und rät.
Wir schließen mit einem biblischen Impuls.

Zeichenhandlung Stein (eine Gruppenübung):
Für jede/n Teilnehmer/in ist ein Stein vorhanden. An einer bestimmten Stelle des zu gehenden Weges/im Raum ist ein Holzkreuz aus Ästen o.a. vorbereitet. Jeder nimmt einen (Back-)stein (oder anderen großen Stein). Wir tragen unseren Stein schweigend ein Stück (ca. 10 Minuten auf einem Weg im Freien oder durch den Raum). Wir halten ihn in den Händen, wir spüren den Schmerz, die Last in unseren Armen und Schultern: »Vielleicht trage ich einen Schuld- oder Sorgenstein mit mir herum. Er wird schwer und schwerer mit der Zeit.
Jesus sagt: ›Ich bin gekommen dich zu erlösen, dich frei zu machen, dich zu heilen. Wirf weg, was dich beschwert. Lege am Kreuz ab, was du nicht tragen kannst. Bei mir hast du Vergebung und Lösung. Ich will deine Last abnehmen und tragen.‹
»Nimm den Stein und wirf ihn jetzt mit all dem Mut und Vertrauen, das du aufbringen kannst, von dir zum Kreuz.

Bleibe ruhig stehen. Spüre nach, wie leicht deine Arme nun sind, wie befreit deine Schultern, wie du aufatmen und dich aufrichten kannst.« Zum Schluss sprechen wir gemeinsam ein Bibelwort aus den Impulsen.

Danksteine aufrichten (eine Gruppenübung, ca. 60 Minuten):
Für jede/n Teilnehmer/in ist ein schmaler Ytong-Quaderstein mit quadratischer Grundfläche vorhanden (30 x 30 x 50 cm). Bearbeitungswerkzeuge wie Beitel, Hammer, Raspel oder auch Schraubenzieher, Ahle oder Nägel sind bereitgelegt. Die Steine stehen auf Abdeckfolie im Freien.
Wir lesen die Geschichte aus Genesis 28,10-22.
Wir suchen unseren persönlichen Ort in dieser Geschichte.
Wo oder wann haben wir Gott erlebt?
Wie ist er uns begegnet?
Wofür bin ich dankbar?
Gibt es ein Zeichen, ein Symbol, ein Wort, in dem sich verdichtet, was ich erfahren habe?
Jede/r gestaltet ihren/seinen Stein als Denkstein/Dankstein.
Am Ende stellen wir unsere Steine z.B. auf einer Wiese, in einem Gottesdienstraum o.a. auf, singen ein Danklied, lesen einen Impulstext, einen Dankpsalm oder gehen schweigend zwischen den Steinen umher.

Stein-Impuls meditieren (allein bzw. in der Gruppe):
Ich wähle mir bei einem Spaziergang verschiedene Steine und nehme sie mit nach Hause.
Ich wähle einen Impuls aus und ordne ihm einen Stein zu.
Ich nehme den Stein in die Hand und betrachte ihn von allen Seiten.
Ich lese den Impuls und lasse meine Gedanken um den Text wandern.
Ich kann auch ein Blatt Papier nehmen und den Stein in die Mitte legen.
Um ihn herum schreibe ich alles auf, was mir in den Sinn kommt.
In einer Gruppe: Unsere Steine liegen in der Mitte eines großen Papierbogens auf einem Tisch. Wir stehen um den Tisch, gehen um ihn herum und schreiben alles, was uns zu dem Impuls einfällt.
Am Ende lesen wir da, wo wir stehen, vor, was aufgeschrieben wurde.

Einen Stein bearbeiten (eine Gruppenübung, kann aber auch allein erprobt werden):
Für jede/n Teilnehmer/in ist ein Stück Speckstein und verschiedene Feilen, Rapseln, Stechbeitel, mittelfeines Schleifpapier und feuchte Lappen zum Abwischen der Schleiffläche und der Hände vorbereitet. Wegen des Entstehenden feinen Staubes ist ein Arbeiten im Freien vorzuziehen oder der Boden des Raumes muss gut abgedeckt werden.
Wir arbeiten schweigend, eventuell zu leiser Musik.

Zunächst nehmen wir den rohen Stein in die Hand und untersuchen ihn auf seine Linien und Färbungen, entdecken, was in ihm liegen könnte.

Dann fangen wir an ihn zu bearbeiten, wir wissen nicht, was aus ihm wird, wir arbeiten spontan und lassen es entstehen. Es kann sein, dass Teile abspringen, dass etwas ganz anders erscheint, dann lassen wir es so zu, gehen schöpferisch damit um. Alles darf sein.

Wenn der Schleifprozess für mein Empfinden dem Ende zugeht, nehme ich meinen Stein noch einmal ganz bewusst in die Hand und bedenke:

Was hat mein Stein mit mir zu tun?

Was hat mein schöpferisches Gestalten mit Gott zu tun?

Vielleicht bearbeite ich ihn zu einem späteren Zeitpunkt weiter.

Vielleicht schreibe ich ein Gebet, ein Gedicht, eine »Schleifgeschichte«?

1.2.6 *Garten des Lebens*

Das jahreszeitliche Begleiten des Wachstums in einem Garten mit den dafür notwendigen Arbeiten und Vorbereitungen hat etwas zutiefst Heilsames. Wir erleben die oft mühsame Aufgabe, dem, was wachsen soll, Raum zu schaffen und zu erhalten. Wir freuen uns an allem, was keimt und emporreift. Wir ernten und pflegen. Wir warten auf Frucht. Wir beseitigen, was hindert, stutzen, was ausufert, binden an, was Stütze braucht. Das alles kostet Schweiß und Eifer, Überlegung und Zeit. Es ist Bild und Gleichnis für unser Leben und das, was liebevoll und geduldig uns begleitende Menschen an uns tun und für uns sind. Geistliche Begleitung ist Wachstumsförderung und Unterstützung der Persönlichkeitsreifung.

Gott pflanzte einen Garten in Eden gegen Osten hin und setzte den Menschen hinein, den er gemacht hatte… dass er ihn bebaute und bewahrte. (1 Mose 2,8+15)

Impulse zur Einstimmung/Texte zur Meditation

In der Begegnung mit Gott erfahren wir eine umfassende ›Gartenpflege‹ besonderer Art. Alles, was unser Leben heil, froh, erfüllt, reich und satt machen kann, gilt es zu entdecken und dafür Platz zu schaffen. Zeiten müssen ausgespart werden, in denen wir das tun und erleben können, was wohl tut. Alles Gegebene – alle Gegebenheiten, alles Vorfindliche, alles, was eben so ist, wie es ist – muss geprüft werden, ob es Leben in mir und in den anderen fördert oder hindert. Dann wächst Mut und Entschlossenheit zur Wahrheit, Bereitschaft zum Eintreten für das Richtige und zum Widerstand gegen allen Wildwuchs des Zerstörenden.

Der Herr wird dich immer führen und dich sättigen in der Dürre und dein Leben stärken. Du wirst sein wie ein bewässerter Garten und wie eine Wasserquelle, der es nie an Wasser fehlt (Jesaja 58,11)

Sie werden kommen und auf der Höhe des Zion jauchzen und sich freuen über die
Gaben des Herrn, ... dass ihre Seele sein wird wie ein wasserreicher Garten und
sie nicht mehr bekümmert sein sollen. (Jeremia 31,12)

Alltag
leuchtende Freundlichkeiten
blühen am Zaun
Du hast mich beglückt
mittendrin

Der Garten ist aber neben dem Abbild der vielfältigsten Lebensentfaltung
auch ein besonders geschützter Raum der Begegnung und Gemeinschaft. Im
Hohenlied der Liebe vergleicht der Bräutigam seine Braut mit einem wun-
dervollen Garten, den er entdecken möchte, und sie lädt ihn zum Verweilen
ein. Immer wieder stimmen uns diese Liebeslieder auf den Grundton der je
eigenen Sprache des Herzens zu Gott hin ein. Es ist eine Einladung, die Gegenwart Gottes wie einen ganz privaten Garten unserer Gottesbeziehung zu
erleben und zu pflegen.
In diesem Raum braucht es keine Vorsicht und kein Misstrauen, keine Be-
fürchtung und keine Hemmung. Hier herrscht liebevolle Diskretion, die uns
ermutigt, aufrichtig und spontan zu sein, wie es Liebende im Umgang
miteinander sind.
Liebe Braut, du bist ein verschlossener Garten, eine verschlossene Quelle, ein ver-
siegelter Born. (Hoheslied 4,12)

Mein Garten
verschlossen und versiegelt
mit einem Zaun umgeben
hoher Bäume Heimat
kleiner Käfer Schattenplatz
reich an Wegen und Bänken
dazwischen Ruheplatz im Sonnenschein
mein Garten
Hast du den Schlüssel zum Tor?
Komm, in meinen Garten, Geliebter
und finde mich da
bei der Tamariske
in der Nähe der Winde.
Die Rose blüht und duftet
sie wartet auf dein Kommen
dass du sie pflückst

und in mein Haar steckst.
Krank bin ich vor Sehnsucht
Liebesschmerzen zehren meine Kräfte auf.
Komm doch, Geliebter
in meinen Garten.
O du, den mein Herz begehrt
den ich noch immer nicht erkannt
erkenne du mich heute.

Lied zur Vertiefung

Text und Melodie: Irmintraud F. Eckard

Wie ein was-ser-rei-cher   Gar-ten wird   eu-re See-le

sein   und   un – be – küm-mert dürft ihr   sein.

Praktische Übungen

Gartenpflege-Gebet (Übung mit Kindern):
Ob in einem kleinen Schulgartenbeet oder in einem richtigen Garten, ob in ein paar Blumentöpfen auf der Fensterbank oder einem Gewächshaus, können wir einen Garten pflegen und bebauen.

Mindestens 10 Minuten täglich beschäftigen wir uns damit und erfahren unsere Beteiligung am Schöpfungsauftrag handgreiflich.

Mit Kindern und Jugendlichen säen wir Kresse-Samen oder pflanzen Feuerbohnen in Blumentöpfe o.a. und beobachten täglich die Veränderungen. Wir verbinden dieses äußere Tun mit einer geistlichen Deutung z.B. in einem täglichen Morgen- oder Abendgebet:

»Herr, mein Gott, wie groß bist du! Du lässt Gras wachsen für das Vieh, auch Pflanzen für den Menschen, wir danken dir für alles Gute, das wächst.« *(nach Psalm 104,1+14)*

»Wer sich zu dir, Gott, hält, der gedeiht wie ein Baum am Wasser. Danke, dass du mich wachsen lässt.« *(nach Psalm 92,13)*

»Jeden Tag wollen wir zu dir, Christus, hin wachsen in Liebe und Vertrauen.« *(nach Epheser 4,15)*

Kreative Garten-Liebesgedichte an Gott:
Ich setze mich in den Garten und schreibe ein Ich-und-Du-Gedicht über mich und Gott und unsere Beziehung zueinander.
Beschreibung der Form:
1. Ich wähle zwei Details aus, die mir spontan auffallen, eines für mich und eines für Gott, z.B. »Ich bin *die Blume*, du bist der *Boden*.«
2. Ich beschreibe mich und dich mit möglichst bildhaften Adjektiv-Schöpfungen (aus mindestens drei Teilen) und personifiziere die von mir gewählten Bilder: »Ich bin *fröhlich-lachend-bunt* und *herzlich-angstfrei-weit* geöffnet, meine Blätter sind *saftig-satt* und *hoffnungs-grün*. Du duftest *erdig-warm* und *lebensfeucht*.«
3. Ich beschreibe die Beziehung der beiden zueinander: »Aus dir wachse ich sorglos ins Licht, du gibst mir, was ich zum Leben brauche.«
Die Weise meiner Beschreibung zeigt mir etwas von der Dramatik oder Dynamik in meiner Einschätzung der Jetzt-Situation, meiner Selbst- und Gotteswahrnehmung.
Im Zweier-Austausch über ein Gedicht können wir uns gegenseitig Impulse zur Deutung oder Verstärkung geben, indem wir die Adjektiv-Ketten wiederholen (spiegeln) und sie in Beziehung setzen zu unserer Lebens- und Glaubenssituation (Was sagen die gewählten Begriffe über mich und über Gott aus?).

Hoffnungssamen säen (Übung für Gruppen über mehrere Wochen):
Für jede/n Teilnehmende/n ist ein Blumentopf mit Erde vorbereitet, ebenso verschiedene Samen (Bohnen, Kresse, Blumen u.a.) und kleine Blumenzwiebeln.
Jede/r schreibt eine konkrete Hoffnung oder Erwartung für sich oder andere auf eine Karte: »Ich erwarte mit hoffnungsvollem Vertrauen, dass in dir/mir ... durch Gottes Segen wächst.«
Wir säen aus oder stecken in die Erde. Wir begießen und beobachten unsere Blumentöpfe. Jeden zweiten Tag schreiben wir einen Gedanken oder eine Empfindung dazu auf: es entsteht ein Hoffnungstagebuch.
Wir können eines Tages eine Pflanze mit einem Hoffnungstagebuch als Zeichen unseres Vertrauens und unserer Erwartung gelingender Beziehung verschenken.

1.2.7 Das Meer als Gleichnis

Impulse zur Einstimmung/Texte zur Meditation

Wer einmal am Meer gelebt oder seine Ferien verbracht hat, kennt die ungeheuer dynamische, machtvolle Gewalt, die davon ausgeht und versteht die biblischen Bilder.

Die Gleichnisse vom Meer reden vom Bedrohtsein durch die Unberechenbarkeit seiner Urgewalten und von der Gefährdung des Lebens bei der Ausfahrt zum Fang oder weiten Reisen. Sie werden in der Schlüsselerzählung vom Durchzug des Volkes Israel durch das Rote Meer gleichnishaft zur existentiellen Erfahrung von Wegmöglichkeiten aus der Ausweglosigkeit und Bedrängnis. Was uns Menschen an die Grenze unsrer Kräfte und Fähigkeiten bringt, was uns nur Unsicherheit und Untergang zu sein scheint, kann gewandelt werden in gangbare Wege. Dieses Unmöglich-Mögliche beschreiben Menschen dann im Nachhinein als Erfahrung erlebter Hilfe in staunenden Dank-Psalmen, die Vertrauen in die wegschaffende Kraft Gottes wecken.

Er verwandelte das Meer in trockenes Land, sie konnten zu Fuß durch den Strom gehen. Darum freuen wir uns seiner. (Psalm 66,6)

Du gibst auch im Meer Wege und mitten in den Wellen sichere Fahrt. (Weisheit 14,3)

So spricht der HERR, der im Meer einen Weg und in starken Wassern Bahn macht …
(Jesaja 43,16)

Das Meer wird Quelle der Inspiration im Staunen über die Schönheit und Kraft der Wellen und dem begeisternden Klang ihres Brausens. Lieder, Gebete und Gedichte werden aus dieser Erfahrung geboren, in denen sich die Freude an Gottes machtvollem Handeln und Sein spiegelt. Unser gefährdetes und verletztes Menschsein braucht die Begegnung mit dem Größeren und Unverfügbaren. Und alles noch so Gewaltige-Geschaffene wird letztlich aufgefordert, sich dem Gewaltigeren, dem Schöpfer unterzuordnen und ihn mit seiner je eigenen Stimme zu loben.

Das Meer brause und was darin ist, und das Feld sei fröhlich und alles, was darauf ist. (1 Chronik 16,32)

Nähme ich Flügel der Morgenröte und bliebe am äußersten Meer … (Psalm 139,9)

Tosendes Brausen
schäumender Wogen
bricht sich am Fels
Urgestein teilt
was ungestüm aufläuft
in gischtender Kraft
Kannst ungebändigt nicht bleiben
hält doch der Grundfesten Stärke
Freu' dich der treibenden Macht
Sturmwindes Wehen
und halte es aus
Morgen wird Friede sein.

So auf dem Fels
umwogt, umbrandet
ganz sicher fest
und ohne Angst
in Freiheit staunend
über deine Größe
atmet mein Herz
den Lebenswind.

Im Angesicht menschlicher Hilflosigkeit und über allen eigenen Erfahrungen erkennen und bezeugen Menschen Gott als Erschaffer und Erhalter, als Bändiger und Bewahrer, als Wegbereiter und Wogenberuhiger.
Darum fürchten wir uns nicht, wenngleich die Welt unterginge und die Berge mitten ins Meer sänken, wenngleich das Meer wütete und wallte und von seinem Ungestüm die Berge einfielen. (Psalm 46,3+4)
Die Menschen aber verwunderten sich und sprachen: Was ist das für ein Mann, dass ihm Wind und Meer gehorsam sind? (Matthäus 8,27)

»Ich stehe am Meer, die Füße im Sand. Blicke hinaus in die Weite, an den Horizont, wo Himmel und Erde sich berühren, ganz dicht beieinander. So ist es überall: Der Himmel beginnt in der Berührung mit der Erde. So ist es auch in dir: Himmel und Erde berühren sich. Und wo der Himmel die Erde berührt, da ist Heil(ung).«

Hinaus zur endlos blauen Weite wandert mein Blick,
dorthin, wo alles Licht und Glanz und Schweben ist,
wo Himmel die Erde berührt,
wo Meer und Wolkendunst sich küssen.
So grenzenlos und frei,
so offen liegt das Land der Zukunft da:
Verheißungsland, das eingenommen werden will,
entschlossen-still und wagemutig-stark.
Es fällt dir nicht in deinen Schoß
wie dürres Laub, wie reife Frucht.
Besteig das Boot, setz deinen Fuß aufs Meer,
ergreif das Steuer, führ das Ruder fest,
und halte Kurs mit aller Kraft zum Hoffnungshorizont.
Beginnen will ich und ankommen,
will Neues sehn und tun
und keinen Raum mehr geben müdem Grau
und weinerlicher Klage.
Mein ist das Jetzt und Ja!

Schwimmen im Meer, das Erleben der tragenden Kräfte aus der Tiefe, Raum und Zeit, Höhe, Breite, Weite, alles wird zur Brücke für die Begegnung mit der Wirklichkeit Gottes, wie Paulus sie beschreibt *(Epheser 3,18): »... damit wir fähig werden zu erfassen, wie breit und lang, wie hoch und tief das Heil Gottes ist und die Liebe Christi.«*

Eintauchen und nicht untergehn,
die Arme ausbreiten und mittendrin sein
in der Länge, Breite, Höhe, Tiefe.
Umgeben um und um von dir,
gehoben und getragen und
im nächsten Augenblick schon
hin und hergeworfen von der Wogen Urgewalt,
Gischt in den Augen, den Ohren, dem Mund,
Salz auf der Zunge, Wind im Gesicht,
wie sehr ich dich liebe, Meer!

»In ›stürmischen Zeiten‹ bedenke: Die großen Bewegungen finden nur an der Oberfläche statt. In der Tiefe aber ist davon nichts zu spüren.«
Das wird zum hoffnungsvollen Bild für Treue und Beständigkeit in meinem Lebensmeer, auch wenn die sichtbaren Aufbäumungen der Wassermassen sich noch so gewaltig gebärden.

Lied zur Vertiefung

Text und Melodie: Irmintraud F. Eckard

Lie - be ist wie ein Meer, bei dem die Wel-len hoch schla-gen,
oh-ne die Tie-fen zu be - we - gen; denn die Tie-fen der
Lie-be sind in Gott; denn die Tie-fen der Lie-be sind in Gott;

ja, die Tie-fen der Lie-be sind in Gott, ja, die Tie-fen der

Lie-be sind in Gott.

Praktische Übungen

Tücherpantomime zu Musik:
Verschiedene blaue, weiße und schwarze leichte Tücher sind bereitgelegt.
Musik: Antonio Vivaldi: The Four Seasons, Summer, Op. 8, N° 2, Tempo impettuoso D'Estate, 2.51, o.a.
Wir stellen uns in Gedanken an das Meer. Wir hören es, riechen es, sehen den Himmel, fühlen den Wind und schauen auf die Wellen, die immer höher werden (ca. 5 Minuten innere Imagination).
Jede/r nimmt sich ein Tuch und bedenkt, was sie/er zurzeit als (bedrohliche, ängstende, aufwühlende o.a.) Wellen erlebt.
Wir nehmen die Tücher und lassen im Raum durch unsre expressiven Bewegungen das Gewoge der Wellen zur Musik sichtbar werden.
Die/der Anleitende spricht nach etwa 2 Minuten: »Du, Gott, stillst das Brausen des Meeres, das Brausen seiner Wellen und das Toben der Völker!« (Psalm 65,8) oder: »Deine Vorsehung, Vater, steuert das Schiff hindurch; du gibst auch im Meer Wege und mitten in den Wellen sichere Fahrt.« (Weisheit 14,3)
In der verbleibenden Zeit werden die Wellenbewegungen immer kleiner, zum Schluss liegen die Tücher auf dem Boden. Wir setzen uns ruhig hin und lassen das Erlebte nachklingen.
In einer Wiederholung hören wir während der Wellenbewegungen je persönlich innerlich auf die Zusage und lassen die Wellen abklingen, wenn es für uns an der Zeit ist. (Dazu wird die Musik auf ›Wiederholung‹ gestellt, damit ausreichend Zeit für individuelle Gestaltung bleibt.)
Wer ›befriedet‹ ist, setzt sich hin und wartet, bis alle geendet haben. Gemeinsam sprechen wir die Zusage (die gut lesbar auf einer großen Karte vorbereitet wurde oder für jede/n verfügbar ist).

Persönliche »Mutprobe« (allein oder mit Partner/in):
In ›stürmischen‹ Zeiten kann eine Vorstellungsübung uns helfen, die Gewissheit der Nähe Gottes zu festigen. (Die Übung lässt sich auch als Partner/

innen-Übung gestalten, dabei ist jeweils eine/r die/der Anleitende, die/der die Psalmworte laut zuspricht. Es gehört Vertrauen dazu, sich aufeinander einzulassen.)

»Denke dich an das Ufer des Meeres. Es stürmt und die Wellen rollen schäumend an das Ufer. Gehe jetzt so weit in die Wellen hinein, wie du es gerade noch ertragen kannst (bis an die Knöchel, die Knie, die Hüfte ...). Unter deinen Füßen spürst du erst Sand, dann Felsen. (Pause) Im Heulen des Windes sprich zu jeder heranrollenden Welle: ›Deine Fluten rauschen daher, eine Tiefe ruft die andere; alle deine Wasserwogen und Wellen gehen über mich (Psalm 42,8).

Du, Gott, herrschst über das ungestüme Meer, du stillst seine Wellen, wenn sie sich erheben. (Psalm 89,10)«

Die/der Anleitende wiederholt diese Worte immer wieder mit einer Gedankenpause dazwischen.

Zum Abschluss nimmt sie/er die/den Übende/n fest an der Hand und sagt: »Ich führe dich jetzt heraus aus dem Wasser« und fügt an »es segnet und schützt dich Gott, der Allmächtige, der Vater, der Sohn und der Heilige Geist, Amen.«

Sturmstillung miterleben – einen inneren Film sehen:
Ich sitze ruhig und aufrecht auf einem Stuhl.
Ich lese die Geschichte von Jesus, der mitten im Sturm schlafen konnte. (*Matthäus 8, Lukas 8*)
Innerlich stelle ich eine Leinwand auf und lege die Videokassette ein. Gleich wird auf der Leinwand ein Film erscheinen, in dem ich selbst mitspiele: Ich fühle mich in das Geschehen hinein. Ich steige selber in das Boot. Ich spüre die Bewegungen des Bootes, sehe die Gesichter und fühle die Gefühle der Jünger. Sie sind hektisch beschäftigt. Ich hangele mich an ihnen vorbei bis in den Bug des Schiffes. Jesus liegt da. Um ihn ist es ganz still, obwohl das Schiff wild hin und her geworfen wird. Ich lege mich ganz dicht neben ihn. Da breitet er seinen Mantel über mich. Ich höre ihn leise, aber deutlich sagen: »Fürchte nichts, ich bin da.« ...
Ich sehe »den Film« ganz bis zum Ende. Dann bleibe ich noch einige Augenblicke auf meinem Stuhl sitzen, lockere dann die Arme, öffne die Augen, recke und strecke mich und stelle das Gerät ab.
Variation: In einer Gruppe wird die ›Filmbeschreibung‹ langsam von der/dem Anleitenden gesprochen. Zum Schluss überlegen wir, welche Szene für jede/n die bedeutsamste war.

1.2.8 Jahreszeiten durchleben

Impulse zur Einstimmung/Texte zur Meditation

Im Wechsel der Jahreszeiten, des Wetters und von Tag und Nacht können wir Phasen unseres Lebens in ihrem Verwandeltwerden nachspüren und entdecken, wie natürlich, angemessen und heilsam jede einzelne Zeit in ihrer besonderen Art für uns ist. Über allem Wandel liegt die ursprüngliche Segensverheißung unter dem Regenbogen der Treue Gottes: *Solange die Erde steht, soll nicht aufhören Saat und Ernte, Frost und Hitze, Sommer und Winter, Tag und Nacht (1 Mose 8,22).* Es braucht ein grundsätzliches Ja zur Vielfältigkeit und Veränderlichkeit unserer Lebensumstände, um in allen das Wirken Gottes zu entdecken und die jeweilige Schönheit und Bedeutung zu finden.

Nach dem Gewitter
Noch schwelt Dunkel in der Tiefe
in der Höhe zerreißt der Vorhang
schon schwebt der Geist
über den Wassern
beglänzt Licht das Finsternisgewoge
der Sturm ist vorbei
der Streit der Gewalten befriedet
für diesen Augenblick
ich schaue das Geheimnis des
mehr Himmel als Erde
mehr Sieg als Not
mehr Strahlenkraft als Düsternis
für diesen Augenblick
der Sog nach unten droht
der verschlossene Horizont ängstet
dennoch waltet der Hauch des Höchsten
über allen Fluten
und Leben lebt
vom Dennoch-hell
vom Immer-wieder-Frieden
vom Durch-die-Wolken-sehn
in diesem Augenblick
mit dir.

Im Frühling zieht es uns hinaus. Die anschwellenden Knospen, die ersten Blüten, kleine grüne Blätter und der besondere Duft, untermalt vom Gesang der Vögel, weckt in uns die Kräfte der Hoffnung auf Erneuerung. Wir tun gut daran, zugleich mit der Natur die Landschaft unserer Seele zu durchwandern. Es ist Aufbruchszeit, Zeit des Wagens und Neubeginnens, Zeit der Freude am Überraschenden und der Erwartung aufkeimender Ziele, Zeit des Mutes und des Hinausgehens aus altgewohnten Mustern, es ist Saatzeit für Neues.

Alles, was wir wahrnehmend sehen, kann uns sein innerstes Geheimnis erschließen und so zu einer Brücke werden, Gott in seiner schöpferischen Handschrift zu erkennen. Der Lebensfrühling hat etwa Kindliches, Reines und Unberührtes, etwas Verspielt-Heiteres, was uns anrührt und aufweckt, es bei all unserer Ernsthaftigkeit im Auge zu behalten.

Wer hat dich nur Trauerweide genannt
Dich, der Freudenbotinnen des Lebens Erste

Lichtlindengrün umschleiert dich dein Kleid
Fließt, schwingt umschwebend deinen Leib
Den malerisch bizarren

Und weder Kleid noch Leib eifert um Gunst
Dir eignet Schönheit miteinander
Schwere und Leichte singt gleiches Lied

Kein sinnend Wort vermag dich zu erkennen
Liebend erlebt will Leben sein

So will ich dich berühren mit dem Herzen
Will dich umarmen mit den Augen
Will schweigend dich besingen
Und weiden nur im Staunen

In neuem Leben glücklich, du
Wie schön kann Abschiedstrauer sein!

Im Sommer umstrahlt uns die Stärke der Farben, sattes Grün, dichtes Laub, feste Zweige, tief wachsende Wurzeln und überall wachsendes Leben. Gartensommer ist arbeitsintensiv und verlangt unsere ständige Präsenz im Gestalten und Pflegen.

Sommer ist Zeit der frühen Kraft, der Energie und Schaffensfreude, der reifenden Ideen, der Pläne und Unternehmungen, aber auch der Gewitter und überraschenden Hitze und Regenbedürftigkeit. Im Lebenssommer brauchen wir eine besondere Wachsamkeit, damit wir unsere Grenzen erkennen, damit uns die Schaffens-Energie nicht einfach fortreißt und wir für ausreichende Zeiten der körperlichen und seelisch-geistigen Erfrischung Sorge tragen.

Sommersonnenzeit
Kraftstarke Lebensfülle
Allüberall wachsendes Grün
Ohn' Sorge reifende Frucht
Daseins-Ja

Sommersonnenzeit
Ostinato Freude
Bienenmelodie im Blütenmeer
Ausgebreitet ruhen im Licht
Schalom

Sommersonnenzeit
Friedvolles Reifen
Gutes Land Leben
Glück eines geschenkten Gartens
Rosenduft

Der Herbst wirbelt alles durcheinander. Eine Palette verschiedenster Stimmungen bietet einen bunten Reigen von Regen, Sturm, Oktobersonne, Früchtefülle und Erntesegen.

Es ist die Zeit der größten Wandlung, Ahnung von Vergehen und Loslassen, Freude am Reifen und Durch-die-Wolken-Sehen.

Den Herbst lieben heißt das Leben in seiner Kontrastharmonie feiern lernen. Wir spüren die Spannung zwischen Festhaltenwollen und Loslassen-Einüben, die Ungewissheit und Furcht vor dem, was nach der Reife kommt und die friedliche Freude an allem, was gesättigt ist.

Eine besondere Herbsterfahrung sind die Stürme, die alles zu entwurzeln drohen, die Wege verstellen, Blätter von den Bäumen reißen und die uns in ihrer vernichtenden Gewalt ängstigen können. Im Sturm wird die Kraft der Wurzeln zum Tragen kommen und der Grund für das Überleben bedeutsam. Krankheiten und seelisch-körperliche Einbrüche, familiäre und berufliche Brüche und äußere Bedrohungen unserer Fundamente können sich wie Orkane gebärden, die uns aus der Verankerung unseres Lebens zu reißen drohen. Sie zwingen uns die Wurzeln unseres Vertrauens um Christus, den Felsen, zu schlingen und zu suchen, was dauerhaft trägt und hält, wie es Jesus im Gleichnis vom Haus auf dem Felsen verdeutlicht. (Matthäus 7,24ff.)

Herbststürme

Ungebändigt raue Kraft
bläst die Backen auf
und brüllt den Takt
zum letzten wilden Tanz der Blätter,
beugt Riesen fast zum Staub
und spielt mit Zweigen wie mit Federn.
Was morsch und krank, das bricht
und hält nicht stand,
verliert den Halt,
den vielleicht letzten.
Ich aber grabe meine Wurzeln tief
um meinen Felsenanker,
lass los, was doch nicht bleiben kann,
und fasse Mut zur Kargheit,
bis ein Neues wächst.

Es ist Winter. Alles ist abgeerntet. Der Wein reift bereits in den Fässern. Vorräte sind angelegt, vielleicht. Der äußere Schmuck ist abgefallen, die Erde umgegraben, Büsche und Bäume beschnitten. Schmerzhafte Erfahrung von Einschränkungen, Reduzierung der Kräfte auf innen, gesammelte Energie auf Sparflamme und gebündelte Hoffnung auf neuen Aufbruch irgendwann fallen uns nicht leicht. Winterzeit ist wesenhaft Wahrheitszeit, wenn der äußere Schein der inneren Wirklichkeit weicht und die Werte und Ziele auf den Prüfstand der Ewigkeit kommen. Winter ist Zeit, in der wir die Chance haben, Klarsicht zu gewinnen, weil viele der äußeren Möglichkeiten, der Meinungen und Moden nicht mehr ins Gewicht fallen. Es braucht Mut, den Winter zu lieben.

Schön bist du,
Bruder Winter,
wenn der kurze Weg des Tages
das Licht kostbar werden lässt.

Schön bist du,
Bruder Winter,
wenn das Schneenebelgrau des Himmels
die Sehnsucht nach der Farbenfülle weckt.

Schön bist du,
Bruder Winter,

wenn das filigrane Vielgeäst der Bäume
das Lebensgerüst offenbart.

Schön bist du,
Bruder Winter,
wenn in Kältestarre schlafende Bewegung
zur Sammlung aller Kräfte zwingt.

Schön bist du,
Bruder Winter,
denn du eignest meinem Leben
zur Reife.

Schön bist du,
Bruder Winter.

Lied zur Vertiefung

Im Wandel erahnen wir die Fülle der Möglichkeiten, die uns ununterbrochen widerfährt, und pflegen die Sehnsucht nach Vertiefung.

Text und Melodie: Irmintraud F. Eckard

Hal - te die Sehn-sucht aus, hal - te sie aus!

Früh-ling folgt nach dem Win - ter, Eis bricht ein - mal auf.

Stil - le lässt Stär - ke wach - sen, Hoff - nung baut auf.

Praktische Übungen

Stille- und Imaginationsübung (in einer Gruppe):
Wir betrachten uns selbst und entdecken die Spuren der Jahre. Stille (2 Minuten). (Die/der Anleitende liest den Text langsam vor.)
»Du hast die Wahl: Verwelken oder reifen«; denn »*wenn sie auch alt werden, werden sie dennoch blühen, fruchtbar und frisch sein.*« (Psalm 92,15)
Stille (2 Minuten)

Wir schließen die Augen und lassen uns auf eine Betrachtung ein (♥ 𝔇 – »Herz-Ohren öffnen«):
Ich stehe unter freiem, klarem Himmel. Es ist sonnig-warm. – ♥ 𝔇 –.
Da spüre ich auf einmal, wie eine Verwandlung mit mir vorgeht: Meine Füße werden zu Wurzeln, die sich in die Erde graben. – ♥ 𝔇 –.
Mein Leib wird zu einem Stamm, der sich aus den Wurzeln nach oben erhebt. – ♥ 𝔇 –. Meine Arme recken sich und werden zu vielen Ästen, die sich dem Licht entgegen strecken. – ♥ 𝔇 –. Da stehe ich. Es ist Frühling. Ich spüre, wie an vielen Stellen die Knospen dicker werden und sich langsam zu Blüten öffnen. Über und über bin ich erblüht. Ich höre das Summen der Bienen dazwischen. – ♥ 𝔇 –. Nach und nach beginnen die hellen Blütenblätter ganz sanft hinabzugleiten und bedecken den Boden mit einem weißen Teppich.
In meinen Ästen beginnt sich neues Leben zu regen. Der Sommer kommt. Blätter treiben hervor, saftig und grün, und dazwischen beginnen die Früchte zu reifen, erst ganz klein, dann immer dicker und fester. Sie bekommen Farbe und leuchten und duften in der Sonne. Ich höre die vielen Vögel in meinen Ästen singen. Kinder spielen um meinen Stamm, schauen sehnsüchtig nach den Früchten hoch. Ich bin fruchtbar. – ♥ 𝔇 –.
Auf einmal schüttelt mich ein heftiger Wind. Einige Früchte fallen zu Boden. Ich bin erschüttert. Es ist Herbstzeit. Ich spüre die Last meiner Früchte und lockere meinen Griff. Eine nach der andern wird geerntet. Ich schenke, ich gebe alles, was ich habe. – ♥ 𝔇 –.
Meine Blätter verwandeln sich mehr und mehr. Sie glühen in feurigen Farben. Ich bereite mich vor sie loszulassen. Es ist Winterzeit. Ich bin ganz entblättert, aber auch befreit, karg und kahl zwar, aber in größerer Klarheit. – ♥ 𝔇 –.
So stehe ich und grabe meine Wurzeln ein, strecke meine Arme zum Himmel und verweile. – ♥ 𝔇 –.
Und indem ich mich wandle zum Menschsein, kommt eine Stimme wie Wind und Wasserrauschen von weit her, durchdringt mich von oben nach unten und fragt: Wo stehst du jetzt? Was ist deine eigene Zeit? – ♥ 𝔇 –.

Wir verweilen noch einen Moment bei unsrer Antwort.

Es ist Gelegenheit, unsere Eindrücke zu malen oder zu beschreiben, unsere persönliche Lebens-Jahreszeit zu gestalten.

Mit den Jahreszeiten leben – vier Jahresposter (Übung in der Familie oder Gruppe):
An einer freien Wand zu Hause hängt ein großes weißes Papier. Jede/r darf zu dem jeweiligen Thema dazuschreiben oder aufkleben, was sie/er findet.

Thema 1: Wir suchen im Frühling, was in mir und unter uns neu werden will.

Thema 2: Wir suchen im Sommer, was Wurzeln schlagen und wachsen soll.

Thema 3: Wir suchen im Herbst, was reif und gut geworden ist.

Thema 4: Wir suchen im Winter, was ich oder wir loslassen möchten, damit Neues entstehen kann.

Die Fülle der Möglichkeiten, weitere ›äußere Anlässe‹ als Brücke zum tieferen Sehen und Verstehen von Gottes Wirklichkeit zu begehen, ist unbegrenzt. Alles, was uns begegnet, hat ein zweites Gesicht, eine eigene Stimme und kann unser Lehrmeister werden, wenn wir uns Zeit nehmen und anfangen, es mit liebenden Augen anzusehen.

Kapitel 2   Oasen des Lebens gestalten

Impulse zur Einstimmung

In einem Sprichwort heißt es: »Der Mensch verkommt, wenn er kein Feierkleid mehr anzieht.« Weist das nicht auf den überlebens-notwendigen Bedarf an Gestaltung unserer Tage hin? Festzeiten, Höhepunkte, besondere Erlebnisse sind Glanzlichter. Jeder Sonntag kann etwas von diesem ›Parfum der Freude‹ am Zur-Ruhe-Kommen in dem Vollendungshandeln Gottes haben, das uns Gelassenheit trotz Unbewältigtem und Fragmentarischem zuspricht (siehe auch Kapitel 6, Sabbat). Es ist von Bedeutung, wie wir unsere Tage beginnen und enden und wie sorgsam wir mit unserer Lebenszeit umgehen. Ausgesparte (halbe) Tage, Exerzitienzeiten oder Retraitenwochenenden helfen den Blick auf das Wesentliche zu richten und die Prioritäten zu überdenken. Es sind Freiräume des Lebens, in denen das wachsen und aufblühen kann, was befruchtend wirkt, und in denen wir mit unserem inneren Hunger und Durst nach Lebendigkeit in Berührung kommen.

Wer einmal begonnen hat, seine Tage und Wochen zu ordnen, der spürt die nährende Kraft, die davon ausgeht und die immer wieder die Vorfreude auf diese Oasen weckt.
Entdecken und erproben wir unsere je eigene Art, die zu uns passt, die für uns möglich und hilfreich ist. Finden wir die Zeiten, die wir reservieren können, und geben wir nicht zu schnell auf, wenn sich nicht gleich ein messbarer Erfolg einstellt oder diese Momente spürbar Frömmigkeit absondern. Schon das Verweilen und Bleiben, das Betrachten eines Bildes oder das Meditieren eines Bibel- oder Liedverses, das Summen einer Liedstrophe oder das bewusste Ein- und Ausatmen der Gegenwart Gottes ist heilsam und breitet den inneren Frieden aus wie einen Strom des Lebens.

Wasser bekommt nur dann große Kraft, wenn es sehr tief fallen kann wie zum Beispiel bei einem Wasserfall, das bedeutet, es braucht Tiefe, damit Kraft wird.

Liebe lebt von der Kommunikation, von der Begegnung und Berührung. Mit der Beziehung zu Gott ist es nicht anders.

Beziehung
ist Leben
in wachsenden Ringen
gestaltet durch unseren Willen
zueinander

Zueinander
in Gedanken
unterwegs zur Einheit
so wie im Anfang
Weggemeinschaft

2.1 Der Tagesanfang – Morgendliche Gebetszeit

Die Zeit direkt nach dem Aufstehen und vor dem Schlafengehen kann eine solche Oase sein, eine ganz persönliche Zeit der Präsenz in der Gegenwart Gottes. Hier ist Raum für die Erwartung und gedankliche Vorbereitung des Kommenden, für das Vorbeiziehenlassen des Gewesenen und das »Einsammeln« dessen, was beglückend und gut oder konfliktreich war. Wir müssen uns nicht überrollen lassen von den Aufgaben und Pflichten, die auf uns warten, wir können Erlebtes anschauen und wieder ablegen in das Vertrauen, dass jeder Tag eine neue Gelegenheit ist.

Gestalteter Tagesbeginn kann zu einer Art geistlicher Hygiene und spirueller Morgentoilette werden, ein Ritual, das sich wandeln darf, das offen bleibt für das wirklich Not-wendende und Heilsame. Hier ist Raum für alles, was uns beschäftigt. Da entstehen Projekte und Konzepte. Da üben wir das Hinhören auf die leise Stimme Gottes. Aus solchem Verweilen wächst eine innere Kraft und Ruhe, die auch Stürme überstehen hilft und bleibende Orientierung vermittelt.

2.1.1 Gestaltungsvorschlag für eine morgendliche Gebetszeit

Anfang/Vorbereitung

Ich beginne mit dem Kreuzzeichen: Im Namen des Vaters, und des Sohnes und des Heiligen Geistes,
oder einer Verneigung: Ehre sei dem Vater und dem Sohn und dem Heiligen Geist,
(oder einer anderen Form der Begrüßung).
Da bin ich. Stille. Ich atme ruhig und achtsam.

»Mein Herz hält dir vor, Gott, dein Wort:
Ihr sollt mein Angesicht suchen, darum suche ich auch dein Angesicht.« (*Psalm 27,8*)

Körperliche Einstimmung

Zum Aufwachen und gesammelten Dasein gönne ich mir eine Präsenzübung des Körpers (auch als eutonische Übungen oder Feldenkraisübungen[14] bekannt), in der ich wahrnehme, wie ich zwischen Erde und Himmel, Himmel und Erde, aufgerichtet bin:
Ich setze mich so hin, dass meine Ober-Unterschenkel im rechten Winkel sind, aufrecht und locker, die Hände mit den Handrücken auf den Oberschenkeln, die Augen geschlossen.
Dann gehe ich mit der ganzen gesammelten Aufmerksamkeit, zu der ich so früh am Morgen fähig bin, zu meinem Kreuzbein/Steißbein, bis ich es spüre, dann zu den Sitzknochen, dem Becken, weiter zu den Oberschenkeln, ihrem Kontakt zu Stoff oder Luft, zu den Knien, Kniekehlen, Unterschenkeln mit Waden und Schienbeinen, zu dem Gebiet der Achillessehne, zu den Fersen, den Mittelfußknochen, den Ballen, den Zehen (einzeln von den großen Zehen bis zu den kleinen).
Dann spüre ich dem nach, wie die Fußsohlen auf dem Boden stehen und bete:
»So wie ein Baum seine Wurzeln zum Bach hinstreckt, so strecke ich meine Lebenswurzeln hin zu dir.« Dabei atme ich ruhig und gesammelt weiter und lasse meine Wurzeln in die Tiefe wachsen.
Dann wandert meine Aufmerksamkeit wieder zum Kreuzbein und von da aus die Wirbelsäule hinauf bis zum Nacken (die Schultern lasse ich locker fallen), zum Hinterkopf und dem Scheitel (der den Himmel berührt ...).
Mit jedem Atemzug spüre ich, dass Gottes Geist und Lebenskraft mich durchfließt, dass ich von Kopf bis Fuß ausgestreckt zwischen Himmel und Erde da bin, jetzt bin, bei ihm bin ... (siehe auch Meditationstext »Zwischen Himmel und Erde«, Kapitel 1.2.1).
Dann spüre ich meine Schulterblätter, die Oberarme, Unterarme, Handgelenke, Handrücken, Knöchel und Finger, die Hände, die wie eine Schale geöffnet auf meinen Knien liegen, und ich bete: »So geöffnet und bereit bin ich jetzt vor dir.«
Dann öffne ich bewusst die Augen und sehe mich um, öffne die Nase und rieche, öffne die Ohren und achte auf die Geräusche von draußen, öffne den Mund und seufze tief, atme auf und hole Luft.

Sammlung/Konzentration

Eine Ikone oder ein Meditationsbild helfen mir meine Gedanken und Blicke immer wieder zu ›kon-zentrieren‹, einzusammeln auf die Mitte hin.

Ich bete ein Morgengebet, z.B.: »Wieder ist es Morgen, Stille in der Frühe ...«
(s.u.).
Dann verharre ich in Ruhe und genieße das Dasein, ohne Leistung, ohne Erfolgszwang in der Gegenwart des mich liebenden Gottes, ich verweile und berühre ihn
»mit den Fingerspitzen des Glaubens«. Ich überlasse ihm die Verwandlung meines
Lebens auf ihn hin und in ihn hinein.

Den Tag erwarten und durchdenken

Ich achte auf innere Anregungen und Impulse, die manchmal auftauchen können.
Menschen, die mir in den Sinn kommen, nehme ich bewusst mit in diese stille
Nähe Gottes oder ich zünde eine Kerze für sie an. Aufgaben, die mir einfallen,
notiere ich in einem Heft, das dafür bereitliegt. Ab und zu kommt mir eine gute
Idee, auch die notiere ich und kehre zurück zur Sammlung.

Lesung/Betrachtung

Ich lese einen Bibelvers (oder einen Abschnitt aus einem geistlichen Buch). Wort
für Wort ›kaue ich es durch‹, male mir eine Situation dazu aus, beziehe es auf mich
heute und eigne es mir als Proviant für den Tag an (Siehe auch Kapitel 4.4 Biblische Texte gestalten).

Abschluss

Zum Schluss spreche ich ein Gebet, z.B.: »Jedes Lächeln ...« (s.u.), bekreuzige ich
mich wieder (oder ...) »Im Namen des Vaters ...« und gehe als Gesegnete/r in den
Tag.

Es ist wichtig, dass wir unsere persönliche Struktur ›bauen‹, die uns den Raum
gibt zur Sammlung und Einstimmung in den Tag, in der genügend Zeit ist, die
Aufgaben und Pflichten in Ruhe zu überdenken und ein Wort der Heiligen Schrift
in uns zu verankern. Rituale brauchen einen langen Atem, ein beständiges Üben
und eine verlässliche Regelmäßigkeit. Wir achten darauf, dass der äußere Rahmen
stimmt, dass wir ungestört sind und nicht durch Unordnung oder Arbeitsberge
abgelenkt werden. Es kann hilfreich sein, einen bestimmten Platz in der Wohnung dafür zu gestalten. Eine Kerze oder Blume, ein Bild, ein Blatt, ein paar Steine, alles kann zur Sammlung dienen, dabei gilt, dass die Beschränkung auf wenige
äußere Impulse mehr Freiraum für das innere Wahrnehmen lässt.

2.1.2 Morgengebete

Zum Beginn und/oder zum Abschluss einer Gebetszeit

Ich gehe in diesen Tag in dem Bewusstsein,
dass du, Gott, alles verwandeln und beleben kannst,
in dem Wissen, dass ich nicht aus mir, sondern aus dir lebe.
Ich gehe in diesen Tag in deiner bleibenden Nähe
und weil du in mir der Strom der Liebe bist,
der weiterfließt zu allen hin.

Beim Erwachen suche ich dich,
im Dasein finde ich dich,
vor allem, was dieser Tag bringt,
erwarte ich dich.

Wie Tau in der Morgenkühle
eines offenen Blütenkelchs
glitzert deine Freundlichkeit
auf dem Grund meiner Seele
und öffnet die Schleusen
meines Herzens zu dir.
Wie ein Sonnenstrahl auf dem Fensterbrett
im abziehenden Gewitter
streichelt dein Lächeln meine Lider
und weckt mich aus mir zu dir.
Deine Berührung ist Atem und Herzschlag,
Puls der Stille, Gesang des Schweigens
und Duft deiner Nähe.
Du Angesicht meiner Liebe!

Jedes Lächeln dieses Tages,
gleich wem ich es schenke,
es gehört dir.
Mein Gesicht,
wem auch immer ich es zuwende,
es bleibt dir zugewandt
wie ein Spiegel deines Angesichtes.
Meine Hände, was sie auch tun,
sie tun es an dir, für dich und mit dir
und ruhen doch immer

zwischen den deinen.
Hand in Hand, Auge in Auge,
Herz an Herz gehen wir in diesen Tag
ohne Angst; denn du bist da.

Da ist gut sein, wo starke Arme halten
und mächt'ger Schutz von allen Seiten steht,
wo helfend ausgestreckte Hände
und liebend Auge mit mir geht.

Belebe uns, Christus,
in allem und durch alles
mit deinem Atem und hauche
uns ein deinen Geist,
damit wir aufleben und hindurchschreiten
mit dem aufrechten Herzen
der Getrösteten,
mit der klaren Stimme
der Bejahten,
mit dem freien Blick
der Ermutigten
und der Hoffnungshaltung
der Geliebten.

Was nehm' ich mit in diesen Tag?

Dass ich gehalten bin
und immer neu aufbrechen will
mit dir zu reden
über alles.

Dass ich ein Liebeslied erstamm'le
und eine Nachtmelodie summe
und in allem dir zu-atme
im Jetzt.

Dass meine Hände durch die Luft wirbeln
und in meinen Schoß gleiten
und allezeit mein Reden vertreten
vor dir.

Dass mein Gesicht sich hebt zum Licht
und auffängt Sonnenspuren und Windfahnen
und alles mich lebendig hält
trotzdem.

Dass du bist, wo ich sein werde,
und bleibst, wohin ich aufbreche
und immer Schritt um Schritt ganz nah
an meiner Seite.

Das nehm' ich mit.

(siehe auch Kapitel 5.3.1, Gebet zu Bild »Lebensschale«, S. 170)

2.2 Der Tagesabschluss – Loslassen einüben

Für viele Menschen gelingt das Loslassen der Tagesaufgaben und Erlebnisse (zeitweise) nur schwer. Sie erleben sich, kaum, dass sie sich zum Schlafen hingelegt haben, mit herumvagabundierenden Gedanken geplagt, mit sorgenvollen Überlegungen beschäftigt, mit dem Durchspielen von Situationen oder der Last unbewältigter Begegnungen und schwieriger Beziehungen bedrückt, das Kommende und zu Erwartende des nächsten Tages scheint wie ein Berg. Viele Jugendliche klagen bereits über massive Einschlafstörungen. Die Fülle der Eindrücke eines Tages verlangt nach Ordnung und Sichtung. Abendrituale schaffen uns einen Raum, in dem wir im bewussten Los-Lassen in der Gegenwart Gottes zur Ruhe finden. Wir begegnen dem Größeren und Stärkeren, dem, der heilen und verbinden kann, was verletzt und gestört ist, der vollenden und ergänzen kann, was angefangen und bruchstückhaft bleiben musste, und der uns wohlwollend begleitet und ermutigt.
In der biblischen Tradition beginnt der Tag bereits mit dem Vorabend *»so wurde aus Abend und Morgen ein neuer Tag …«.* (1 Mose 1,5) Deshalb ist es von Bedeutung, wie wir den neuen Tag mit dem Vorabend und der Nacht beginnen.

Die einzelnen Elemente sind wie Bausteine, die in unterschiedlicher Weise zu einem eigenen Abend-Ritual zusammengestellt werden können. Immer geht es um ein achtsames Wahrnehmen dessen, was war, nicht um ein kritisierendes Beurteilen. Gefühlen und Empfindungen noch einmal nachzuspüren, sie anzusehen oder auch auszusprechen ist hilfreicher, als eine Bilanzrechnung nach Gewinn und Verlust anzustellen. Ein Abendritual kann allein oder zu zweit (oder in einer vertrauten kleinen Gruppe) gehalten werden. Wenn wir gemeinsam den Tag überdenken, verzichten wir auf jegliche Form der Bewertung, bleiben diskret und gewähren uns gegenseitig einen Raum der stillen Betrachtung. Eine/r übernimmt die Anleitung und führt von Impuls zu Impuls.

Das Einfinden kann erleichtert werden durch eine Kerze in der Mitte, durch eine Musik, ein Lied, eine Körperübung, eine Haltung, die wir einen Moment beibehalten (siehe Kapitel 3, Gesten) oder auch durch einen ruhigen Gebetstanz.[15]

2.2.1 Elemente für Abendrituale

Die Ruhe der Nacht und die Erneuerung unserer Kräfte gehören zum besonderen Segen für ein gesundes Gleichgewicht unseres Lebens. Zu entdecken, wie heilsam das Loslassen sein kann im Gegensatz zum aktiv-gestaltenden Wirken am Tag, ist wie das Auffinden eines besonderen Schatzes. In einem Chorus aus Taizé[16]) singen wir es uns (10-15 mal) zu. Die ruhige Wiederholung wirkt eine Bekräftigung und Vertiefung der Aussage:

De Noche iremos

Des Nachts werden wir gehen, um die Quelle zu finden, der Durst allein leuchtet uns.

Gesänge aus Taizé

Alles ist Gebet, das ganze Leben im Wachen und Schlafen. »… auf dass wir wachen mit Christus und ruhen in Frieden« *(aus dem Nachtgebet der Kirche)*. Nicht nur unsere Worte und Taten, auch unser bewusstes Ablegen und Übergeben in Gottes Für- und Vorsorge, das Vertrauen in sein Vergeben und Vollenden des Angefangenen und das Zulassen der Fragmente und Bruchstücke als Teile eines Bildes, das wir nicht allein malen, ist Gebet.

Abendgebet
Ich öffne dir mein Herz, mein Gott, wie ein Buch.
Lies doch einfach, was da steht,
was der Schmerz eingegraben, und was die Liebe gezeichnet,
was das Leid eingeritzt und die Schuld verdunkelt hat.
Lies auch, was meine Sehnsucht aufgewühlt
und in den Furchen der Angst ausgesät hat.
Lies, was die Güte geerntet und die Freude geboren hat.
Lies alles, was da steht, und
schreibe deinen Kommentar des Erbarmens daneben.

Das Singen oder Summen eines Friedens- oder Segensliedes kann uns helfen, unsere Gedanken zu sammeln und einzutauchen in die Gegenwart des liebenden Gottes, der uns so nimmt, wie wir sind und uns lehrt, uns nicht zu verurteilen und nicht zu überschätzen. Auch das (gemeinsame) Hören eines solchen Liedes führt zur Sammlung und erleichtert das Einlassen auf den Tagesrückblick.

z.B. »Dona nobis pacem«[17]:

Dona nobis pacem

Text: Antje Nägeli, Melodie: Frieder Gutscher, © cap!music, Altensteig

pa - cem, do - na no - bis pa - cem.

A men, Hal - le - lu - ja.

Strophe 1 u. 2
im Original

Übung des Ablegens

Das bewusste, langsame und achtsame Ausziehen unserer Kleidung kann zum Gleichnis für das Ablegen der einzelnen Erlebnisse und Begegnungen eines Tages werden: Menschen, Aufgaben, Schwierigkeiten, Schönes, Beglückendes ... Eins um das andere nehmen wir ab und legen es geordnet beiseite, entsorgen es vielleicht in einen Wäschesack, ersetzen es durch frische Kleidung für den nächsten Tag. So bietet uns Gott Ablegen und Loslassen als Vorbereitung für den neuen Tag an.

Ablege-Gebet

Den bewussten Tag ablegen
wie man ein Kleid abstreift.

Den Tag übergeben können
und ohne Anspruch
auf den nächsten warten
wie ein Bettler auf das Brot.

Das Beben des Geistes
in der Stille verebben lassen,
von seinem Antlitz sich richten lassen,
in seinen Augen Gnade finden.

Aus Hoffnung schlafen können.
An die Kraft der Keime im Acker glauben,
die in unsichtbaren Tiefen
die Ernte vorbereiten.

Martin Gutl [18]

Die ignatianische Spiritualität lehrt uns, liebevoll mit uns selbst umzugehen. In Anlehnung an einen Vorschlag »zum Einsammeln des Tages« ist hier ein Gebet formuliert. Die Zeiten der Stille zum Nachsinnen können 1-2 Minuten oder länger sein.

Betender Tagesrückblick
Herr Jesus Christus, mein Herz hält dir vor dein Wort:
Ihr sollt mein Angesicht suchen. Darum suche ich auch dein Angesicht.

In deiner liebenden Gegenwart, mein Gott, kann ich mich öffnen und der Wirklichkeit meines Lebens zuwenden. Vor dir muss ich nichts sein, nichts vorweisen, nichts leisten, ich darf einfach da sein, darf leben. Ich danke dir. – **Stille zum Nachdenken** –

Ich bitte dich, Geist Gottes, um den Mut, die Fähigkeit und die Klarheit, die Wahrheit meines Tages mit deinen liebenden Augen zu sehen: Was heute in mir war, durch mich war und um mich herum, Menschen, Begegnungen, Ereignisse und Aufgaben. Ich verzichte darauf, zu bewerten oder zu sortieren, und begegne in allem deinem liebevollen Blick.

Ich danke: ... – **Stille zum Nachdenken** –
Ich lasse los: ... – **Stille zum Nachdenken** –
Ich bitte um Vergebung: ... – **Stille zum Nachdenken** –

Ich vertraue mich, Unfertiges, Scherben und Wunden deinem Erbarmen, mein Gott, an.
Von allen Seiten umgibst du mich und hältst deine Hand über mir.
Im Namen des Vaters (+) und des Sohnes (+) und des Heiligen Geistes (+).
Amen.

In der Nacht können uns Erlebnisse der Bedrückung, des Schmerzes, der unlösbaren Konflikte und der scheinbaren Ausweglosigkeit bedrängen. Auch in solchem Erleben erfahren und wissen wir uns innerhalb des göttlichen Raumes seiner Nähe und seiner achtsamen Liebe.

2.2.2 Weitere Abend- und Nachtgebete

Drängendes Dunkel,
lastendes Schweigen,
bedrückende Enge
durch Kränkungen und
Kümmernisse
Bitternis klagenden Erleidens,
schmerzvolle Verletzungen.
Doch in der Tiefenmitte
dem Licht geöffnetes Schauen,
Ahnen von Heilung und Hilfe,
trostvolle Antwort auf
verstummte Gebete.
Du bleibst
der Liebende!

face en face

Ein Wort nur von dir
glättet die Wogen zur Nacht
bettet mich friedvoll

Tief unten
im Geenge deiner Angst
tief unten
im Dunkel einsamer Nacht
tief unten
wie ein Netz
das dich fängt
wie ein Arm
der dich stützt
wie ein Ohr
das vernimmt
wie ein Schiff
das dich zielwärts trägt
tief unten
mitten unter uns
tröstende Lichtspur aus der Höhe
nähekündendes Leuchten
aus ewiger Liebe
finsternisspaltender Strahl

mitten unter uns
tief unten
kommt Gott

Dass du mich hörst, Liebster,
ist immer neu ein Wunder mir
und wie ein Morgenrot
am furchtsam-dunklen Horizont.
Du bist mir näher dann
als jedes Menschen Hand.

Fallenlassen kann ich mich
nach unruhig durchkämpfter Nacht
in deine liebevolle Vorsorge,
die mich einhüllt
im Zelt deiner Liebe-Licht,
gerade jetzt.

Bleib, mein Herz
in deinen Fängen
eingesponnen ganz
in deine Liebesworte
Still, mein Herz
trotz aller Fragen
still und frei
wenn du mich rufst
Atme, Seele,
atme Frieden
höre auf den
stillen Klang

2.3 Ein » Tag für mich « 1 – Oasen- oder Wüstentage

Allein oder in Gruppen können wir uns immer wieder das Geschenk eines besonderen Tages machen, an dem wir uns auf Zeiten der Stille, der Betrachtung, des
Austauschs, des Singens und Gestaltens einlassen als bewussten Gegenpol zu unseren sonst üblicherweise verplanten und überfüllt-geschäftigen Tagen. Solche
ausgesonderten Zeiten können wie Oasen sein, deren erfrischendes Wasser uns für
die nächste Wegstrecke kräftigt und uns der Gemeinschaft der Mitgehenden ver-
sichert. In vielen Exerzitienhäusern werden solche ›Oasen‹- oder ›Wüstentage‹
angeboten. Wir können sie aber auch selbst gestalten, indem wir uns auf ein The-

ma, einen Satz oder ein Bild einlassen. Wenige ausgewählte Impulse und eine gesunde Mischung der Anregungen aus Aktion und Kontemplation, aus Ruhe und Bewegung schaffen einen Raum des Aufatmens und der Vertiefung geistlichen Lebens, in dem wesentliche Orientierung für unser Leben wachsen kann. Bei der Planung und Durchführung achten wir darauf, dass genügend Zeit für körperlichen Ausgleich und Bewegung im Freien gegeben ist. Eine Stunde Wandern oder Radfahren gehört mindestens dazu.

Um die Eindrücke und auftauchenden Gedanken oder Erkenntnisse aus den Zeiten gesammelten Schweigens oder der ›Oasentage‹ zu bewahren, nehmen wir ein besonderes Leer-Buch, in das wir schreiben, malen oder zeichnen. Vielleicht entstehen Gedichte, Lieder, Bilder und Gebete.
Alles ist wert geachtet und wertgeschätzt zu werden.
Das Lesen nach einigen Tagen oder Wochen kann zu dankbarem Erinnern führen oder zur Klärung der persönlichen Situation beitragen. Notizen können auch eine Hilfe zum persönlichen Gespräch mit einer Person des Vertrauens werden.

Ich beschreibe hier eine Variante mit verschiedenen Gestaltungselementen. Die Bausteine in diesem Buch bieten darüber hinaus eine Fülle von Möglichkeiten, solche Tage mit Inhalt zu füllen.

12 Personen haben sich zu einem »ambulanten« Tag-für-mich einladen lassen. Wir beginnen an einem Samstag um 9.30 Uhr mit einem Stehkaffee und Begrüßungsrunde und beenden den Tag mit einer Abendandacht um 19 Uhr, so dass das Frühstück und der Feierabend im Rahmen der eigenen Familie oder Hausgemeinschaft erlebt werden kann.
Als Gestaltungsmittel für den Nachmittag sind bunte Flaggen (50 x 70 cm) an Stäben bereitgelegt (Hinweis zum Flaggenbau im Anhang des Kapitels). Die Choreographie mit Flaggen ist ein Element aus der Tradition der Anbetungsgestaltung, das innere Bewegung und Aussage nach außen in großer Konzentration und Sammlung sichtbar macht. Durch die schwingenden und weit-ausholenden Bewegungen beider Arme wird die Atmung vertieft und die Muskulatur der Schultern gelöst. Ein großer, heller und gut durchlüfteter Raum ist Voraussetzung.

Das Thema des Tages ist: »Ich weiß, dass mein Erlöser lebt«.

Wir stimmen uns auf den Tag mit einem Lied ein:

Lied: Vater unser im Himmel

Text und Melodie: mündlich überliefert

Va - ter un - ser im Him - mel,
Je - sus Christ, un - ser Bru - der,
Heil' - ger Geist, un - ser Trös - ter,

dir ge - hört un - ser Le - ben, wir lo - ben dich!

Begleitakkorde für Klangstäbe o.a.

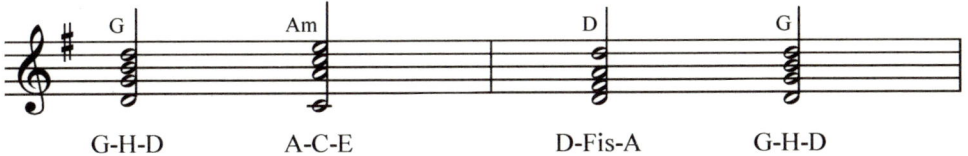

G-H-D   A-C-E   D-Fis-A   G-H-D

Betrachtende und einführende Zeit der Stille (ca. 15 Minuten), um das Ankommen zu erleichtern.

In der Mitte auf dem Boden steht eine große Glasschale mit einem Licht, darum sind durchsichtige Nuggets auf einem Tuch verteilt. Auf einer Staffelei steht das Bild »Meine Lebensschale« (siehe Kapitel 5).

Für die Menschen, die uns in Gedanken gerade beschäftigen, die wir zu Hause zurückgelassen haben oder die uns aus anderem Grund präsent sind, können wir einen Glasstein (Nugget) nehmen und zu dem brennenden Licht in die Schale legen. Wir tun das in schweigendem Gebet für sie und nehmen sie mit in das Segenslicht dieses Tages, lassen sie aber auch los für diesen Tag bei Gott.

In das Thema »*Ich weiß, dass mein Erlöser lebt*« lassen wir uns durch den/die Anleiter/in einführen. (Wir sitzen im Kreis und achten darauf, dass wir locker und aufrecht auf den Sitzknochen sitzen. Wer möchte, kann die Augen schließen.)
»*Gott ist ein Gott der Gegenwart, wie er dich findet, so nimmt er dich.*
Er fragt nicht, was du gewesen, sondern was du jetzt bist.« (Meister Ekkehard)

»Ich« - Ankommen, Präsentsein, meine Befindlichkeit
wahrnehmen: Wir erspüren im Sitzen oder Liegen
Stück für Stück unseren Körper (Eutonische Übung)
vom Kreuzbein bis zu den Zehen und vom Scheitel über die Schultern bis zu den Fingerspitzen, unser Gesicht und die Wahrnehmung unseres Körpers insgesamt.
Ich bin da, bin angekommen,
ich, mit allem, was ich mitbringe und mittrage,
so wie ich bin, bin ich jetzt
in der liebevollen Gegenwart Gottes willkommen. Ich.

»Ich weiß« — Wissen ist wie Besitz, wie ein wertvolles Gut, manchmal
wie ein Geschenk, das ich unerwartet, unverdient
erhalte. Es ist viel mehr als nur Denken oder Meinen,
es ergreift mich ganz.
Unsere Hände liegen wie eine offene Schale in unserem
Schoß. In ihnen liegt als Gabe dieses Wissen um Gottes
Nähe, seine Zuwendung, sein liebevoller Blick,
sein Dasein in meinem Leben von Anfang an.
Ich spüre dem nach:
Du bist da, für mich, um mich, in mir,
du siehst mich freundlich an,
du warst da, immer schon,
du wirst da sein, immer,
von allen Seiten umgibst du mich
und hältst deine Hand über mir.

»Mein Erlöser« - Erlöser: Er, Jesus, löst, er entbindet, er entlastet,
er befreit, er macht los, er öffnet neu, er will meine Entfaltung.
Mit unseren Armen führen wir eine weitausladende
Bewegung nach außen aus, atmen tief durch und
kommen wieder im Schoß an.
In unserem eigenen Rhythmus wiederholen wir diese Bewegung
und verbinden sie in Gedanken mit konkreten Bitten um Lösung.
Ich lasse los, was mich noch belastet,
ich gebe her, was mich einengt,
ich lasse frei, die ich festhalten will,
ich öffne mich für dich,
ich gebe dir Raum.

»lebt« -	Leben, das ist Verwurzeltsein, das ist Entfaltung, Wachstum, Ausbreitung in die Höhe und Weite, in die Breite und Tiefe.

»lebt« -   Leben, das ist Verwurzeltsein, das ist Entfaltung,
              Wachstum, Ausbreitung in die Höhe und Weite,
              in die Breite und Tiefe.
              Jesus lebt.
              Jesus will mein Leben:
              In dir ist alles, was mir gut tut,
              du bist der Grund, auf dem ich stehe,
              in den ich meine Lebenswurzeln hineinsenke,
              du bist der Raum, in dem ich hineinwachse,
              du bist der Himmel, dem ich mich entgegenstrecke,
              du bist die Luft, die ich atme,
              du bist mein Leben.
              Ich danke dir.

Wir recken und strecken uns, öffnen die Augen, gähnen, lockern unsere Arme und Beine und nehmen uns in der Runde gegenseitig wahr.

In einer Zeit (ca. 30 Minuten) *des persönlichen Schweigens* an einem Platz, wo jede/r ungestört für sich sein kann, bedenken wir unsere Erfahrungen und unsere Empfindungen, auch etwaige Widerstände, zu diesem Satz »*Ich weiß, dass mein Erlöser lebt*« und können uns notieren, was uns wichtig ist. Wer möchte, kann dies auch während eines Spaziergangs in der Natur tun. Wir achten darauf, dass dabei keine Fremdeindrücke (z.B. Schaufenster, Verkehrslärm o.a.) uns aus der Stille reißen.

Austausch und Betrachtung

Wir kommen wieder zusammen in der Gruppe und haben die Möglichkeit, Eindrücke zu erzählen oder etwas mitzuteilen.

Nach dem *Mittagessen* ist eine Zeit des *Ausruhens* oder zum *Spazierengehen* (ca. 1 Stunde).
Danach treffen wir uns in einem großen, hohen Raum zu einer *ersten Übungsphase* mit den *Flaggen.* Wir lernen Haltung, Griffe und Grundübungen mit zwei Flaggen kennen und erproben verschiedene Figuren für »Leben«, die aus der Gruppe heraus entstehen.

Die Gestaltung der Choreographie (etwa 2 Stunden):

(Flaggenchoreographie zu »Ich weiß, dass mein Erlöser lebt«
Musik: Georg Friedrich Händel, Der Messias, Interpretin: Cae Gauntt[19])

Das Stück wird zunächst einmal gehört.
Wir tauschen uns aus, was uns anspricht: Stimmungen, Worte,
Aussagen, Melodieführungen o.a.
Beim zweiten Hören lesen wir den Text mit und unterstreichen oder markieren
die für uns wesentlichen Passagen auf unserem Textblatt.
Der Text ist auf ein Wandplakat DIN A2 geschrieben. Wir sammeln die verschie-
denen Eindrücke und kreisen entsprechende Textstellen mit Marker ein.
Wir bilden Zweier- oder Dreiergruppen zu einzelnen Schwerpunkten und überle-
gen, wie wir sie in Bewegung umsetzen können.
Jede Gruppe stellt ihren Vorschlag vor, den wir gemeinsam übernehmen.
Dabei ist es hilfreich, jeder Figur eine Bezeichnung zu geben und
diese auf dem Wandplakat als Gedächtnisstütze zu notieren.

Kaffee-Pause

Nun üben wir die gemeinsam erarbeitete Choreographie ein (mehrfach).
Erleichternd ist, wenn eine/r vor der Gruppe mit Blick auf das Wandposter die
Bewegungen vorführt, damit die Konzentration der Einzelnen sich ganz auf die
Bewegung und den Text richten kann und nicht vom Erinnern der Abfolge über-
lagert ist.

Gesungener Text und Choreographie/Flaggenfiguren:

Die einzelnen Gestaltungsvorschläge beziehen sich jeweils auf eine
Textpassage und gehen nahtlos ineinander über.
Dabei werden in der Regel gleiche Figuren zu gleichem Text gestaltet.

Vorspiel –   1. Teil

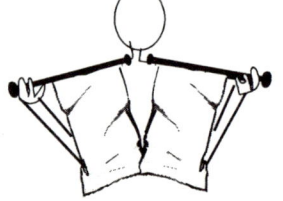

Ausgangsposition
»Kleid«

2. Teil

Flaggen lose seitlich vom Körper
abwärts pendeln lassen,
dann die gestreckten Arme
hochstrecken (die Flaggen bleiben
hängen)

Ich weiß, dass mein Erlöser lebt (2x)

»Feuerwind«

Die Flaggen werden gegengleich von oben nach unten geführt, die Ellbogen machen dabei Bewegungen nach außen/ nach innen. Unten wenden, wdh.

und mich hält und liebt,

»Freundschaft«
Beide Flaggen ruhig von rechts außen-oben – nach unten vor dem Körper – nach der linken Seite führen – ausstrecken – wenden, wdh.

wenn die Welt, wenn diese Welt
am letzten Tag zu Ende geht

eine parallele Kreisbewegung vor dem Körper einbauen, wdh.

Ich weiß, dass mein Erlöser lebt (2x)
Und er spricht mich frei,

»Feuerwind«
»Halleluja«
Die Flaggen kreuzen vor dem Körper und schwingen hoch hinauf, dann nach außen und zurück.

wenn Gerichtstag ist

Beide Flaggen zur Seite schräg nach oben strecken

für alle Welt, für alle Welt.

Einmal vor dem Körper kreisen, nach der anderen Seite ausstrecken. (oder jeweils nur mit einer Flagge kreisen, die andere gestreckt halten).

Ich weiß, dass mein Erlöser lebt

»Feuerwind«

und mich auferweckt von jedem Tod

am letzten Tag, am letzten Tag.

»Flügelschlag«

Ich weiß, er lebt (2x)

Seitlicher Achter, der immer größer wird
nach oben Richtung Scheitelpunkt

Seitlich sehr locker
schwingende Kreise
aus dem Handgelenk heraus, oder:
»Rotieren«, neben dem Körper seitlich
kreisen lassen.

Fällt auch mein Leib in alte Erde,

Knien und seitlich flache Kreise
schwingen, zuerst von außen nach
innen, dann von innen nach außen.

wird doch mein Geist den Himmel sehn,
wird doch mein Auge Gott dort sehn.

»Wachsen«

Aufstehen und die Kreise nach oben
wachsen lassen, die Flaggen berühren
sich dabei in der Mitte vor dem Körper
ganz leicht.

Zwischenspiel

Mit beiden Flaggen über dem Kopf
wie eine Windmühle kreisen, dabei die
Handgelenke Puls an Puls verdrehen,
dann eine beidhändige Kreisbewegung
vor dem Körper. Wdh. (beschwingt).

Ich weiß, dass mein Erlöser lebt. (2x)
Wenn der Tod mir droht,
(Chor: Ich weiß, er lebt 3x)
wird doch mein Auge Gott dort sehn.

»Feuerwind«

s.o. (»Fällt auch mein Leib«)
s.o. (»Wachsen«)

Ich weiß, dass mein Erlöser lebt, (2x)
mich hält und liebt, mich hält und liebt,
wenn diese Welt am letzten Tag zu Ende geht.

»Feuerwind«
s.o. (»Freundschaft«)

Ich weiß, dass mein Erlöser lebt,
mich hält und liebt, mich hält und liebt,

»Rühren«
vor dem Körper
einmal flach kreisen,

dann die Acht über den Kopf ziehen,
beide Flaggen parallel, kraftvoll

wenn diese Welt am letzten Tag zu Ende geht.

Beide Flaggen pendeln seitlich aus
die Arme wie zu Beginn nach oben
strecken, aufrecht stehen bleiben.

Austausch:

Wir sprechen in der Runde über unsere Erfahrungen beim Üben und Gestalten des Textes. Was hat mich berührt? Was will ich mitnehmen?
Nach dem *Abendessen* feiern wir einen *Gottesdienst*, in dem wir die Choreographie als Gestaltungselement mit einbeziehen.

Eröffnung:

Was du getan hast, mein Gott, macht mich froh.
Dein Eingreifen löst meinen Jubel aus. Wie gewaltig sind deine Taten,
wie unergründlich deine Gedanken! Du schenkst uns Lebensraum und Weite.
Auf dich hin sind wir geschaffen. (nach Psalm 92,5+6)

Lied

Vater unser im Himmel ... (s.o. S. 85)

Gebet (nach Mechthild von Magdeburg):[20]

Ich lobe dich, Jesus, errettet durch deine Barmherzigkeit.
Ich lobe dich, Jesus, geehrt durch deine Erniedrigung.
Ich lobe dich, Jesus, geführt durch deine Milde.
Ich lobe dich, Jesus, regiert durch deine Weisheit.
Ich lobe dich, Jesus, beschirmt durch deine Macht.
Ich lobe dich, Jesus, geheiligt durch deine Gnade.
Ich lobe dich, Jesus, erleuchtet durch dein inneres Licht.
Ich lobe dich, Jesus, erhöht durch deine Güte.

Textlesung:

Römer 8,31b-35.38-39.
(Aus: Die Nacht leuchtet wie der Tag, Bibel für junge Leute, Diesterweg)

Kurze Auslegung und Stille

Choreographie »Ich weiß, dass mein Erlöser lebt«

Zuspruch:

Der Umgang mit Gott wird dir einen klaren Blick bewahren.
Dein Leben wird reich als Liebesantwort an den dich liebenden Gott.
Die klare Sicht, die du in der Gegenwart Gottes gewinnst,
hilft dir zu erkennen, was dein Leben in ihm wachsen lässt.
Die Kraft, die du aus seiner Nähe schöpfst,
wirkt in dir eine heitere Gelassenheit und Fröhlichkeit,
die dich wie ein freundlicher Schein umgibt.
Du bist auf Gott hin und er ist die Liebe.

Lied:

Nun danket alle Gott EG 321

Gebetszeit und Vaterunser

Persönliches Segenswort: Aus einer Sammlung (Anhang) zieht eine/r für eine/n eine Segenskarte als einen persönlichen Segenszuspruch, geht zu der Person hin und spricht ihn zu, indem sie/er ihn vorliest. Ein Zeichen mit der Hand auf dem Oberarm oder der Schulter kann den Zuspruch verstärken. Die/der Gesegnete geht ihrer/seinerseits und nimmt eine Segenskarte für eine/n andere/n, usf. bis alle gesegnet sind.

Segenswort:

Gott sei dir Anfang und Ende
Er sei dir Führer,
damit du den Weg nicht verfehlst.
Er sei dir Helfer in Not und Leid.
Er behüte dich vor Stolz und Trägheit.
Er lasse dich das Werk vollenden,
das du in seinem Namen tust.
Und Er erwarte deine Seele,
wenn deine Zeit auf Erden
zu Ende geht.
(aus Schottland)

Es segne dich Gott, der Vater,
er sei der Raum, in dem du lebst.
Es segne dich Jesus Christus, der Sohn,
er sei der Weg, auf dem du gehst.

Es segne dich Gott, der Heilige Geist,
er sei das Licht,
das dich zur Wahrheit führt.

Im Namen des Vaters und des Sohnes und des Heiligen Geistes. Amen.

2.4 Ein »Tag für mich« 2 – Begegnung am Brunnen

Der zweite Vorschlag für einen ›Oasentag‹ bietet zwei betrachtende und zwei Bewegungseinheiten. Die Anordnung der einzelnen Elemente kann variiert werden, es ist jedoch sinnvoll, zwischen den betrachtenden- und persönlichen Gebetszeiten genügend Raum für körperlichen Ausgleich (Spaziergänge, Körperübungen, Mittagspause etc.) zu lassen, um ein Ermüden zu vermeiden.

Einstimmung auf das Thema des Tages (ca. 15 Minuten)

♪ Lied: Gott wohnt, wo man ihn einlässt (in: 25 Lieder von Frieder Gutscher, eine Auswahl aus drei CDs, cap!-music, Altensteig 2000)

Gott wohnt, wo man ihn einlässt

Text und Melodie: Frieder Gutscher, © cap!music, Altensteig

Hoffnung
wie ein Fels
rettendes Boot
Freude
wie sprudelndes Wasser
Lebensbrot

Schutz
wie eine Burg
Kraft und Zuversicht
Klarheit
wie frisches Wasser
Feuer und Licht

Geschichte der Wüstenväter

Zu einem einsamen Mönch kamen eines Tages Menschen. Sie fragten ihn: »Was für einen Sinn siehst du in deinem Leben in der Stille?« Der Mönch war eben beschäftigt mit dem Schöpfen von Wasser aus einer tiefen Zisterne. Er sprach zu seinen Besuchern: »Schaut in die Zisterne! Was seht ihr?« Die Leute blickten in die Tiefe: »Wir sehen nichts.« Nach einer kurzen Weile forderte der Einsiedler die Leute wieder auf: »Schaut in die Zisterne! Was seht ihr?« Die Leute blickten wieder hinunter: »Ja, jetzt sehen wir uns selbst!« Der Mönch sprach: »Schaut, als ich vorhin Wasser schöpfte, war das Wasser unruhig. Jetzt ist das Wasser ruhig. Das ist die Erfahrung der Stille: Man sieht sich selbst!« (frei überliefert)

In der Mitte des Raumes stehen ein Krug mit klarem, kaltem Mineralwasser und verschiedene Becher.

Eine Schüssel mit Wasser und Handtücher liegen bereit.

Die Wüsten-Rose von Jericho liegt in einer Schale mit (Vogel-)Sand.

Diese Installationen sind Bilder der Verheißung für diesen Tag:
»Ich will dich erquicken«, sagt Jesus zu dir und *»ich will, dass du auflebst!«*
So, wie wir sind, sind wir da.

»Gott ist ein Gott der Gegenwart, wie er dich findet, so nimmt er dich.
Er fragt nicht, was du gewesen, sondern was du jetzt bist.« (Meister Ekkehard)

Ich bin nicht allein. Jede/r von uns darf Empfangende/r und Gebende/r sein. Ich kann für andere Segen, Ermutigung und Begleitung sein.

Das geschieht ohne Anstrengung und meist ohne Worte, einfach durch mein Da- und Durchlässigsein für Gottes Wirken.

Die/der Anleitende geht zur Wasserschale und taucht ihre/seine Hände in *das reinigende, klare Wasser*. Eine/r, die/der möchte, kommt dazu.

»Mein Dasein am Wasser ist eine wortlose Bitte und Einladung meine Hände abzutrocknen.«

Danach taucht sie/er selbst ihre/seine Hände ins Wasser und wartet auf Hilfestellung. Wir lassen uns Zeit, bis alle ihre Hände gewaschen und abgetrocknet haben.

Wir lassen uns Zeit, trinken einen *Schluck Wasser*, spüren dem Geschmack nach und hören auf die Zusage Jesu: *»Ich will dich erquicken!«* Diesen Zuspruch sprechen wir einander beim Weiterreichen des Wassers zu.

Schauen wir uns *die trockene Wüstenrose* an:
Wir betrachten diese ausgetrocknete, verdorrte Pflanze.

Ist in uns da ein Echo? Gibt es in uns solche Vertrocknung, etwas, das sich nach Aufblühen und Erfrischung sehnt?
Was ist für uns Wüste?

Die Rose wird mit viel lauwarmem Wasser übergossen. Das ist ein Bild der Hoffnung für diesen Tag, das sich langsam erschließen wird:

↓ Nach und nach beginnt sie sich zu entfalten, öffnet sich und wird grün.
Dieses Geschehen ist ein Zeichen für das, was Jesus heute an uns tun möchte: Er schenkt uns ein Vollbad seiner Nähe und Liebe:
»Ich will dich erquicken«, sagt Jesus zu uns und *»ich will, dass du auflebst!«*

✍ Aufforderung an die Teilnehmenden:
»Bitte formuliert jetzt einen Gedanken, der für euch wichtig ist, in dem eure Erwartung, Bitte und Hoffnung für diesen Tag zum Ausdruck kommt.«

Gebet:

Wie Tau in der Morgenkühle eines offenen Blütenkelchs
glitzert deine Freundlichkeit auf dem Grund meiner Seele
und öffnet die Schleusen meines Herzens zu dir.
Wie ein Sonnenstrahl auf dem Fensterbrett im abziehenden Gewitter
streichelt dein Lächeln meine Lider und weckt mich aus mir zu dir.
Deine Berührung ist Atem und Herzschlag, Puls der Stille,
Gesang des Schweigens und Duft deiner Nähe.
Du Angesicht meiner Liebe! Amen.

♪ Lied: Gott wohnt, wo man ihn einlässt (s.o.)

Betrachtung und Zeit des persönlichen Gebetes/ Schweigen (ca. 45 Minuten)

Sei stille! Gott macht es und nicht du! (Blumhardt)

📖 (Eine/r liest den Text laut vor:)
Hagar floh in die Wüste, als Sarai sie demütigen wollte.
Aber der Engel des Herrn fand sie bei einer Wasserquelle in der Wüste, nämlich bei der Quelle am Wege nach Schur. ...
Und der Engel des Herrn sprach zu ihr: » ... der Herr hat dein Elend erhört.«
Sie nannte den Namen des Herrn, der mit ihr redete: (»El Roi«) Du bist ein Gott, der mich sieht. Denn sie sprach: Gewiss habe ich hier hinter dem hergesehen, der mich angesehen hat. Darum nannte man den Brunnen: (»Beer-Lahai-Roi«) Brunnen des Lebendigen, der nach mir schaut. (aus Genesis 16)

🗫 Welches Wort, welcher Satz(teil) spricht mich an? Jede/r nennt ihren/seinen Zugang in der Gesprächsrunde und liest das Wort, den Satz oder Satzteil aus dem Text vor.

⌘ (Die/der Anleitende liest langsam, Satz für Satz zum meditierenden Nachsinnen:)

- o Hagar flieht, sie hat keine Kraft, sich dem zu stellen, was sie erwartet.
- o Sie flieht in die Wüste, an einen wüsten, leeren, einsamen Ort, in die Isolation.
- o Doch genau da wird sie eine Gefundene, einer geht ihr nach, der Engel des Herrn. Ist es nicht Gott selbst, der sie nicht aus den Augen verliert?
- o Es kommt zur Begegnung an der Quelle. Überlebensnotwendiges mitten in der Wüste.
- o Ein Ohr, das unausgesprochenes Seufzen, hinausgeschleudertes Klagen und verhaltenes, aufgestautes Weinen vernimmt.
- o Und mehr noch: ein Auge, das liebevoll-fürsorgend-wissend ansieht, das der Verstoßenen Ansehen verleiht, das die im Staub liegende, Gedemütigte aufhebt, aufhebt und mit Wertschätzung umfängt.
- o All das wird in ihr zu ihrem Bekenntnis: ›Gott ist der Lebendige, der nach mir schaut.‹

✎ Meine eigenen Gedanken ...

_____

_____

_____

_____

_____

⌘ »Wenn du dich jeden Tag aufmachst, um von dem Wasser des Lebens zu trinken, so hast du davon immer so viel in dir, dass du nicht verdurstest.«

Wir bedenken unsere Erfahrung und unsere Empfindungen, auch etwaige Widerstände, und können uns notieren, was uns wichtig ist. Wer möchte, kann dies auch während eines Spaziergangs in der Natur tun, wir achten darauf, dass dabei keine Fremdeindrücke (z.B. Schaufenster, Verkehrslärm o.a.) uns aus der Stille reißen.

Kurze Pause

Bewegungseinstimmung mit Tüchern und Flaggen

Alles, was wir aus der Zeit der Stille jetzt mitbringen, lassen wir in eine dreifache Bewegungsübung einfließen.

© *Irmintraud F. Eckard: »Göttliche Berührung«*
Glas-, Lack-, Tempera- und Konturenfarbe (29,5 x 39,5 cm)

© Irmintraud F. Eckard: »Offenes Sehnsuchtsfenster«
Tempera- und Konturenfarbe (29,5 x 39,5 cm)

✋ Gebärden-Übung nach Psalm 139 (etwa 8-10 mal, siehe auch Kapitel 3)

1. Von allen Seiten umgibst du mich, Gott

Text: nach Psalm 139,5, Melodie: mündlich überliefert, ergänzt: Irmintraud F. Eckard

Von al - len Sei - ten um - gibst du mich,

Gott, in der Tie - fe mei - nes Seins bist du da

und hältst dei - ne Hand ü - ber mir!

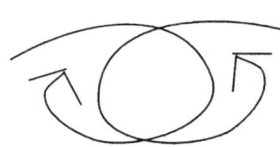

Wir sind wie ein Gefäß. Gott gab unserer Seele genau das passende und geeignete Gefäß, in dem sie sich entfalten kann. So, wie wir jetzt hier sind, sind wir gewollt, geliebt, angesehen und von Gott geschützt: In gegengleichen Bewegungen kreisen die Hände von außen nach innen vor dem Körper (wie um die Ränder des Gefäßes herum), die Handflächen zeigen nach außen

2. in der Tiefe meines Seins
bist du da

Auf dem Grund unseres Seins, in der unergründlichen Tiefe, in allem Abgründigen und allem, was uns trägt, ist Gott schon immer und von Anfang an da:
In Höhe der Körpermitte kreisen die Hände mit nach oben geöffneten Handtellern (am Boden des Gefäßes).

3. und hältst deine Hand
über mir.

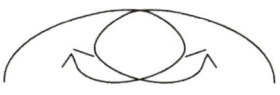

Wie ein Schutz über uns, über allem, was wir denken und fühlen, bleibt Gottes Nähe:

Die Hände kreisen über dem Kopf, Handteller nach unten und verweilen in der segnenden Geste über dem Kopf (wie auf der Oberfläche des Gefäßes)

🏳 Wir entwickeln und finden Ausdrucksformen unseres Körpers mit Tüchern (ca. 15 Minuten).

Wir experimentieren mit den Händen und Armen zu einzelnen Worten/ Begriffen, die uns spontan einfallen (diese werden zunächst gesammelt, auf Karten geschrieben und in die Mitte gelegt. Sie können auch in Beziehung zur ersten Betrachtungseinheit stehen und von der/dem Anleitenden genannt werden): z.B. Entfaltung, Aufblühen, Freude, Segen, Erde, Himmel, Frieden, ...

Wir nehmen leichte Chiffontücher als Hilfe und zur ›Verlängerung‹ unserer Arme, um die Bewegungen zu verstärken.

Jede Bewegung wird einzeln präsentiert und gemeinsam nachgestaltet.

Pause

Gestaltungszeit mit Flaggen (ca. 80-90 Minuten)

Zur Vorbereitung lernen wir die Handhabung der Flaggen kennen (siehe auch in: Bibel kreativ, S. 48ff.):

In die Luft gezeichnete Figuren (wie mit einem Stift),

Übungen zum beidseitigen Kreisen mit dem Handgelenk neben dem Körper (wie beim Seilspringen),

Schwingen einer liegenden oder stehenden Acht vor oder neben dem Körper und über dem Kopf (wie beim Lassoschwingen),

Kreisen der Flaggen beidhändig in der gleichen Richtung (nach rechts oder links) und gegenleich überkreuzt vor dem Körper (Räder zeichnen),

das Ausstrecken der Flaggen nach den Seiten, nach vorne, nach oben u.a.

Choreographie
Musik/Text: Über dir geht auf der Herr (als DIN-A3-Vorlage, siehe S. 103)

Vorspiel

Refr. Über dir geht auf der Herr
und seine Herrlichkeit erscheint über dir.
Über dir geht auf der Herr
und seine Herrlichkeit erscheint über dir.

1. Mache dich auf und werde Licht; denn dein Licht kommt
   und die Herrlichkeit des Herrn geht auf über dir,
   des Herrn geht auf über dir. *(kurze Pause zum Atemholen)*

Refr. Über dir geht auf der Herr
   und seine Herrlichkeit erscheint über dir.
   Über dir geht auf der Herr
   und seine Herrlichkeit erscheint über dir.

2. Denn, siehe, Finsternis bedeckt das Erdreich und Dunkel die Völker,
   doch der Herr geht auf über dir, doch der Herr geht auf über dir.

Zwischenspiel

Refr. Über dir geht auf der Herr
   und seine Herrlichkeit erscheint über dir.
   Über dir geht auf der Herr
   und seine Herrlichkeit erscheint über dir. *2x*

Wir bilden zwei Gruppen und überlegen, wie wir den Text der Strophen (Gruppe 1 und Gruppe 2) und den Refrain (alle gemeinsam) in Bewegung und Figuren umsetzen können.

Jede Gruppe stellt ihren Vorschlag vor.
Aus beiden Entwürfen gestalten wir eine gemeinsame Choreographie und üben diese ein.

Pause

Anhang 1: Segensworte

Wer zu Gottes Ruhe gekommen ist, der ruht auch von seinen Werken gleichwie Gott von den seinen. (Hebräer 4,10)

Segenswort: *Was du auch tust, du brauchst dich nicht zu sorgen; denn dein Werk im Namen Jesu wird von ihm selbst vollendet und zum Ziel gebracht. Ruhe also in ihm.*

Wenn du, Gott, ihnen gibst, so sammeln sie; wenn du deine Hand auftust, so werden sie mit Gutem gesättigt. (Psalm 104,28)

Segenswort: *Du bist gesegnet mit Gutem in Fülle von Gott, deinem Versorger, der alle deine Bedürfnisse kennt. Seine Schatzkammern sind offen für dich. Voll Dankbarkeit rühmst du seine Liebe.*

Sie sollen weiden und lagern ohne alle Furcht. (Zephanja 3,13)

Segenswort: *Du darfst dein Leben in getroster Gelassenheit führen; denn der Herr sorgt für dich. Nichts entgeht seiner liebevollen Fürsorge für dich und die Deinen. Verschwende deine Kraft nicht mit unnötigen Sorgen.*

Er wird die Lämmer in seinen Arm sammeln. Er wird seine Herde weiden wie ein Hirte! (Jesaja 40,11)

Segenswort: *Jesus Christus sorgt für dein Leben. Er weiß, was du brauchst. Sein Arm ist schützend um dich gelegt. Fürchte nichts!*

Der ist wie ein Baum, gepflanzt an den Wasserbächen, der seine Frucht bringt zu seiner Zeit, und seine Blätter verwelken nicht. Und was er macht, das gerät wohl. (Psalm 1,3)

Segenswort: *Weil du in Gottes Verheißungen dein Leben eingepflanzt hast, wirkt Er in dir die Früchte seines Geistes in Freude, Frieden und Geduld.*

Sie sind der Spross meiner Pflanzung und ein Werk meiner Hände mir zum Preise, spricht Gott. (Jesaja 60,21)

Segenswort: *Dein Leben ist ein Zeichen der Macht Gottes. Er hat dich erschaffen, bis hierher erhalten und dich gedeihen lassen. Seine Liebe ist die Sonne, die über dir leuchtet. Freue dich deiner Erwählung!*

Alles, was zum Leben und göttlichen Wandel dient, hat uns seine göttliche Kraft geschenkt durch die Erkenntnis Jesu Christi, der uns berufen hat. (2 Petrus 1,3)

Segenswort: *Du hast keinen Mangel, weil du in der Liebesbeziehung zu Jesus Christus lebst. Er beschenkt dich mit dem, was du jetzt gerade brauchst.*

Ihr seid die Gesegneten des Herrn, der Himmel und Erde gemacht hat. (Psalm 115,15)

Segenswort: *Weit offen ist das Herz Gottes für alles, was du brauchst. Zu Ihm zu gehören ist für dich Leben und Freude. Er ist dein Versorger, der deine Berufung entfaltet.*

Ich freue mich und bin fröhlich in dir und lobe deinen Namen, du Allerhöchster! (Psalm 9,3)

Segenswort: *Du siehst auf das mächtige Handeln Gottes, das ist deine Freude und die Quelle deines Lobpreises. Ja, freue dich über den, der immer da ist in dir, um dich und für dich!*

Ich will mich freuen des Herrn und fröhlich sein in Gott, meinem Heil; denn der Herr ist meine Kraft! (Habakuk 3,18+19)

Segenswort: *Der in dir ist, ist stärker! Fröhlich bist du über sein Heil und seine Hilfe. Halte daran fest und lass es dir nicht nehmen, ihm zu vertrauen, dass heil wird, was Heilung braucht und sich wandelt, was der Wandlung bedarf.*

Du wirst sein wie ein bewässerter Garten, dem es nie an Wasser fehlt. (Jesaja 58,11)

Segenswort: *Fürchte keine Hitze und kein Unwetter; denn Gott lässt dein Leben aufblühen und reifen. Er sorgt für dein Leben in Treue. Die Quelle in dir versiegt nie!*

Den Frommen geht das Licht auf in der Finsternis von dem Gnädigen, Barmherzigen und Gerechten. (Psalm 112,4)

Segenswort: *Du spürst, was Gott gefällt: dein Herz sucht ihn Tag und Nacht. Du birgst dich in seiner Nähe. Deine leeren Hände sind seine Möglichkeit. So wird es in dir immer wieder hell und dein Vertrauen wird stark.*

Sie freuen sich über die Gaben des Herrn, dass ihre Seele sein wird wie ein wasserreicher Garten und sie nicht mehr bekümmert sein sollen. (Jesaja 31,12)

Segenswort: *Reich hat dich Jesus Christus beschenkt! In der Freude an ihm besiegst du alle Traurigkeiten und gehst deinen Weg getrost und tapfer.*

Ich weiß deine Werke und deine Arbeit und deine Geduld. (Offenbarung 2,2)

Segenswort: *Für alles, was dich bewegt und beschäftigt, ist Jesu Herz offen. Dein Warten und Sehnen, dein Suchen und Finden ist sein Weg mit dir. Er spricht zu dir durch alles. Du bist gesegnet zum Segen.*

Der Brunnquell Gottes hat Wasser in Fülle. (Psalm 65,10)

Segenswort: *Wenn der Weg deiner Sehnsucht nach Gott dir wie ein Wandern in der Wüste scheint, dann ist er doch der Brunnen in dir, der nie versiegt. Großzügig gibt er, was zur Entfaltung deines Lebens nötig ist.*

Vierzig Jahre versorgtest du sie in der Wüste, so dass ihnen nichts mangelte. (Nehemia 9,21)

Segenswort: *Den ganzen langen Weg deines Lebens ist er an deiner Seite und sorgt für dich. Was dir jetzt trocken und hart erscheint, das wandelt er in fruchtbares Land und lebendige Frische. Vertraue seinem Wirken in dir.*

Anhang 2: Material und Bauanleitung für Flaggen

Material:

- Buchen-Rundholzstäbe (10 mm Durchmesser) 70 cm lang;
- Kabelrohr (13,5 mm Durchmesser) 48 cm lang;
- Gartenschlauch (10 mm Durchmesser) 2 cm lang;
- Holzkugel (2,5 cm Durchmesser) mit 10mm-Bohrung für oben;
- Holzkugel (3 cm Durchmesser) mit 10mm-Bohrung für unten;
- selbstklebendes Klettband, *weiche Seite* um den Stab, 2 x 5,5 cm;
- selbstklebendes Klettband, *harte Seite* an den Innensaum, 2 x 5 cm;
- Stoffzuschnitt (inclusiv Nahtzugabe) 50 cm x 70 cm.

Anleitung:

1. Kleine Holzkugel mit Weißleim an das eine Stabende befestigen (Eventuell den Stab etwas abschleifen).
2. Kabelrohr auf den Stab schieben.
3. Am unteren Ende ein Stück Gartenschlauch auf den Stab schieben, damit das Rohr Halt hat.
4. Klettband an beiden Enden des Rohres ankleben.
5. Große Holzkugel an das untere Stabende mit Weißleim befestigen.
6. Flaggenstoff an allen Seiten zweimal 0,5 cm um-/einschlagen, nähen. Obere Breitseite 7cm umschlagen und nähen.
7. Zweimal Klettband am Innenrand des breiten Saumes ankleben.
8. Flagge über den Stab ziehen und mit dem Klettband befestigen.

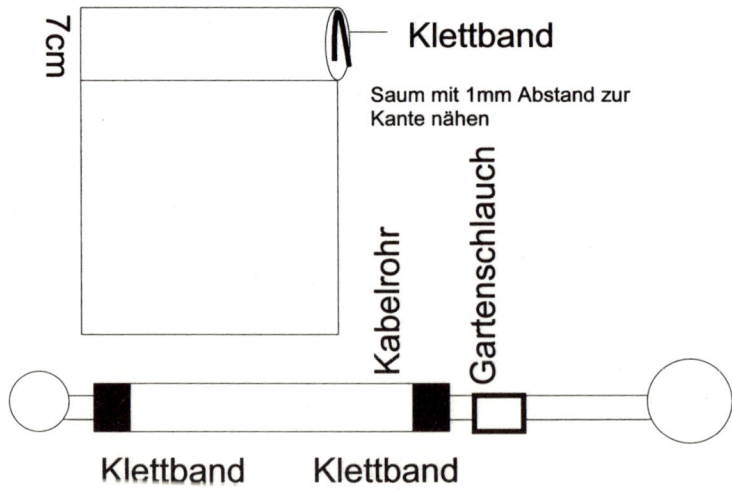

Über dir geht auf

Text: Jesaja 60,1+2
Melodie: Frieder Gutscher, © cap!music, Altensteig

Klammer = Capo 2. Bund

Refrain: Üb-er dir geht auf der Herr und sei-ne Herr-lich-keit erscheint ü-ber dir Ü-ber dir geht auf der Herr
und sei-ne Herr-lich-keit er-scheint ü-ber dir

1. Ma-che dich auf und wer-de Licht denn dein Licht kommt
und die Herr-lich-keit des Herrn geht auf ü-ber dir
des Herrn geht auf ü-ber dir

2. Denn sie-he Fin-ster-nis be-deckt das Erd-reich
und Dun-kel die Völ-ker doch der Herr geht auf ü-ber dir
doch der Herr geht auf ü-ber dir

Kapitel 3   Sprache des Körpers, der Gesten und Zeichen

3.1 Die Sprache des Körpers

Wenn die Menschen der Bibel ihr Herz vor Gott öffnen und in Lob und Klage, Bitte oder Dank, Fürbitte und Jubel ausdrücken, was sie bewegt, dann unterstreichen sie es mit den unterschiedlichsten Haltungen ihres Körpers. Sie beten tatsächlich leibhaftig in der Einheit von Geist und Körper. Das hat etwas Befreiendes und Natürliches, es entspricht dem Selbstverständlichen kindlicher Gefühlsäußerungen. Kinder hüpfen vor Freude, werfen die Arme hoch oder um den Hals des geliebten Menschen vor Dankbarkeit und aus Liebe, verkriechen sich kauernd in eine Sofaecke oder unter die Bettdecke vor Angst, verstecken ihr Gesicht hinter den Armen aus Scham oder Furcht oder werfen sich vor Wut auf den Boden. Darum geht es, dass wir diese Unmittelbarkeit in unserer Beziehung zu Gott wieder zulassen. Nicht umsonst sagt Jesus: »Wenn ihr nicht werdet wie die Kinder, versteht ihr nichts vom Leben im Reich Gottes« *(Nach Lukas 18,17)*.

Die folgenden Impulse wollen unsere Sensibilität für Haltungen und Gesten verstärken.

3.1.1 Impulse zur Einstimmung

»Unser Leib ist eingeschlossen in die Form unserer Gottesverehrung und unseres Gottesdienstes. Es gibt keine rein geistige Gottesverehrung, die den Leib sozusagen als ein gleichgültiges Stück unserer äußeren Existenz nebendraußen ließe. Es wäre ein tiefes Missverständnis, wenn man aus dem Wort des Herrn, dass Gott, weil er Geist ist, im Geist angebetet sein will *(Johannes 4,24)*, heraushören wollte, dass unser Leib mit der Anbetung Gottes nichts zu tun hätte. Dieser Geist Gottes ist ja eben der Geist, der unseren Leib als den Tempel seiner Gegenwart und seines Wirkens bewohnen und erfüllen will. Darum gehört es auch zu unserem Gottesdienst, dass wir unseren Leib teilnehmen lassen; die leibliche Anwesenheit kann nicht durch eine rein geistige Teilnahme wirklich ersetzt werden ...«[21]

Der Beter spricht im Psalm: *Auf dich, Herr, richte ich Herz und Sinn. (Nach Psalm 25,1)*
Mit »Herz« ist in der Vorstellung der Menschen in der Bibel all das gemeint, was uns wesenhaft ausmacht: unser Wollen, unser Bewusstsein, unser Denken, unser Fühlen und Empfinden. In dieser Ganzheit wollen wir uns auf Gott einlassen, dazu gehört die Sprache unseres Leibes, seine Bewegungen in Gestik und Mimik, seine Ausdrucksfähigkeit in Zeichen und Haltungen.

Alle körperlichen Übungen können Zeichen unserer Bereitschaft sein, wirklich und *leibhaftig* da zu sein, präsent, anwesend im umfassenden Sinn. Es ist gut für uns, wenn wir dabei unser Empfinden für die Signale unseres Körpers aufmerksam wahrnehmen und zulassen. Wenn uns etwas schmerzt, geben wir nach, lassen locker oder ruhen aus. Nicht Leistung ist gefragt, sondern eine Vertiefung der Sensibilität durch aufmerksames Spüren.

3.2 Stehen und Tanzen

3.2.1 Eine Körpermeditation zum Stehen

»Stehen. Das kann ich seit Kindesbeinen an. Wie oft stehe ich herum, stehe mir die Beine in den Bauch, stehe da wie ein Fragezeichen, bleibe einfach stehen oder werde stehen gelassen wie ein alter Schirm.
Ich möchte mich einstellen auf das, was ich erwarte.
Möchte mit Herz und Geist da sein, mich bewusst vorbereiten und warten auf das, was Gott bereithat.
Ich möchte mich einstellen auf mich und auf Gott.
Die Beine stehen im Beckenabstand, natürlich und entspannt.
Die Knie sind locker.
Aufrecht möchte ich stehen, aufgerichtet.
Ein aufrichtiger Mensch möchte ich werden. Ich stehe aufrecht.

Mein Kopf wird getragen vom Leib. Die Schultern lasse ich locker fallen und lasse alles los, was belastet, Sorgen, Ängste, Unsicherheiten, Befürchtungen, Urteile ...
Ich lasse los, was ich krampfhaft fest halte und doch nicht halten kann: Menschen, meinen Stolz, meine Pläne, meine Festlegungen und Schwüre ...
Ich öffne meine Hände, ich lasse los, ich halte nichts fest.

Ich halte nicht die Luft an, ich gebe her, ich empfange, ich atme aus und atme ein. Ich muss nichts aufbewahren.
Mein Lebensatem kommt und geht ohne mein Zutun.
Ich bin aufnehmendes und durchflutetes Gefäß.
Ich genieße es so zu stehen, selbstständig, frei, auf weitem Raum, ich brauche keinen selbstbehaupteten Standpunkt, ich habe Standfläche und Fundament.
Ich stehe zu mir selbst. Ich stehe dir nahe. »Ich stehe dir bei«, sagt Gott. Der Boden trägt mich, ich habe festen Grund unter meinen Füßen.
Wie ein Baum, der seine Wurzeln in die Erde senkt,
spüre ich die Erde unter mir in der Tiefe.
Glauben heißt im Hebräischen ›seinen festen Stand nehmen‹.
Ich stehe jetzt, hier, vor dir, heute.
Ich stehe wie eine/r, die/der … (jede/r findet ihr/sein eigenes Bild).« [22]

3.2.2 Impulse zur praktischen Übung »Stehen«

Wir üben, stehen zu bleiben und dieses Stehen als eine bewusste Erfahrung des Stehens vor Gott zu erkennen, der in all meinem Stehen mir beisteht und zu mir steht: vom Aufstehen am Morgen, über das Stehen an der Halte-stelle, im Zug oder Bus, in der Warteschlange vor der Großmarktkasse, bei der Begrüßung einer Bekannten oder vor dem Schreibtisch des Chefs bis zum Aufstehen aus dem Sessel am Abend, um ins Bett zu gehen. Aus solch acht-samem Stehen wächst mit der Zeit ein zielgerichtetes und aufgerichtetes Gehen und Aufbrechen, das sich in meiner ganzen Haltung spiegelt.

Tritt hin, stampfe auf, stehe fest, gehe mutig voran, nimm deine Füße in die Hand, wie auch immer, aber steh auf beiden Beinen, so du kannst, um Gottes willen!

(Weitere praktische Übungen unter 1.1.3 ›Übung zur wachen Präsenz im Leib‹, und 1.2.1 ›Wartezeiten nutzen‹ und ›Grund-Übungen‹)

3.2.3 Gedanken und Impulse zur Einstimmung »Tanzen«

In Israel war und ist es bis heute selbstverständlich, dass die Glaubenden ihre Freude an Gott auch durch Singen und Tanzen zum Ausdruck bringen. Darin spiegelt sich die Einheit und Unteilbarkeit des Lebens wieder, es gibt keine Spal-tung in geistlich und weltlich, in Alltag und Fest, in göttlich und menschlich.
Weinen hat seine Zeit, lachen hat seine Zeit; klagen hat seine Zeit, tanzen hat seine Zeit.
(Prediger 3,4)

»Tanzen ist, den Tönen mit der Bewegung des Körpers folgen«, sagte Augustinus und erinnert uns an eine wesentlich-ganzheitliche Ausdrucksform unseres Menschseins, mit der wir – in guter biblischer Tradition Mirjams oder Davids – inneren Impulsen betend Gestalt verleihen können.

Nach der Rettung am Schilfmeer, nach dem Durchzug durch das Rote Meer, nach der wunderbaren Befreiung aus der Sklaverei in Ägypten, leitet Mirjam die Frauen an, ihrer Freude im Tanz Ausdruck zu geben, sie veranstaltet eine Art dankbarer Jubelprozession; denn das Eingreifen Gottes war so gewaltig, dass sie nicht nur verbal, sondern auch körperlich-ganzheitlich gebetet werden musste. Als Volk haben sie gemeinsam die Stärke und Hilfe Gottes erlebt, haben sichtbar und spürbar erfahren, dass er sich ihrer Notlage annimmt: *Da nahm Mirjam, die Prophetin, Aarons Schwester, eine Pauke in ihre Hand, und alle Frauen folgten ihr nach mit Pauken im Reigen. (2 Mose 15,20)*

Als David nach dem Sieg über die feindlichen Philister die geraubte Lade Gottes wieder ins Land zurückbringt, überschreitet er alle Grenzen des Gewohnten, indem er in ekstatischer Weise vor der Lade her tanzt, wofür ihn seine Frau verachtet, weil sie darin eine ordinäre und einem König nicht angemessene Form des Verhaltens sieht.
Die Lade Gottes (auch ›Bundeslade‹) war das bedeutsame und sichtbare Zeichen des Bundes Gottes mit seinem Volk, all seiner Zusagen und Verheißungen der Führung, der Treue und der Begleitung. David wollte dieses sichtbare Zeichen mitten in Jerusalem aufrichten und dadurch deutlich machen, wer der König in Israel ist. Nicht der von den Schafen geholte Hirte, den Samuel gesalbt hat, sondern Gott, der sich offenbart hat mit dem Namen: »*Ich bin für euch da*«. Darum zählt für ihn in dieser Situation nicht das, was andere über ihn denken könnten, sondern er tanzt in rückhaltloser Unmittelbarkeit vor Gott.
David rechtfertigt sich vor seiner Frau und bekräftigt, dass niemand sich vor Gott für sein Verhalten zu schämen braucht, der aus dem Motiv der Anbetung und Freude handelt.
Als sie die Lade Gottes holten, tanzten David und ganz Israel vor dem Herrn her mit aller Macht im Reigen, mit Liedern, mit Harfen und Psaltern und Pauken und Schellen und Zimbeln. (2 Samuel 6,5)
David aber sprach zu Michal: Ich will vor dem Herrn tanzen, der mich erwählt ..., um mich zum Fürsten zu bestellen über das Volk des Herrn, über Israel. (2 Sam 6,21)

Das Volk Israel hat eine ganz besondere Verheißung, die Gott zu seiner Zeit einlösen wird: Die Zeit des Zerstreutseins unter die Völker der Welt wird zu Ende gehen und sie werden in ihrem Land Heimat haben und Frieden.

Ich habe dich je und je geliebt, darum habe ich dich zu mir gezogen aus lauter Güte. Wohlan, ich will dich wiederum bauen, dass du gebaut sein sollst, du Jungfrau Israel; du sollst dich wieder schmücken, Pauken schlagen und herausgehen zum Tanz … Der Herr hat seinem Volk geholfen, dem Rest Israels! Siehe, ich will sie sammeln von den Enden der Erde…Sie werden weinend kommen, aber ich will sie trösten und leiten … Sie werden kommen und ihre Seele wird sein wie ein wasserreicher Garten und sie sollen nicht mehr bekümmert sein.

Alsdann werden die Jungfrauen fröhlich beim Reigen sein, die junge Mannschaft und die Alten miteinander; denn ich will ihr Trauern in Freude verwandeln und sie trösten und sie erfreuen nach ihrer Betrübnis. (aus Jeremia 31)

Immer wieder bezeugen Glaubende in der Heiligen Schrift: Gott hat persönlich und sichtbar eingegriffen. Trauer, Depression, Enttäuschung oder Mutlosigkeit wurde verwandelt in Hoffnung, in Freude, in Energie zum Leben und in Bereitschaft zum Weitergehen. Wenn das kein Grund ist zum Tanzen und Feiern! Ein Wort oder Zuspruch wird mitten in eine Situation hinein zum Wandlung wirkenden Wort Gottes. Es geschieht wieder Aufrichtung im wahrsten Sinn des Wortes und eine Veränderung der Blickrichtung, die sich im Tanz ausdrückt:

Du hast mir meine Klage verwandelt in einen Reigen, du hast mir den Sack der Trauer ausgezogen und mich mit Freude gegürtet. (Psalm 30,12)

Halleluja! Singet dem Herrn ein neues Lied; die Gemeinde der Heiligen soll ihn loben. Israel freue sich seines Schöpfers, die Kinder Zions seien fröhlich über ihren König. Sie sollen loben seinen Namen im Reigen, mit Pauken und Harfen sollen sie ihm spielen. Denn der Herr hat Wohlgefallen an seinem Volk, er hilft den Elenden herrlich. (Psalm 149,1-4)

Lobet ihn mit Pauken und Reigen! (Psalm 150,4)

Juden und messianische Juden feiern zum Abschluss des Laubhüttenfestes, das an die Zeit der Wüstenwanderung erinnert, das Fest Simchat Thora – Der Tag der Freude über Gottes Weisung – das Freudenfest der Thora – das Freudenfest über den Bund Gottes mit den Menschen; der Bund, der sich nicht auf Stärke, Größe und Wohlverhalten Israels gründet, sondern auf die unveränderliche Liebe und Treue Gottes zu seinem Volk. Die Thorarollen werden in fröhlicher Prozession durch die Synagoge getragen. Dabei wird gesungen und getanzt: mit der Thora im Arm! Kinder dürfen um das Thorapult herumrennen und Fähnchen schwingen und werden mit Süßigkeiten beschenkt in Erinnerung an die Textstelle »dein Wort ist in meinem Mund süßer als Honig«. Sie erleben die Lehre tanzend: Das Wort Gottes ist und bleibt lebenschaffende und Leben fördernde Quelle!

Sie singen beim Reigen: Alle meine Quellen sind in dir! (Psalm 87,7)

Michael Kampik hat in einer kleinen Erzählung eindrücklich verdeutlicht, wie der früher herumziehende Tänzer, der zum Mönch geworden ist, in der Gruftkirche des Klosters entdeckt, dass sein Tanzen zu seiner ihm angemessenen, eigenen Form von Gebet wird, und noch mehr: »Die ganze Jenseitsprominenz scheint ihr heimliches Vergnügen zu haben am täglichen Exercise dieses Tänzermönches und an seinen gelegentlichen Solo-Galavorstellungen zur alleinigen Ehre Gottes und seiner Heiligen.«[23]

Kraft der Bewegung
reißt mich empor, Gott, zu dir
Flügelschlag Leben.
Sprache des Leibes
mit allen Sinnen tanzend
voll Begeisterung.

3.2.4 Praktische Übungen in der Gruppe

Die Freude an Gott kann in der Freude an der Bewegung zum Ausdruck kommen, wenn wir ein Stück kindlicher Unbefangenheit und Natürlichkeit miteinander erleben und darin eine Möglichkeit erkennen, unserem Glauben sichtbare Gestalt zu geben. Die tänzerische Gestaltung kann meditativ-sparsam oder beschwingt-fröhlich sein, je nach Anlass und innerer Bewegung. Sie kann Teil einer sehr persönlichen (Gebets-)Zeit sein oder in einer Gruppe geübt werden. Die folgenden Vorschläge sind als Gruppenübungen angelegt.

Vorbereitet sind Symbolblätter und lange bunte Seidenbänder (1 cm x 70 cm), Stifte.
Zum Nachdenken: Wann und wo haben wir die befreiende Macht an uns oder unserer Gemeinde oder Familie erfahren?
Jede/r notiert auf einem Symbolblatt, das eine gesprengte Kette zeigt, ihre/seine persönliche Erfahrung und bindet sie (evt. mit Hilfe einer zweiten Person) mit einem Seidenband an das Handgelenk. Die Enden der Bänder hängen lose und schmückend herunter.

Tanzvorschlag (Al Achat):

Al Achat (aus der Passah-Haggada, »Aus vollem Herzen sollten wir dem Herrn danken, dass er uns aus der Knechtschaft in Ägypten herausgeführt hat.«)
(MC Shalom-Folklore und neue Songs aus Israel Calig MC 594)

Teil 1 (8 Takte) gemeinsam unterwegs als Volk Gottes:
durchgefasst zum großen Kreis, locker beschwingtes Gehen im Kreis ohne starres Zählen der Schritte.

Teil 2 (8 Takte) was uns verbindet, ist die Ausrichtung zur Mitte, zu Christus:
Mit vier Schritten zur Mitte gehen, die Hände von unten nach vorn strecken, den Körper aufwärts zur Mitte hin aufrichten in Lobpreishaltung (Arme nach oben geöffnet), zurückgehen und Hände dabei langsam senken.

Teil 3 (2 x 8 Takte) was wir empfangen, behalten wir nicht für uns, sondern geben es weiter:
Die rechte Hand mit dem Handrücken flach auf den Rücken legen, die Linke führt von der vorderen Körpermitte aus eine nach außen kreisende Bewegung aus (wie wenn etwas angeboten wird), dabei im Kreis um die eigene Körperachse gehen, der Handbewegung folgend. Dann gegengleich mit der linken Hand auf dem Rücken.

Wiederholung der Teile 1-3 bis zum Ende des Stückes:
Die Impulse zum Wechsel der einzelnen Teile gehen von der/dem Anleitenden aus und können flexibel variiert werden.

Zum Nachdenken: Was bewegt uns, wenn wir das Bekenntnis sprechen: »*Gott ist König mitten unter seinem Volk!*« oder wenn wir die Berichte vom freudigen Tanz der Mirjam und des David lesen? Wie können wir der Freude über Gottes Gegenwart unter uns Ausdruck geben?
Vorbereitet sind quadratische Karten mit einem blauen Davidstern (10 x 10 cm), in der Mitte liegt z.B. ein blaues und ein weißes Tuch, eine Kerze o.a.
Die Karten werden auf der Rückseite beschriftet. Nacheinander lesen wir (wenn wir möchten) unsere Aussagen vor und legen unsere Karten mit dem Text nach unten um die gestaltete Mitte ab.
In dem beschriebenen Tanz (s.u.) können wir unsere Empfindungen einbringen und uns vergewissern, dass es Erfahrungen sind, die uns miteinander verbinden.

Tanzvorschlag (Jauchze, Tochter Zion):

Jauchze, Tochter Zion (MC Schir chaddasch, Israelische Lieder in Hebräisch, Deutsch und Englisch, Hänssler-Verlag, Neuhausen-Stuttgart 1990, Nr.96.418)

Aufstellung: Im Kreis hintereinander, linke Hand auf der eigenen Schulter, rechte Hand auf der rechten Schulter der Person vor mir.
4 Schritte auf der Kreisbahn schnell laufen, dann 2 langsame Schritte, dabei 2x klatschen.
Zur Mitte wenden und mit 2 Schritten »lang-lang« zur Mitte gehen, Arme dabei zweimal mit ausgestreckten Handflächen nach oben recken »Hoch, hoch«, dann »rück-2-3-4«.

Zum Nachdenken: Niedergeschlagenheit drückt sich auch in unserer körperlichen Haltung aus. Sorgen belasten und verbiegen das Kreuz, Nackenschmerzen und herabgezogene Mundwinkel sind Vorboten und Signale.
Die befreienden und lösenden Erfahrungen des Gottesvolkes (siehe Psalm-Impulse) eröffnen uns einen Weg des Loslassens.
Was können wir heute an Lasten (Belastungen) bewusst ablegen und es Jesus und seiner Kraft zu tragen und zu vollenden überlassen?

Tanzvorschlag 1 (Kyrie eleison):

Kyrie eleison (Herr, erbarme dich) (MC Cantus 3, Präsenz Verlag, Gnadenthal) – geeignet auch als Zwischenruf bei Fürbitten –
Ausdruckstanz, bei dem Gebärden, Gesten, Haltungen und Bewegungen den Text verdeutlichen. Es ist sinnvoll, wenn jede Gruppe die ihr angemessene Form selbst findet. Hier eine Variante:

Aufstellung: Im Kreis, Gesicht zur Mitte, nicht gefasst.
Wir schreiten sehr ruhig z.B. zum Altar/zur gestalteten Mitte hin – immer nur einen Schritt auf einen Kyrie-Ruf – dabei werden die Hände über der Brust gekreuzt.
Man kann auch kniend beginnen, dann stehen, dann gehen usw., aus der Vereinzelung kommen wir so in eine gesammelte Runde vor dem Altar/um die Mitte.

Tanzvorschlag/Gestaltungsvorschlag 2 (Domine Jesu Christe redemptor mundi adoramus te):

Domine Jesu Christe redemptor mundi adoramus te (Herr Jesus Christus, Erlöser der Welt, wir beten dich an) von Enrico F. Sironi (MC Cantus 3, Präsenz Verlag)

Ausgangsstellung: Um die Mitte/vor dem Altar stehend.

(Domine Jesu Christe) Hände mit den Handflächen nach außen parallel vor dem Körper nach oben über Kopfhöhe führen (Kreuzbalken senkrecht).

(redemptor mundi) Hände mit den Handflächen nach außen waagerecht nach rechts und links in Schulterhöhe auseinander führen (Kreuzbalken quer), dann nach unten vor dem Körper zur Schale zusammenlegen.

(adoramus te) die ›geöffnete Schale‹ nach vorn und zurück zur Körpermitte führen. Mehrere Durchgänge.

3.3 Knien, Beugen, Niederfallen, Liegen

Die körperlichen Zeichen, das Knien, Verbeugen, Bekreuzigen und der Wechsel von Gehen, Stehen und Sitzen haben nicht nur im Gottesdienst die Aufgabe, unseren Glauben *leibhaftig* werden zu lassen. In der Bewegung erschließt sich die Bedeutung.
Besonders eindrücklich wird dies bei all jenen Formen, die eine Verbindung zum Grund, zum tragenden Boden hin herstellen und in denen unser Körper aus der Senkrechten in die Waagerechte wechselt.

3.3.1 Impulse zur Einstimmung

Die Bewegung nach unten, in die Tiefe, zum Grund und Boden hin ist eine Bewegung, in der Hingabe und Verehrung, aber auch Demut und Liebe zum Ausdruck kommen. Es liegt darin die Bereitschaft, von unten zu sehen, mit den Kleinen klein zu sein und alles Niedergedrückte, Verachtete, Gebeugte und Verletzte zu umarmen. Jesus Christus selbst hat in seinem Kommen ›unter‹ uns Menschen diese Bewegung gelebt und gedeutet.

> *Das macht es mir leicht,*
> *in meiner Welt die Deine aufzuspüren,*
> *dass du, Gott,*
> *nicht haushoch herrlich über mir,*
> *nicht königlich glänzend erhaben,*
> *sondern in unendlicher Armut verborgen*
> *ganz u n t e r uns kommst.*
> *Da bin ich zu Hause,*
> *mit aller Begrenztheit und Schwäche*
> *geborgen.*

Da ist Bedürftigkeit Lager
und Armseligkeit Hütte,
da legst du, Gott, dich in Menschenarme.
Stroh, Windeln, Futterkrippe,
und in allem du, Gott,
hilflos angewiesen
auf Mutterwärme, Ewig-Vater, Wunder-Rat,
Du, Gott, ein Kind – und unter uns.
Ein Kind, das sich lieb haben lässt,
aufnehmen und beschützen,
umsorgen und bestaunen.
Du Gott, ein Kind für alle Kinder.
Das macht es mir leicht,
in meiner Welt dir zu begegnen,
keine Himmelsleiter zu ersteigen,
aber dich unter uns zu ahnen
und da zu sein, wo du, Gott, bist.

Können wir das Kind in uns anschauen, das, was wachsen und sich entfalten will, das sich nach Schutz und Geborgenheit sehnt und Angst vor Verletzung und Überforderung hat? Haben wir ein Herz für das Bruchstückhafte und Unfertige? Mögen wir das Beschmutzte und Befleckte berühren, weil es geliebt ist? »Gott hat fundamental eine Schwäche für das Zerbrochene, Schwache, Unvollkommene, Verletzliche, Geheimnisvolle in uns. ... Er ist selbst der Zerbrochene, Leidende ... Wo Gott sich selbst dem Fragment (*dem Bruchstückhaften, Unvollkommenen, Anmerkung der Autorin*) überlässt, darf ich mir (2 Korinther 12,9) *an seiner Gnade genügen lassen; denn seine Kraft ist in den Schwachen mächtig.*« (Reiner Marquard)

Eine Schwester besucht seit Monaten jeden Morgen einen alten Nachbarn, um ihm beim Anziehen seiner Gummistrümpfe zu helfen. Zehn Minuten gebeugte Knie. Für sie ist es ganz selbstverständlich und nichts Besonderes, sie verliert darüber keine Worte, und doch spiegelt sich darin – wie in allen Taten der sich selbst verschenkenden Liebe – das Wesen Jesu.
Es ist gleichsam so, als ob wir Christus berühren in dem, was er tut, ihm zusehen und es nachahmen, wie er uns begegnet. Es ist die Spiritualität der Liebe, die auch am tiefsten Ort aufleuchtet, wie sie Mutter Teresa und die Missionarinnen der Nächstenliebe formulierten und leben.
Etwas Hilfloses und Wehrloses begegnet uns in solcher Bewegung nach unten, etwas, vor dem niemand Angst haben muss, etwas, das wie eine lebendige Brücke zu jedem Menschen ist.

So kann jede Kniebeuge zum Ausdruck unserer Bereitschaft werden, an dieser verbindenden Bewegung teilzuhaben.

3.3.2 Praktische Übungen (allein oder in der Gruppe)

Die vorgestellten Übungen sind als Einzelübungen gedacht, können aber in einer vertrauten Gruppe auch gemeinsam eingeübt werden.

Haltungen meditieren
Ich lese einen Impuls und begebe mich in die körperliche Haltung, die darin beschrieben wird, z.B. Kleinsein, Knien, Am-Boden-Sein, Mich-Niederbeugen o.a. In der Haltung verharre ich etwa 1 Minute. Was löst die Haltung in mir aus? Was hindert mich, was widersetzt sich, was tut gut?
Ich richte mich auf und schreibe auf, was mich beschäftigt hat.

Körpermeditation
Körpermeditation: Ich lese Psalm 95,6: *Kommt, lasst uns anbeten und knien und niederfallen vor dem Herrn, der uns gemacht hat.* Ich formuliere und gestalte es für mich (Ich stehe): Komm ... (hier setze ich meinen Namen ein und trete einen Schritt vor), ich will anbeten (ich halte die geöffnete rechte Hand in Schulterhöhe, dann die Linke und strecke beide nach oben) und knien (mit erhobenen Händen gehe ich in die Knie und verweile einen Moment) und niederfallen (ich neige meine Stirn bis zum Boden und lege die geöffneten Hände nach vorn gestreckt ab und verweile) vor dir, Gott. Du hast mich gemacht (dabei richte ich mich langsam auf und stehe). Die Übung kann mehrmals langsam ausgeführt werden. Dann setze ich mich und nehme mir Zeit in Ruhe nachzuspüren, was sie in mir auslöst.

Basis-Übung
Ich lege mich flach auf den Boden. Ich spüre, wo mein Körper Druck ausübt, fühle Stück um Stück den Grund (Christus) unter mir von den Fersen bis zum Hinterkopf. Ich atme ruhig aus und ein. Abschnitt für Abschnitt meditiere ich Psalm 16,9, indem ich jede einzelne Aussage mit den Empfindungen meines liegenden Körpers in der Bodenberührung verbinde: »Mein Herz (einatmen) freut sich,(ausatmen) / meine Seele (einatmen) ist fröhlich (ausatmen); / auch mein Leib (einatmen) wird sicher liegen (ausatmen).« Ich verweile so lange bei einer Aussage, bis ich sie von Kopf bis Fuß wahr- und aufgenommen habe.

Liege-Meditation

In Zeiten starker Müdigkeit oder Erschöpfung, Selbstzweifel oder Ängste kann eine Liege-Meditation mich des Leben-tragenden Grundes der Erlösung in Christus vergewissern. Zur Vorbereitung lesen wir den zweiten Impuls »Können wir ...«

Zur Vorbereitung werden verschiedene Bruchstücke (Geschirr, Glas, Holzstücke, Stofffetzen u.a.) bereitgelegt. In der Mitte befindet sich ein Kreuz (aus Holzstäben, Tüchern o.a.) gelegt.

Wir notieren auf einzelne Blätter, was uns an Bruchstückhaftem und Fragmentarischem in unserem Leben Mühe bereitet oder uns belastet.

Zu jeder einzelnen Aussage wähle ich ein Trümmerstück und lege es zusammen mit meiner Aussage um das Kreuz ab. Dazu spreche ich (oder wir) jeweils:

Daniel 9,18 (Der Text ist für jede/n auf eine Karte geschrieben vorbereitet) *»Neige dein Ohr, mein Gott, und höre, tu deine Augen auf und sieh an unsere Trümmer und die Stadt, die nach deinem Namen genannt ist. Denn wir liegen vor dir mit unserm Gebet und vertrauen nicht auf unsre Gerechtigkeit, sondern auf deine große Barmherzigkeit.«*

Wenn alle Aussagen abgelegt sind, lege ich mich (wir uns) sternförmig um die Kreuz-Mitte, strecken unsere Hände zur Mitte aus und sprechen das Gebet des Daniel einmal gemeinsam. Dann verweilen wir einige Minuten so.

Zum Schluss richten wir uns langsam auf, halten uns an den Händen und sprechen: »Deine Liebe zu unserer Armut, o Gott, richtet uns auf!«

3.4 Unsere Hände

»Klatscht in die Hände vor Freude!« »Wascht euch die Hände!« »Nehmt und esst vom Brot des Lebens«. »Lasst los oder packt mit an, handelt«. »Reicht euch die Hände zum Zeichen ...«, »legt sie segnend auf, legt ab, faltet sie ...«. Immer sind unsere Hände in Bewegung und zeugen – oft ohne dass wir es wahrnehmen – von dem, was in uns ist. Unsere Hände sind unser elementarstes Ausdrucks- und Verständigungsmittel. Sie ›sprechen‹ meist deutlicher als unsere Worte oder Mimik.

3.4.1 Impulse zur Einstimmung

Wenn wir anfangen, in Gesten zu sprechen und mit den Bewegungen unserer Hände, unseres Körpers zu beten, erleben wir, dass der Geist Gottes auch diese Sprache ›spricht‹ und durch Gesten und das Verweilen in bestimmten Haltungen uns Impulse oder Erkenntnisse vermitteln kann.

Weil doch mein Herz dich unablässig sucht
und meine Seele sich nach dir verzehrt
in schmerzlichem Verlangen,
und weil mein Geist dich nicht begreifen kann
und keine Worte findet für das Leid,
die Lust und Liebesweh,
sag ich' s mit den Gebärden
aus innerster Bewegung
hin zu dir.
So atmet mein Leib eine Antwort,
mein Gemüt vernimmt das Unsagbare
und mein Gesicht fängt deinen Glanz ein.
Du wirst es wohl verstehn,
was ich ertaste kaum,
wirst das Geschenk empfangen,
das ich dir mit mir gemacht.
Kyrie eleison!

Oft reden unsere Gebärden eine viel klarere Sprache, vermitteln eine von innen kommende Botschaft und befreien uns von der Schwierigkeit in Worte zu fassen, was (noch) gar nicht klar ist. Gerade in Zeiten und Situationen, in denen wir nicht wissen, wie und was wir mit Worten beten sollen, können Gebärden zur aufrichtigen Sprache der Liebe, des Schmerzes, der Hoffnung oder Klage werden.

In wortlosen Gebärden seufze ich zu dir hin.
Was ich bin, was in mir ist, was gesagt sein will, weiß ich nicht.
Ich lasse es so entstehen im Spiel meiner Hände und Arme.
Dann ruht eine Bewegung, bleibt wie erstarrt stehen, doch ganz lebendig.
Ich kann sie ansehen und ahne etwas von dem, was du für mich bist
und was ich bin in dir, vor dir, bei dir.
Manche Gesten sind stark und kommen immer wieder wie ein Gerüst,
das mich hält,
indem ich spüre und sehe, was nicht in Worte oder Bilder zu kleiden ist.

In der Tiefe meines Leibes
weckst du ein neues Lied,
Bewegung zum Licht breitet sich weit,
wächst aus der Mitte zu dir.
Wortloses Gespräch meines Herzens
offenbart dein Berühren,

spiegelt das Werden,
schleudert den Schrei,
atmet die Heilung,
löst die Beklemmung,
fließt aus der Seele
als Impuls des Geistes
und Kuss der Liebe.
Alles ist möglich zu dir,
vor dir, auf dich hin.

3.4.2 Praktische Übungen

Sensibilisierung der Hände
Wir gönnen uns eine Zeit der Sensibilisierung unserer Hände:
Wir betrachten sie von allen Seiten mit den Augen.
Wir nehmen etwas Körperöl und massieren jeden einzelnen Finger, die In-
nen- und Außenkanten, die Knöchel, die Innenhand, die Handrücken, die
Handgelenke. Wir reiben, drücken und kneten sie, bis sie warm und durch-
blutet sind. Dann lassen wir sie im Schoß ruhen und spüren den Empfindungen nach. Wir danken Gott in stillem Nachdenken für unser Hände, die Möglichkeiten und Fähigkeiten. Wir bieten ihm unsere Hände als Werkzeuge an.

Spiel der Finger und Gelenke
Wir bewegen unsere Finger, lassen die Gelenke spielen. Zu zweit wenden wir
uns einander zu und ›erzählen‹ einander (nacheinander) von uns, unseren
Beziehungen, unseren Empfindungen und Wünschen. »Ich zeige dir, wie es
ist, wenn ich ... (fröhlich, wütend, stark, traurig ...) bin«.
Wir können auch etwas ausdrücken, für das es keine Worte gibt, können ein
Lächeln in die Luft malen, sagen, dass wir uns anlehnen möchten, uns lieber
zurückziehen wollen, einen Schluss-Strich ziehen, Begeisterung empfinden
oder Sorgen verscheuchen möchten ...
Wir üben unsere ganz persönliche Zeichensprache. (Siehe auch 3.5)

Gesten und Gebärden
Die Sprache der intuitiven Gebetsgebärden üben wir zunächst an einem biblischen Satz ein und ordnen dabei jedem Begriff eine eigene, für uns passende Gebärde zu, wir lernen gleichsam mit dem Körper zu sprechen.
Beispiel: *»Du bist die Quelle des Lebens«.*
Jede/r findet eine Geste für »Du«, für »Quelle«, für »Leben«. Wir stellen uns
unsere Ausdrucksgestaltung vor und sprechen über die Bedeutung, die sie
jeweils für uns persönlich hat.

Wenn möglich einigen wir uns auf eine gemeinsame Geste zu jedem Begriff und führen sie zum langsam gemeinsam gesprochenen Text mehrfach aus. Es können auch nacheinander die verschiedenen Vorschläge zu jedem Begriff gestaltet werden: »Du« – alle Vorschläge, »Quelle« – alle Vorschläge, »Leben« – alle Vorschläge. Dadurch wird die Vielfalt der Deutungen sichtbar und als Bereicherung erfahrbar.

Gebärden aus der Taubstummensprache

Wir lernen gemeinsam einzelne Gebärden aus der Taubstummen-Gebärdensprache (aus: Sieh doch meine Hände an)[24] und benutzen sie beim Singen einfacher Chorusse oder gemeinsamen Beten z.B. des Vaterunser oder von Psalm 23 (beide als Vorlage im Gebärdenordner).

Segenszeichen

Wenn wir jemand ein besonderes Zeichen des Segens geben möchten (z.B. beim Abschied, vor einer Reise o.a.), nehmen wir ein wenig Körperöl (Salbe) und zeichnen ihr/ihm in die Handinnenfläche mit dem Daumen ein Kreuzzeichen. Dieses Zeichen können wir auch mit einem Bibelwort-Zuspruch verbinden. Das kann zu einer unvergesslichen, *bedeutsamen Berührung* werden, die tiefer wirkt und weiter reicht als Worte.[25]

Körperübung Einheit

Es gibt ein Fundament geistlicher Ressourcen spiritueller Kraft und wirkender Wahrheit, die nicht konfessionell, sondern zutiefst universell ist, also allen Menschen gehörend und allen Menschen offen, weil Gott in Jesus Christus sein Herz von Anfang an allen Menschen geöffnet hat und in alle das Geschenk seines Lebens gelegt hat. Im Atem und Herzschlag verdichtet sich dieses Wissen.

Die Einheit-in-der-Vielfalt-Übung vertieft diese Erkenntnis:

Wir berühren uns mit abgewinkelten Armen ganz diskret und vorsichtig von Handrücken zu Handrücken und spüren diesem verbindenden Lebenspuls nach.

Wir achten auf unseren Herzschlag und unseren Atem, wie er ohne unser Zutun als Geschenk des Lebens kommt und geht. Wir spüren der Verbundenheit mit allen nach, dem Wunder der Lebendigkeit, dem göttlichen Ursprung und Ziel allen Lebens.

3.4.3 Gebetsgebärden

Die im Folgenden beschreibenden Gebetsgebärden laden zum Nachvollzug oder zur Variation nach den eigenen Bedürfnissen ein.

Die kursiv gedruckten Texte sind nur mögliche Deutungen. Jede Geste kann bei den Gestaltenden verschiedene Empfindungen und Erkenntnisse auslösen und Ausdruck für unterschiedliche persönliche innere Erfahrungen sein. Es ist wichtig, dass wir zunächst die eine oder andere Haltung einnehmen und in gesammelter Spannung halten, um ein Gespür zu bekommen, was sie uns ›sagen‹ kann. Im Verweilen tauchen Gedanken und Gefühle auf, Erinnerungen oder Stimmungen, Bedürfnisse oder Sehnsüchte. Es ist gut, wenn wir nicht innerlich vor-sortieren und werten, sondern sie kommen lassen und sie in der offenen Bereitschaft ansehen, dass uns in ihnen etwas über uns selbst und über Gott aufleuchten kann.
(Bei der Beschreibung benutze ich den Begriff Geste für eine ruhig-gesammelte Haltung, in der wir eine Zeit lang verweilen, und den Begriff Gebärde für eine Abfolge von Bewegungen, die nacheinander ausgeführt werden.)

Gebärde ›Schutz‹
a) Die linke Hand ist mit den nach oben ausgestreckten Fingern als Segenshand seitlich neben dem Körper in Schulterhöhe aufgerichtet, geöffnet, eröffnend, anbietend:
»Du bist da, bereit mich zu berühren, mich anzunehmen und aufzunehmen.«
b) Die Rechte ist locker zur Faust geschlossen:
»Ich bin da, gesammelt, geschlossen, ganz so wie ich bin.«
c) Sie wird langsam der Linken entgegen geführt, diese kommt und umschließt von oben her die Rechte:
»Du kommst und umschließt mich zart und stark: Schutz, Geborgenheit, Annahme«.

<small>GESTE ›STÜTZE‹:</small>
Die linke Hand ist vor dem Körper wie eine Schale nach oben geöffnet.
Die Rechte wird – ebenso nach oben

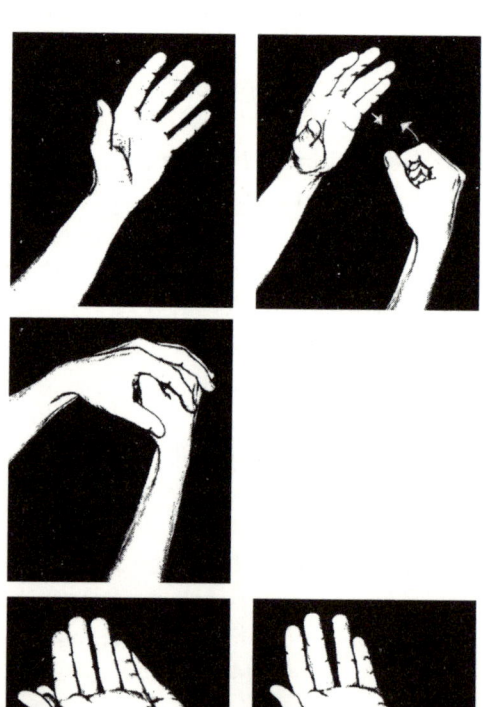

geöffnet – mit dem Handrücken nach unten in sie hineingelegt:
»Deine Hand ist unter der meinen, du stützt, hältst und trägst mich.«

GESTE ›ANLEHNUNG‹:
Handrücken an Handrücken liegen beide Hände fest aneinandergedrückt, die Finger nach oben, vor dem Körper in Brusthöhe, offen nach außen:
»Ich kann mich an dich lehnen, bin bei dir, in Kontakt mit dir. Du bist in meinem Rücken.«

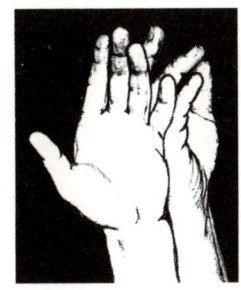

GESTE ›SAMMLUNG‹:
Beide Hände liegen übereinander gekreuzt mit festem Druck auf dem Brustbein:
»Hilf mir zur Ruhe und Sammlung! Erwärme mein Herz, bleibe! Da bin ich.«

GESTE ›AUFRICHTUNG‹:
Ausgestreckt stehen mit beiden Armen zum Himmel, die Zeigefinger nach oben weisend, tief Luft schöpfend:
»Hier bin ich! Du richtest mich auf. Du lässt mich aufrecht (aufrichtig) sein.«

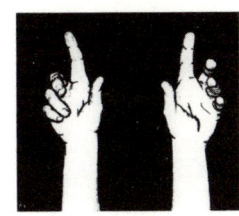

GEBÄRDE ›SEGEN‹:
a) Beide Hände kreisen in der Horizontalen mit nach oben geöffneten Handflächen zweimal von außen nach innen,
b) dann in der Vertikalen von innen nach außen
c) und kommen in der orthodoxen Trinitäts-Segensgeste zur Ruhe:
»Lass dich beschenken (a) und sei gesegnet (b), Amen. (c)«

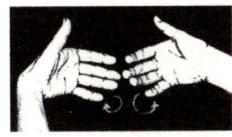

GEBÄRDE ›KREUZ‹:

Im Stehen vor dem Körper mit gespannt ausgestrecktem Arm ein großes Kreuz vom Himmel zur Erde und von innen nach außen:

»Kraft und Scheidung, Segen über alle, an die ich erinnert werde,« oder:

»Ich selbst bin Kreuz. Ich strecke meine Arme aus. Versöhnung zwischen Himmel und Erde.

Frieden durch Christi Kreuz.«

<u>Variation:</u>

Ich bekreuzige mich und verweile bei jeder einzelnen Berührung sehr lange:

»Im Namen des Vaters – du in meinem Denken, und des Sohnes – du in meinem Herzen, und des Heiligen Geistes – du in all meinem Tun.«

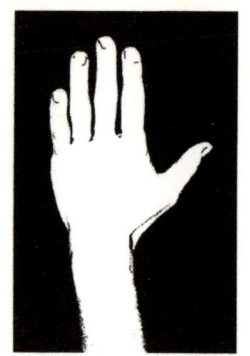

GEBÄRDE ›GEFÄSS‹:

a) Die aufgerichtete Linke (oder beide Hände) zeichnet mit der Handinnenfläche nach außen weisend Kreise vor dem Körper (wie wenn der Handrücken an der Außenwand einer Dose entlangstreifen würde):

»Von allen Seiten umgibst du mich.«

b) In Höhe der Körpermitte, die Handinnenfläche waagerecht nach oben weisend, werden flache Kreise ausgeführt:

»In der Tiefe meines Seins bist du da.«

c) Über dem Kopf die Handfläche nach unten flach kreisen (wie auf einem Heiligenschein):

»Und hältst deine Hand über mir.« (siehe auch Melodie unter 2.4)

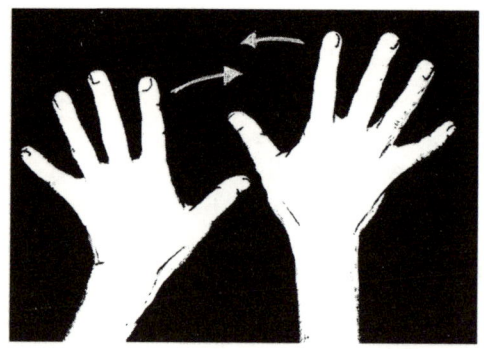

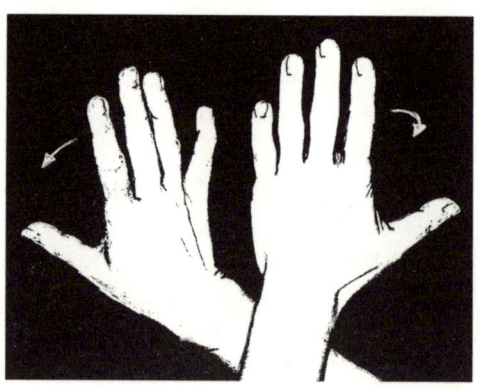

GESTE ›BRUNNEN‹:

Bei dem Satz aus dem Morgengebet *»Ich öffne meine Lebensschale«* die

Arme ausbreiten, so weit es geht und in der Spannung verweilen.
Dabei deutlich wahrnehmen, dass ich selbst
›Brunnen des Lebendigen‹ bin:
»Es ist wie ein starker, großer Brunnenrand, den meine Arme beschreiben.«

GEBÄRDE ›ROSENBLATT‹:
a) Ein rotes Rosenblatt wird in die geöffnete linke Handinnenfläche gelegt: *»Liebeserklärung, Schmerz, Verletzung, Zeichen der Nähe.«*
Das Blütenblatt wird zur Wunde in der Hand Jesu:
»Ich lege meine Hand getrost in deine Wunde, Heilung, Kraft und Frieden.«
b) Die Finger der Rechten werden bedeckend, berührend darüber gelegt.
Variation/Ergänzung:

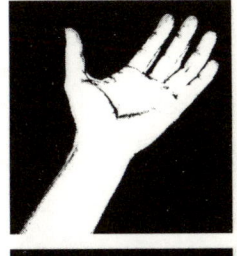
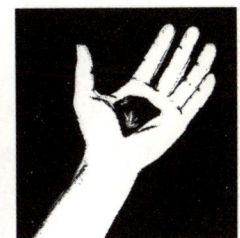
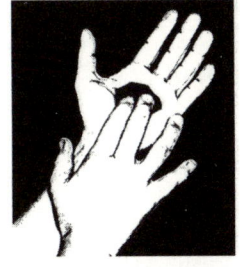

GESTE ›WUNDE‹:
Die Rechte ruht mit den Fingern in der Mitte des offenen Handtellers der Linken:
»Ich spüre deinen Schmerz, meinen Schmerz. Mein Schmerz ist in deinem aufgehoben.«

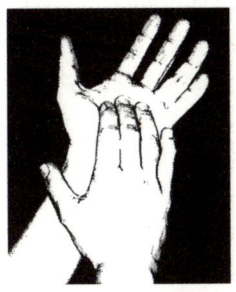

GESTE ›KELCH‹:
Beide Hände bilden einen Kelch, die Daumen, kleinen Finger und Handgelenke berühren sich: *»Mein Leben ist Gefäß deines Lebens. Ich denke dankbar an die Menschen, die ›Gefäße des Lebens‹ für mich sind.«*

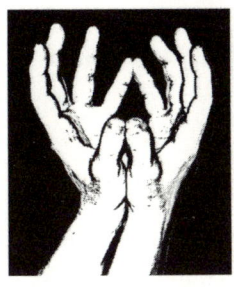

Weitere Gesten im Anhang 1 (siehe S. 131-133)

3.5 Aus dem Inneren gestalten –
ein Übungsweg in drei Schritten

Unsere eigene Gebärdensprache finden wir als Ausdruck unseres persönlich- gesammelten Erlebens.

1. Schritt:

Unsere Gesten und unsere Haltung sind immer ein Ausdruck unserer Befindlichkeit und unserer Empfindungen, Gefühle und Gedanken.
Wir wissen aus der Psychosomatik, wie eins Körper, Seele und Geist sind,
und wie das, was wir denken, fühlen und wollen, unsere Persönlichkeit ausmacht und prägt.
Wenn wir Tönen und Klängen, Melodien und Liedern mit den Bewegungen
unseres Körpers Gestalt geben, dann wirkt sich das unmittelbar auf unser
ganzheitliches Befinden aus.

Übung: Freies Bewegen zu Musik mit einem Gestaltungstuch (buntes Chif-
fontuch 80 x 200 cm, z.B. sehr leichter Vorhangstoff)
Musik: Batya Segal, Text: Jesaja 60, 1+2 (aus: Messianischer Lobpreis, Wer-
ner Firnis, cap!music, Altensteig 2000) Zeit: 0.55 (das Stück wird dreimal
gespielt, dann erfolgt eine kurze Pause und eine weitere Wiederholung)
:/ *»Mach' dich auf und werde Licht;*
denn die Herrlichkeit des Herrn geht auf über dir. :/
Finsternis deckt die ganze Erde und Dunkelheit die Völkerschaften.
Über dir geht auf der Herr und seine Herrlichkeit erscheint über dir. «
Beim freien, lockeren Gehen durch den Raum bewegen wir unsere Arme mit
einem leicht schwingenden Tuch und verstärken dadurch unsere Bewegungen zur Musik (Hüpfen, Tanzen, Springen, Laufen, die Tücher berühren sich
vorsichtig).
Nach drei Durchgängen setzen wir uns auf den Boden, spüren nach, atmen
bewusst ein und aus und hören die Musik in Ruhe noch einmal an.

2. Schritt:

Beim meditativen oder therapeutischen Bewegen zu Musik haben wir eine
große Palette von Möglichkeiten: Wir können allein, mit einem/einer Part-
ner/in, in einer Kleingruppe oder mit allen gemeinsam gestalten.
Wir achten darauf, in Übereinstimmung mit uns selbst und/oder den anderen zu sein. Wir sind miteinander im Raum, in der Zeit, im Fluss der
Töne.

Genauso können wir dabei an unsere inneren Grenzen stoßen, wenn wir entdecken, wie schwer es sein kann, für uns identische, flüssige, runde und vom Ursprung zum Ziel hin geschlossene Bewegungen auszuführen.

Wenn wir Hemmungen oder Widerstände spüren, mit Gesten zu gestalten, dann lassen wir das so zu und gehen nicht dagegen an. Im Lassen meiner selbst und aller Erwartungen oder Ansprüche an mich wächst ein Stück Wahrhaftigkeit und Freiheit zu mehr Lebendigkeit.

Es kann eine Hilfe sein anzukommen, zu uns selbst zu kommen, bei uns zu bleiben, diese innere Bewegung zunächst einmal nur wahrzunehmen und ihr erst danach auch Raum und Ausdruck zu geben.

Einstimmende Vorübung in Gruppen: Wir gestalten reihum je eine Bewegung, z.B. zu ›meine Seele‹, ›ich freue mich‹, ›Retter‹ o.a. und führen sie dann gemeinsam aus, um zu erspüren, was uns gut tut und entspricht. Auch Gesten aus der Gebärdensprache für Taubstumme eignen sich für das Gewinnen persönlicher Gestaltungsfreiheit.

Übung: Eine ›innere Bewegung‹ als äußerlich sichtbare Geste gestalten.
Musik: Siegfried Fietz, Text: nach Lukas, Johannes Jourdan (aus: CD, Siehe, ich bin des Herrn Magd, Maria-Oratorium, Abakus Ulmtal 1976), Zeit: 0.54 (das Stück wird dreimal gespielt, dann erfolgt eine kurze Pause und eine weitere Wiederholung)
»:/ *Meine Seele erhebt den Herrn* :/
:/ *und mein Geist freut sich* :/
:/ *über Gott, meinen Retter* :/
Wir hören die Musik einmal im Sitzen an. In einem Kreisgespräch tauschen wir unsere Empfindungen und Assoziationen aus. Jede/r wählt eine Aussage oder einen Begriff und stellt ihn mit einer Bewegung oder Geste vor. Wir bilden kleine Dreier- oder Vierergruppen (zu den gewählten Schwerpunkten) und finden zunächst ohne Musik eine gemeinsame ›Körpersprache‹ dazu. Wir beginnen die Gebärden von unserer Körpermitte aus in den Raum um uns hinein und wieder zurück. Wir sammeln uns in einer für uns ›runden‹ angemessenen Bewegung, die wir während der ganzen Spieldauer des Stückes (3 x) beibehalten und ausführen. Danach setzen wir uns und gehen unsere Gestaltung in Gedanken noch einmal durch und lassen sie nachklingen.
In einem kurzen Kreisgespräch ist die Möglichkeit sich auszutauschen.

3. Schritt:

- Mehr Lebendigkeit wird all das in uns entfalten, was uns hilft, aufrichtig und echt zu sein. Begegnung mit einer Botschaft in biblischen Texten kann eine Klärung unseres Selbstbildes und Gottesbildes fördern.

- Für die folgende Übung halten wir fest: Wir respektieren unseren eigenen Rhythmus, unsere inneren Impulse, und richten unsere Aufmerksamkeit mehr nach innen als nach außen.
  Die Musik schafft den gemeinsamen Raum für uns alle.

- Wir nehmen eine uns angenehme Haltung ein. Das kann ein aufrechtes Sitzen auf den Sitzknochen sein oder ein Schneidersitz am Boden, ein Angelehntsein an der Wand oder ... Unsere Hände liegen locker auf den Oberschenkeln, im Schoß, oder ...

- *Übung:* Einem Begriff oder Satz aus einer biblischen Erzählung Gestalt geben.
  Musik: J.S.Bach, Brandenburgisches Konzert Nr.4, Allegro (z.B. aus: CD, H.J. Hufeisen, Flötenzauber, Track 5, Edel-Company, Hamburg, 1994), Zeit 6.26 (evt. 2 x).
  Wir lesen gemeinsam eine Jesus-Begegnung aus dem NT. (z.B. Lukas 18,15-17 Jesus und die Kinder, Lukas 19,1-10 Jesus und Zachäus, Markus 7,31-37 Heilung eines Taubstummen, Markus 8,22-25 Heilung eines Blinden)
  Der Text ist auf großen Wortkarten geschrieben und wie ein Weg im Raum verteilt. Jede/r entscheidet sich für einen Satz oder ein Wort, das für sie/ihn bedeutsam ist und stellt oder setzt sich zu der entsprechenden Wortkarte. Wir lassen es im Raum unserer Empfindungen nachklingen, schließen die Augen und sehen vor unserem inneren Auge, welche Bewegung oder Spur es in uns hinterlässt. (Wenn es uns eine Hilfe ist, setzen oder stellen wir uns so, dass wir einander nicht ansehen, sondern einen diskreten Gestaltungsraum vor uns haben).
  Das, was in uns aufsteigt, lassen wir in unsere Arme, Hände und Finger hineinfließen, wir lassen sie die Sprache unseres Bewegtseins sein.
  Wir fangen vorsichtig an unserem Empfinden zu vertrauen, experimentieren vielleicht zunächst mit einer ganz unscheinbar-kleinen Bewegung und lassen sie dann in den Raum hinein wachsen.
  Wenn wir das Bedürfnis spüren, bei einer bestimmten Bewegung, Gebärde oder Geste zu verweilen, dann verharren wir darin, bleiben gesammelt und spüren dem nach, was es in uns auslöst. Es kann auch eine innere Zwiesprache mit Gott daraus werden.

Bewusst lösen wir uns immer wieder und kehren in eine ruhige Ausgangsposition zurück.

Zum Schluss der Gestaltungsphase hören wir auf einen Segenszuspruch:

Was uns geschenkt ist, bewahre Gott in unserem Innersten und lasse es wachsen zu mehr und mehr Lebendigkeit. Amen.

3.6 Eine Körpermeditation vor Abendmahl oder Kommunion

Die vorgestellte Körpermeditation dient der inneren Einstimmung und dem persönlichen Ankommen. Sie nimmt unsere Befindlichkeit ernst und bietet einen Weg, das Geschehen in wacher Präsenz und Aufrichtigkeit zu erleben. Durch die einzelnen Gesten geben wir Gedanken und Gefühlen Ausdruck, können sie wahrnehmen und zulassen, aber auch wieder ablegen und uns lösen und frei werden.

Die Teilnehmenden sitzen im Kreis oder Halbkreis auf Stühlen, die so viel Abstand voneinander haben, dass eine Person gut dazwischen stehen kann.

1. Wir stehen vor Gott

Wir stehen mit unseren Füßen bewusst auf dem Boden,
spüren unsere Fersen, Fußsohlen, Ballen und Zehen.
Wir spüren den Grund, der uns trägt, Christus, der Fels.
Unser Kreuz ist schwungvoll nach oben aufgerichtet.
Unser Scheitel berührt den Himmel.
Unsere Schultern sind frei, die Arme hängen locker,
die Hände sind gelöst:
Da bin ich, Gott, vor dir.
Du willst zu mir kommen in Brot und Wein. (kurze Pause)

2. Wir zögern noch

Wir treten links neben unseren Stuhl und einen Schritt zurück.
Gibt es etwas, was mich zögern lässt, Jesus zu empfangen?
Belastet mich irgendeine Schuld, die mich von der Freude
der Begegnung trennt, die mir die Kehle zuschnürt oder mich
schmerzt?
Ich drücke es durch meine Körperhaltung aus. (kurze Pause)
Ich höre Jesu Anrede:
»Ich habe deine Schuld auf mich genommen, du bist frei.«
Im Glauben nehme ich das an und löse mich aus der Haltung der
Schuld und des Zögerns und spreche: *»Amen«*.

3. Nicht nur ich

Wir treten noch ein Stück weiter zurück und stellen uns hinter unseren Stuhl.

Bewusst bin ich zurückgetreten. Andere sind mit mir hier.
Ich denke im Kreis an jede/n, vielleicht blicke ich an, wie ich selbst angesehen bin: mit dem klaren und liebevollen »Ja« Jesu Christi, das uns alle einschließt und umfasst. (kurze Pause)
Ich breite als Zeichen meine Arme nach beiden Seiten aus, offen und loslassend vor Gottes Angesicht.
Wir können uns ein ganz leichtes Zeichen geben, indem wir uns mit den Handrücken berühren und innerlich sprechen: »Du bist geliebt!«
Dann lösen wir uns wieder aus dieser Haltung und stehen ruhig.

4. In Erwartung

Nun treten wir wieder ein Stück nach vorne, rechts neben unseren Stuhl.
Was erwarte ich jetzt für mich vom Abendmahl/von der Kommunion?
Bin ich neugierig auf die Begegnung mit Jesus?
Will ich meine Neugier und meine Erwartung in einer Geste ausdrücken?
Gott sieht mich, in mich, weiß um mich, freut sich, versteht mich.
Ich sammle mich in Erwartung und Neugier. (kurze Pause)
Wir lösen uns wieder aus unserer Haltung und stehen frei.

5. Freude am Fest

Wir kommen ganz nach vorne und stellen uns vor unseren Stuhl.
Ich bin eingeladen. Ich freue mich. Worauf?
Ich kann es in einer Geste ausdrücken. (kurze Pause)
Dann lösen wir uns wieder aus dieser Haltung.

6. Miteinander gesegnet mit Frieden (koptischer Segensgruß)

Wir wenden uns paarweise einander zu.
Eine/r legt die Hände (wie bei Dürer) flach aneinander.
Der/die andere streicht mit beiden Händen über beide Handrücken bis zum Handgelenk und sagt: »Der Herr sei mit dir«.
Dann legt die/der Segnende seine Hände zusammen und der/die andere streicht darüber und sagt: »Und mit deinem Geist«.
Wir geben diesen Segensgruß an einige in unserer Umgebung oder im Raum weiter.
Wir stehen wieder an unserem Platz (oder setzen uns).

7. Die Feier

Ich höre die Einladung Jesu:

»Ich habe ein herzliches Bedürfnis, dieses Mahl mit euch zu feiern« und: *»Schmeckt und seht, es ist alles für euch vorbereitet.«*

3.7 Gebärden-Gestaltungsübung zu einem Gedicht

In einem Gedicht von Paul Roth wird jeder Körperteil zu einem besonderen Ausdrucksmittel für eine innere Bewegung und Stimmung. Es ist wortloses Gebet in der Sprache des Leibes. Das gestaltete Gedicht-Gebet kann Teil einer gottesdienstlichen Feier oder Gebetszeit in einer Gruppe sein.

📖 *Wir lesen das Gedicht*

🖐 Vers für Vers nimmt jede/r eine Haltung ein, die für sie/ihn persönlich die Aussage verdeutlicht. Es ist wichtig, in der gewählten Position mindestens ein bis zwei Minuten zu verharren, um nachzuspüren, welche Empfindungen dabei auftauchen.

✍ Wir nehmen uns nach jedem Vers eine kurze Zeit, um es für uns (schriftlich) festzuhalten: »Mein Arm sagt (ruft, schreit, bittet ...) ....«, oder »Beten mit meinem Arm bedeutet für mich ....«.

🖐 Zum Schluss bleiben wir für eine kurze Zeit in der für uns bedeutsamsten Haltung in der liebevollen Gegenwart Gottes stehen.

Variation: In der Gruppe entscheidet sich jede/r für einen Abschnitt. Dadurch entstehen Kleingruppen mit je einem Gestaltungsschwerpunkt.
Nach einer Gestaltungszeit in der Kleingruppe stellt jede Gruppe ihre Aussage ohne Worte vor. Die anderen nehmen wahr, sehen und spüren, was dargestellt wird.
Eine Phase des Aufschreibens der Empfindungen nach jedem Abschnitt hilft zur Vertiefung.
Am Ende kann ein Austausch dessen stehen, was jeder/m am bedeutsamsten wurde.

Ergänzung: Wir können die gefundenen Ausdrucksbewegungen auch fotografieren und eine Gebärden-Foto-Serie gestalten, zu der wir eigene Texte, Assoziationen oder Gedichte hinzufügen.

Manchmal ist mein Gebet so wie ein Arm,
den ich nach oben recke,
um dir zu zeigen, wo ich bin,
inmitten von Milliarden Menschen.

Manchmal ist mein Gebet so wie ein Ohr,
das auf ein Echo wartet,
auf ein leises Wort,
auf einen Ruf aus deinem Mund.

Manchmal ist mein Gebet wie ein Lunge,
die sich dehnt,
um frischen Wind in mich hineinzuholen –
deinen Hauch.

Manchmal ist mein Gebet wie eine Hand,
die ich vor meine Augen lege,
um alles abzuschirmen,
was mir den Blick zu dir verstellt.

Manchmal ist mein Gebet so wie ein Fuß,
der fremden Boden prüft,
ob er noch trägt,
und einen Weg sucht, den ich gehen kann.

Manchmal ist mein Gebet so wie ein Herz,
das schlägt,
weil ohne seinen Schlag
das Leben nicht mehr weitergeht.

Manchmal ist mein Gebet
nur ein gebeugter Kopf vor dir –
zum Zeichen meiner Not
und meines Danks an dich.

Einmal wird mein Gebet so wie ein Auge sein,
das dich anblickt,
wie eine Hand, die du ergreifst –
das Ende aller Worte.

Paul Roth

Anhang 1: Ergänzende Gesten

Gebärde ›Stärkung‹:
a) Von oben nach unten ziehen und dabei
die Hand zur Faust schließen: »Deine Kraft«
b) Dann die Hand etwas nach oben strecken
und dabei öffnen und alles eigene Tun-
Wollen loslassen: »wirkt in meiner
Schwachheit«

Deine Kraft | wirkt in meiner Schwachheit

Gebärde ›Kreuz 2‹
beidhändiges Kreuzzeichen:

Im Namen des Vaters,
der mein Sinnen und Denken behütet.

o beide Hände vor dem Gesicht, die
Fingerspitzen auf Stirn,
Schläfen und Wangenknochen.

Im Namen des Sohnes,
der mein Wollen und Werden schützt.

o Beide Hände übereinandergelegt auf
dem Brustbein.

Im Namen des Heiligen Geistes,
dessen Bewegungen ich mich überlasse.

o Beide Arme vor der Brust überkreuzt,
die Hände berühren
Die Oberarme unterhalb der
Schultern.

Amen.

o Beide Hände offen nach oben vor
dem Gesicht ineinandergelegt, ruhig
absenken bis zur Körpermitte zur
offenen Schale.

Ergänzung zu Gebärde Kreuz:

Aufgerichtet, ausgestreckt,
hingeordnet bleiben
in der Gestalt Christi
zum Licht, zur Wärme, zur Liebe.
Kreuz bleiben.
In Freude und Kraft,
in Glanz und Glück,
in Schwachheit und Trübung,

in Bereitschaft und Verweigerung.
Kreuz bleiben.
Im Sein-Lassen dessen, was ist,
im Hinhalten der Eigenheit
und Zulassen der Grenzen.
Kreuz bleiben.
Es wird und wächst,
fließt und ruht,
Lebendigkeit
aus der Kraft des Geistes.
Das Innerste aber
bleibt der Schmerz,
die Hingabe,
die Leidenschaft
um Christi willen.
Kreuz bleiben.

Ergänzende Gesten zur eigenen Gestaltung und Vertiefung. Die Abbildungen laden dazu ein, den eigenen Empfindungen nachzuspüren und jeweils für sich passende Texte zu gestalten.

Bild 18   Offene Schale

Bild 19   Bereitschaft, Lob

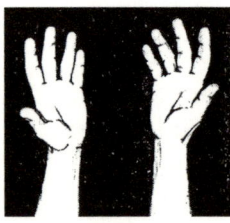

Bild 20   Geführtsein, Begleitung

Bild 21	»Was willst du?«	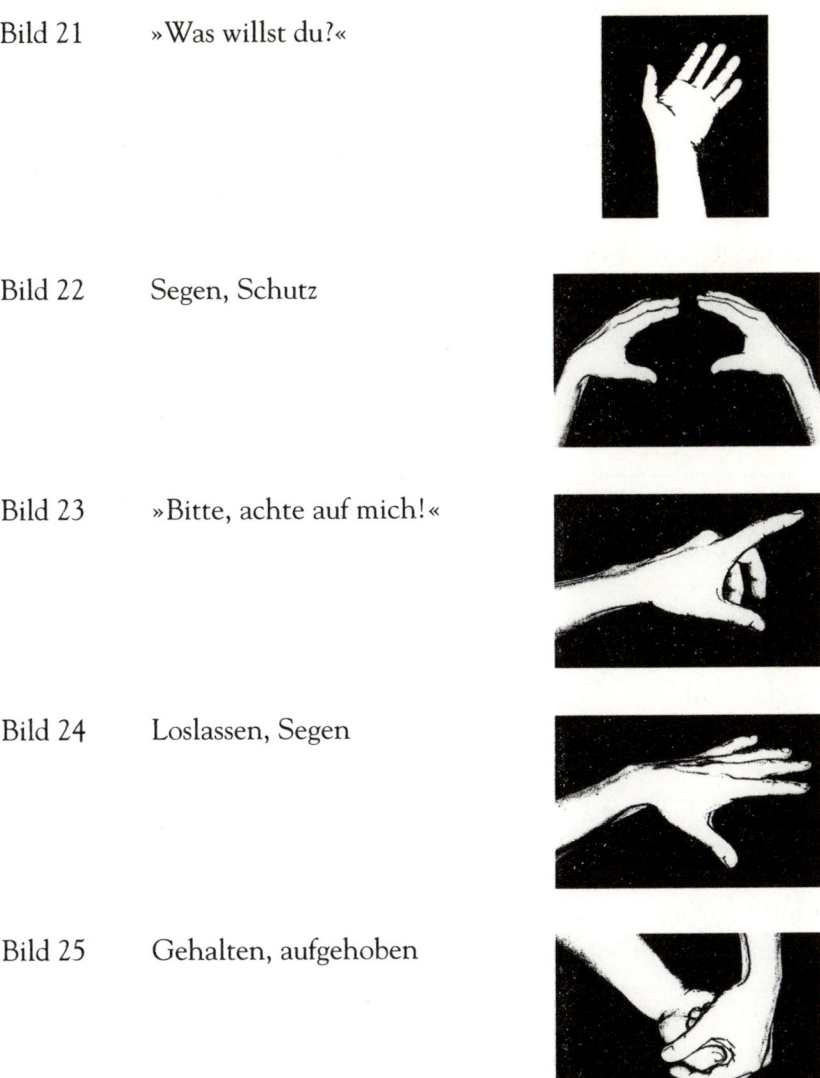
Bild 22	Segen, Schutz	
Bild 23	»Bitte, achte auf mich!«	
Bild 24	Loslassen, Segen	
Bild 25	Gehalten, aufgehoben	

Anhang 2: Hände-Worte zur Rosenblatt-Übung

Wir legen die nach oben offene linke Hand in die offene Rechte und betrachten unsere Handmitte, verweilen in dieser Haltung und spüren nach, was sie uns zu sagen hat:
Meine gehaltene Hand.
Dann legen wir ein rotes Rosenblatt in die offene Handmitte und betrachten wieder unsere Hände mit diesem Zeichen.
Die Hand-Bibelverse werden langsam mit Pausen dazwischen gelesen.

Das, was mich anspricht, bewahre ich und verweile dabei.

Psalm 31,6
In deine Hände befehle ich meinen Geist; du hast mich erlöst, HERR, du treuer Gott.

Psalm 88,10
Mein Auge sehnt sich aus dem Elend. HERR, ich rufe zu dir täglich; ich breite meine Hände aus zu dir.

Psalm 143,6
Ich breite meine Hände aus zu dir, meine Seele dürstet nach dir wie ein dürres Land.

Jesaja 49,16
Siehe, in die Hände habe ich dich gezeichnet; deine Mauern sind immerdar vor mir.

Johannes 10,29
Mein Vater, der mir sie gegeben hat, ist größer als alles, und niemand kann sie aus des Vaters Hand reißen.

1 Johannes 1,1+3
Was von Anfang an war, was wir gehört haben, was wir gesehen haben mit unsern Augen, was wir betrachtet haben und unsre Hände betastet haben, vom Wort des Lebens – was wir gesehen und gehört haben, das verkündigen wir auch euch, damit auch ihr mit uns Gemeinschaft habt; und unsere Gemeinschaft ist mit dem Vater und mit seinem Sohn Jesus Christus.

Offenbarung 1,17
Er legte seine rechte Hand auf mich und sprach zu mir: Fürchte dich nicht! Ich bin der Erste und der Letzte

Jesaja 49,2
Mit dem Schatten seiner Hand hat er mich bedeckt.

Jesaja 44,5
Einer wird in seine Hand schreiben »Dem HERRN eigen«.

Jesaja 41,13
Ich bin der HERR, dein Gott, der deine rechte Hand fasst und zu dir spricht: Fürchte dich nicht, ich helfe dir!

Kapitel 4 Das Innere Hören und Sehen und die Sprache des Herzens

Wer in den vielerlei Stimmen und Geräuschen in und um uns herum die leisen Impulse des Geistes Gottes vernehmen möchte, begibt sich auf einen Weg der Suche, eines Experiments mit offenem Ausgang; denn das Reden Gottes zu unserem Herzen, in unsere Sinne und unser Gemüt hinein geschieht wesenhaft individuell und sehr persönlich, zumeist überraschend. Es gibt keine Patentrezepte und keine allgemein gültigen Ratschläge, wohl aber Hilfestellungen und Übungen, die als Einladung verstanden sein wollen (in der Literaturliste am Ende des Buches finden sich einige Standardwerke und Autoren, deren Veröffentlichungen wertvolle Begleitung sein können). Für uns leistungs- und erfolgsorientierte Menschen ist es zu Beginn oft ein ungewohntes Erleben, dass dieser »innere Weg« seine eigene Dynamik hat, dass wir nichts bewirken oder forcieren können, sondern uns jeweils durch Gottes Gegenwärtigsein – bereits vor unseren Bemühungen um Wegsuche – als Beschenkte erfahren. Um auftauchende Regungen und Bilder zu deuten und verstehen zu können, ist eine geistliche Begleitung durch einen erfahrenen Menschen hilfreich. Eine grundlegende Orientierung, ob das, was wir innerlich hören oder sehen, eher aus unseren eigenen (Un-)Tiefen oder aus Anregung des Geistes Gottes kommt, haben wir in der Heiligen Schrift. Sie in ihrer Gesamtheit und in regelmäßiger Beständigkeit zu lesen vermittelt eine wachsende Klarheit, das Leben-fördernde vom Leben-hindernden zu unterscheiden. Wer bewusst und willentlich in der Gegenwart Gottes leben möchte, bewegt sich damit im Raum der größtmöglichen Liebe und Schöpferkraft, die in Jesus Christus leibhaftig, betastbar, fühlbar und hörbar geworden ist.

> »Es erfordert viel innere Einsamkeit und Stille, um diese Regungen Gottes wahrzunehmen. Gott schreit nicht laut, er stößt und drängt auch nicht. Der Geist Gottes ist leise und sanft wie eine zarte Stimme oder eine leichte Brise, ist er doch der Geist der Liebe … , der sich danach sehnt, uns an die Orte zu führen, an denen das tiefste Verlangen unseres Herzens erfüllt werden kann.«[26] (*Henri J.M. Nouwen*)

»Gott begegnet mir im ›stillen, sanften Sausen‹ *(Martin Luther)*, in der ›Stimme verschwebenden Schweigens‹ *(Martin Buber)*, in der ›Stimme einer leisen Stille‹. Gott begegnet mir zart und sanft und leise. Als leise Stille, als zarter Atem, als lebendiger Hauch ist er zu erahnen.« [27] *(Anselm Grün)*

4.1 »Inneres Hören«

Wenn wir auf von außen kommende Klänge hören, wird die Membran unseres Trommelfells von Schwingungen bewegt und die Nerven leiten die Impulse an das Gehirn weiter. Wir hören und erkennen, unterscheiden und verstehen Musik, Sprache oder Geräusche. Gehörtes kann beliebig in unseren Gedanken reproduziert werden, wir sprechen innerlich, summen lautlos eine Melodie nach oder stellen uns das Geräusch der Brandung am Meer vor. Der Geist Gottes kann sich dieser Sinnenfähigkeit bedienen und unsere Gedanken als Sprachquelle benutzen. Dann ›fällt uns etwas ein‹, im wahrsten Sinn des Wortes: Es fällt von innen nach innen (denn Gott ist nicht außerhalb) und klingt als Wort oder Lied, als Hauch oder Donner in uns nach. Wir sprechen von ›innerem Hören‹, vom Wahrnehmen und Berührtwerden durch eine Stimme, die in der Regel nicht akustisch hörbar ist, die aber dennoch konkret und verständlich in unserer je eigenen Sprache vernommen wird. Die Sensibilität für die ›Stimme Gottes‹ kann geschult werden, indem wir äußere Stimmen ausblenden und herumschweifende Gedanken zu sammeln üben und zum Schweigen einladen.

Inneres Hören ist keineswegs nur Selbstzweck frommer Erbauung und persönlicher Gottesbegegnung, sondern wirkt ureigentlich gemeinschaft-stiftend und bauend als ein Vernehmen von Worten des Trostes und der Ermutigung, der Weisung und Mahnung, der Wertschätzung und Achtung, die dann auch hörbar ausgesprochen werden, damit sie für andere heilsam oder segensreich wirken können. Dabei bleiben wir uns der natürlich-menschlichen Vermengtheit unserer Empfindungen und der Möglichkeit seelisch-geistlicher Vermischung bewusst, lassen uns aber dadurch nicht abhalten, uns im gegenseitigen Zuspruch zu üben.

Das ›innere Hören‹ kann sich auch ereignen, wenn wir biblische Texte oder geistliche Literatur (und nicht nur geistliche) lesen oder wenn wir z.B. ein Oratorium (und nicht nur das) hören. Unsere Aufmerksamkeit wird dann vielleicht wie von einem Magnet durch einen Begriff, einen Satz oder eine Szene angezogen, der sich uns einprägt und eine innere Bewegung auslöst. Wenn wir dabei verweilen und nachspüren, was uns gesagt sein will, eröffnet sich uns das Reden Gottes als ein sehr persönliches in unsere konkrete Situation hinein. Solcher ›gehörter‹ Zu- und Anspruch kann uns tage- und wochenlang begleiten und an entscheidenden Wegkreuzungen Hilfestellung geben.

4.1.1 Impulse zur Einstimmung

◉ Hören wie Kinder – Lernen von Kindern
»Das Kind verschließt sich nicht«, schreibt Heinrich Spaemann, »Es ist lautere Offenheit zum geliebten Anderen hin ... Bekehrung: von der Verschlossenheit zur Offenheit ohne Falsch, als ein von Gottes Offenheit in Jesus Christus Betroffener.«[28]
Im kindlichen Wahrnehmen liegt etwas von der durch Zweifel und Vernunft noch unberührten Erkenntnis dessen, was wirklich ist. Wer aufmerksam und wach mit Kindern lebt, ›erntet‹ immer wieder spontane und in ihrer Klarheit überraschende Einsichten. Da gilt es dann behutsam und leise zu sein, nicht zu fragen und zu erörtern, sondern eher zu hören und einzusammeln. In ihrer kindlich-aufrichtigen Direktheit und absichtslosen Empfangsbereitschaft sind sie uns Erwachsenen ein Vorbild für das Wesentliche, um das es im Umgang mit dem Spirituellen geht:
Das Beschenktsein mit dem Unerwarteten.

◉ Eine Mutter wird Zeugin eines Gesprächs ihrer Tochter mit Gott. Die sechsjährige Anna ›schreibt‹ (spricht) einen Brief an Gott. Zuvor wurde sie wegen ihres Benehmens gescholten: »... Ich hab's nicht mit Absicht gemacht; ich wollt' nicht böse sein. Lieber Gott, hilf mir bitte beim nächsten Mal. Ich hab's schon zweimal versucht und es hat nicht geklappt ...« Mit dunkler Stimme gibt sie die Antwort: »Ja, sicher! Ich habe es auf meinen Plan geschrieben, damit ich's nicht vergesse!«
Anna ›hörte‹ die väterlich-wohlwollende Stimme Gottes und lieh ihr gleichsam ihre eigene Stimme.

◉ Auf Gottes Stimme zu hören, ist von Anfang an konstitutiv für das Gottesvolk, beinhaltet aber auch das Risiko, bis in die eigenen Grundfesten erschüttert zu werden, einem Anruf und Anspruch zu begegnen, der unsere Vorstellung sprengt und unsere gefügten Bilder und Ordnungen überschreitet:
Höre, mein Volk, ich will dich ermahnen. Israel, du sollst mich hören! (Psalm 81,9)
Die Heiden müssen verzagen und die Königreiche fallen, das Erdreich muss vergehen, wenn er sich hören lässt. (Psalm 46,7)

◉ Für Gottes Anreden nicht sensibel zu werden und auf seine Weisungen nicht zu hören, ist tragischer Verlust der lebendig-machenden Begegnung und Beziehung zum Schöpfer, für die wir erschaffen sind, ist Gericht und Untergang, wie die Erfahrungen der Alten z.B. des Pharao in Ägypten (2 Mose 2) in der eigenmächtigen und überheblichen Entscheidung gegen Gottes Gebote erkennen lässt. Wir haben zu jeder Zeit die Möglichkeit der Entscheidung zum Besten.

Sie wollten nicht aufmerken und kehrten mir den Rücken zu und verstockten ihre Ohren, um nicht zu hören. (Sacharja 7,11)

Liebe sucht die Kommunikation mit dem geliebten Gegenüber. Sie lebt vom Austausch der Meinungen und Empfindungen, vom Mitteilen gemachter Erfahrungen und vom Blickkontakt zueinander. So wecken alle Ausdrucks- und Erscheinungsformen von Gottes Liebe in uns das Verlangen uns auch ihm mitzuteilen und seine Mitteilung zu fassen. *»Wir sind auf Gott hin und Gott ist die Liebe«.*[29] (Abt Berno von Reichenau 1008-1048)

Lass mich am Morgen hören deine Gnade; denn ich hoffe auf dich. Tu mir kund den Weg, den ich gehen soll; denn mich verlangt nach dir.(Psalm 143,8)

Gott, der Herr ... weckt mir alle Morgen das Ohr, dass ich höre, wie Jünger hören. (Jesaja 50,4)

In der Stimme Jesu Christi, in seinem Sein und Tun wird das Reden der Liebe Gottes von Herz zu Herz hörbar und von Auge zu Auge lesbar. Im Buchstabieren seiner Begegnung mit Menschen und mit seinem himmlischen Vater eröffnen sich immer neue Perspektiven und Einsichten, die den Horizont unserer Möglichkeiten weiten. Das ist wie ein Schulungsprogramm in innerem Hören und Sehen.

Wer Ohren hat, der höre! (Matthäus 11,15)

Siehe, eine Stimme aus der Wolke sprach: Dies ist mein lieber Sohn, an dem ich Wohlgefallen habe; den sollt ihr hören! (Matthäus 17,5)

Unserer Bereitschaft, Hörende und dann – aus dem Horchen heraus – auch Gehorchende zu werden, begegnet Gottes Liebe mit dem Geschenk der Begegnung. Es ist so, als ob er nur auf das kleinste Zeichen unserer Bereitschaft und Einladung warten würde, um sich uns zuzuwenden und in unseren inneren Raum einzutreten. Niemals aber geschieht solcherlei Begegnung mit lautem Getöse oder Zwang. Hier herrscht die Heiterkeit einer zwanglosen Gastfreundschaft vor.

Wenn jemand meine Stimme hören wird und die Tür auftun, zu dem werde ich eingehen ... (Offenbarung 3,20)

Selig sind, die das Wort Gottes hören und bewahren. (Lukas 11,28)

Es ist dein Wort,
dein leises,
das mich trifft und trägt.
Sprich es in mir
von Angesicht zu Augenblick
und lass mich hören
Herz an Ohr,
was für mich gut
und heilsam ist.
So ist gesagt
die ganze Welt,
und ich bin still.

Du,
der meine Freude weckt
und das Jauchzen meiner Sinne,
wenn der Klang deiner Stimme
die Luft erfüllt,
rühre mich an, Geliebter,
und das Lied der Stille
schwingt hinauf
zu den Wohnungen der Heiligen,
zerreißt die Nacht
und glitzert wie Tau
auf meinen Wimpern.
Atme Freiheit, Seele,
und tanze in den Morgen
durch den Dunstschleier Hoffnung.

Der Klang deiner Stimme
weckt neue Lieder der Freude.
Die Farben deiner Augen
spiegeln sich in den Bildern der Hoffnung.
Der Duft deiner Nähe
verströmt sich im Lächeln der Kinder.
Die Berührung deiner Hand
heilt und stärkt das Leben derer,
die dich suchen.
Wo bist du, Jesus,
dass ich dich höre, schaue,
atme und ertaste?
Du bist mein Leben

4.1.2 Praktische Übungen für Einzelne und Gruppen

● *Bewusstes Hören*

Persönlich oder in einer Gruppe entscheiden wir uns, für eine bestimmte, abgesprochene Zeit (z.B. eine Woche) eine ›Lärm-Abstinenz‹ oder ein ›Geräusche-Fasten‹ zu erproben und wahrzunehmen, wie es sich auf uns auswirkt. Im Auto, bei der Arbeit oder zu Hause in der Freizeit verzichten wir auf eine Dauerberieselung aus Radio, Kassettenrekorder oder CD-Player. Dafür finden wir heraus, welche Töne und Klänge für uns heilsam oder frohmachend sind, welche Gelassenheit und Ruhe fördern.

Jeden Tag nehmen wir uns eine ausgesparte Zeit für ein solches bewusstes Hinhören, ein Öffnen unserer Ohren, bei dem wir nichts anderes tun, als nur zu hören, wir gönnen uns ein Klang-Vollbad oder eine erfrischende Klangdusche. Das kann Ermutigung oder Trost sein, Beruhigung und Stärkung unserer seelischen Kräfte.

● *Nachspüren der Vokalklänge*

Einzeln oder gemeinsam erproben wir die Stimmungen und Schwingungen unserer Körpertöne, indem wir die einzelnen Vokale lange und in einer uns angenehmen Tonlage klingen lassen. Dabei spüren wir der Qualität jedes Vokals nach:z.B. ›u‹ auf dem Grund des Leibes, ganz in der Tiefe, ›o‹ in der Mitte unseres Leibes im staunenden Wahrnehmen, ›a‹ in der Weitung unseres Mundes und Rachens, ›e‹ mit einem Lächeln in der ganzen Weite und Breite ausgespannt und ›i‹ wie ein klares, klärendes Klingen im Kopfbereich. An einem Satz erproben wir es.

Beispiel: »Du, naher Gott, ewig bist du.« Wir achten auf die Vokale, die uns wohl tun und angenehm sind.

● *Aufwach-Übung*

Was ist das Erste, das wir äußerlich hören? Sind es Vogelstimmen, ein lautes Motorrad, der Wind, Verkehrslärm, das Rauschen von Bäumen? Was ist das Erste, das wir innerlich hören? Welche Stimme redet in uns? Sind es Traumerinnerungen, Sorgenstimmen, Schuldgeflüster oder Gottes freundlicher Zuspruch für einen gelingenden und begleiteten Tag?

Wir können uns bereits am Abend auf dieses Erwachen einstimmen, indem wir uns einen Zuspruch aus dem Wort Gottes aufschreiben und bereitlegen, mit dem wir erwachen möchten. Der Tag beginnt mit dem Abend zuvor.

● *Regelmäßiger Austausch*

In einer *Partner/innen-Beziehung* einigen wir uns auf einen bestimmten Zeitabschnitt, indem wir bewusst aufeinander hören wollen, zuhören, achtsam sein, was sich hinter den Worten verbirgt und was ungesagt bleibt. Einmal am Tag/in der Woche tauschen wir uns jeweils 10 Minuten darüber aus, was wir wahrgenommen haben. Jede/r kann dann aus der eigenen Sicht ergänzen und klären.

Hör-Übung in einer vertrauten Gruppe

In einem ersten Schritt sammeln wir uns um eine gestaltete Mitte (Kerze, Kreuz, Tuch, Blumen ...) und laden die verschiedenen Stimmen in uns zum Schweigen ein.

Dann bitten wir Gott um seinen Geist und die Fähigkeit und Bereitschaft, auf seine Stimme zu hören.

Wir lassen uns Zeit, einander in der Runde im Schweigen anzusehen und anzunehmen. Wir öffnen uns dem Dasein Gottes in unserem Dasein (5 Minuten Stille):

Was in uns auftaucht, nehmen wir, ohne innerlich zu argumentieren oder zu reflektieren, als Gabe dieses Augenblicks an: ein Liedvers, ein Psalmwort, ein Zuspruch oder eine Ermutigung. Wir schreiben es auf eine vorbereitete Karte. Ohne festgelegte Reihenfolge lesen wir unsere Eindrücke vor. Danach können wir mitteilen, ob uns von den Beiträgen etwas besonders berührt oder angesprochen hat.

Es braucht Mut und Entschlossenheit, nicht auf die inneren Stimmen der Korrektur und Beurteilung zu hören, sondern zu vertrauen, dass der Geist Gottes durch jede/n von uns reden möchte und wir so einander zum Segen werden können.

Variation: Im stillen Nachdenken kreisen wir um alles, was uns froh macht oder aufbaut, was Grund zum Danken ist oder was wir als Geschenk empfinden. Einen Eindruck schreiben wir jeweils auf und lesen ihn dann in der Runde vor. Auch danach können wir uns austauschen, was uns berührt oder angesprochen hat.

4.2 »Inneres Sehen«

Inneres Sehen ist etwas anderes als Imagination oder Projektion unserer Vorstellungen, es ist ein unverfügbares, als Gabe erlebtes Geschehen, wie sie im Leben der Propheten sichtbar wird oder in den vielen Träumen, Visionen und Schauungen, durch die Gott zu Menschen in der Bibel und der Geschichte des Gottesvolkes aller Zeiten geredet hat.

Eine Teilnehmerin einer Gebetsgruppe berichtet:
»Im schweigenden Warten und bereiten Dasein in Gottes Gegenwart ›sehe‹ ich einen Bilderrahmen vor meinem inneren Auge. Deutlich sind im linken unteren Innenfeld noch

wunderschöne Reste von goldenen Teilen zu erkennen, sie sind schraffiert oder graviert, plastisch gestaltet, aber insgesamt sehr ruinös und bruchstückhaft. Von hinten strahlt ein helles Licht durch den Rahmen und die Goldreste hindurch.

Ansatzweise erkenne ich darin ein Gleichnis: Auch hinter dem Schönsten und Wertvollsten leuchtet immer noch eine größere Klarheit auf. Das Schönste zerfällt und macht dem Größeren Platz.« Es ist dies eine Seh-Erfahrung, ein inneres Bild, das herausfordert, über die Wirklichkeit Gottes nachzudenken.

In der Bibel begegnen uns immer wieder Menschen, die in ihrer inneren Wahrnehmung etwas sehen, was nicht nur für sie selbst, sondern auch für die Gemeinschaft derer, die miteinander unterwegs sind, von Bedeutung ist. In einigen Erzählungen erfahren sie auch eine Erklärung durch Boten Gottes.

Die Möglichkeit solcher Wahrnehmungen gehört zu unserem Menschsein. So kann auch die real geschaute Wirklichkeit Verweischarakter auf die göttliche Wirklichkeit erhalten. In einem plötzlich aufreißenden Wolkenhimmel, durch den die Sonne flutet, kann die öffnende und durchbrechende Kraft Gottes sichtbar werden. Innere Bilder tauchen meist unerwartet auf und bedürfen in der Regel einer Deutung oder Auslegung, die auch bereits im Aussprechen oder Beschreiben sich eröffnen kann.

4.2.1 Impulse zur Einstimmung

Das ist die eigentliche Bedeutung des Sehens: Dahinter sehen, durch das Sichtbare das Unsichtbare erahnen und Gott in allem entdecken und finden.

Wenn ich sehe die Himmel, deiner Finger Werk, den Mond und die Sterne, die du bereitet hast … (Psalm 8,4)

Da wurden ihre Augen geöffnet und sie erkannten ihn. (Lukas 24,31)

Unser aller Ur-Verlangen ist angesehen zu sein, und zwar in der Form, dass darin die Brutto-Wertschätzung und A-Priori-Annahme meines ganzen Seins vor aller Leistung und nach allem Scheitern geborgen ist. Diese umfassende Bergung spricht uns Gott in Jesus Christus zu und eröffnet uns damit überhaupt erst unsere wahre Menschwerdung. Denn alle anderen Versuche, geehrt, angesehen und geachtet zu werden, sind durch Verlustängste und Entzugsdrohungen gefährdet und dienen nicht als tragfähiges Fundament gesunder charakterlicher Reifung.

Die bedingungslose Ja-Liebe Gottes aber lässt uns zu Menschen werden, die das empfangene Geschenk im Überschreiten der Grenzen an andere weiterzugeben vermögen.

Du Gott, siehst mich (1 Mose 16,13)

Seht, welch eine Liebe hat uns der Vater erzeigt, dass wir Gottes Kinder sind!
(1 Johannes 3,1)

○ *Mose hielt sich an den, den er nicht sah, als sähe er ihn. (Hebräer 11,27)*
Es ist ein tröstlicher Zuspruch, wenn Jesus diejenigen selig preist, die nicht
sehen und dennoch glauben. Nicht das nach spektakulären Erfahrungen hei-
schende Sehenwollen des unsichtbaren Gottes ist das Ziel unserer Gott-Suche, sondern das Einlassen auf die Selbstoffenbarung Gottes in Jesus Christus. So wird das betrachtende Lesen des Lebens Jesu im Neuen Testament zur
eigentlichen Brücke und Tür in das Wesen Gottes. An Jesus wird exemplarisch erkennbar, wie Gott aussieht, wenn er Mensch wird, und wie wir werden, wenn wir nicht nachlassen, ihn anzusehen.
Wer mich sieht – sagt Jesus –, der sieht den, der mich gesandt hat. (Johannes 12,45)

4.2.2 Praktische Übungen

○ *Sensibilisierung unserer Sehgewohnheiten*
Wir üben uns, die Menschen in unserer Umgebung wirklich wahrzunehmen,
ihnen in die Augen zu sehen. Das tun wir nicht aufdringlich, sondern rück-
sichtsvoll und diskret, aber auch in der Bereitschaft, die Person so, wie sie ist,
annehmend anzusehen. In Gedanken können wir sagen: »Gott sieht dich
wohlwollend an!«
Wir erweitern durch den Tag hindurch immer wieder bewusst unser Gesichts-
feld: Wir schauen auf, schauen uns um, bewegen unseren Kopf, schauen aus
dem Fenster in die Weite, blicken in den Himmel, sehen, was rechts und
links ist. Weitsicht beginnt körperlich und wirkt sich ganzheitlich aus.
Wenn wir mit Gruppen (z.B. in der Schule) zu tun haben, legen wir
30-Sekunden-Pausen zum Hinaussehen, zum gegenseitigen Ansehen, z.B. mit
einem freundlichen Lächeln, ein.

○ *Sehspaziergänge*
Wir gehen schweigend einen Weg durch die Natur und sammeln Eindrücke
und gleichnishafte Hinweise zu einem bestimmten Thema: z.B. im Frühling:
Wir suchen Hinweise auf aufbrechendes Leben als Zeichen dafür, dass Gott
uns immer wieder einen neuen Anfang schenkt.
Oder: Wir betrachten verschiedene Bäume in ihrer Eigenart als Gleichnis
für die Vielfalt und Verschiedenheit von Menschen: Wie reagieren Bäume,
z.B. auf den Wind (Bild des Geistes Gottes)? Birken und Weiden bewegen
sich beim kleinsten Hauch, Eichen stehen fest und scheinbar unerschütterlich ... Was spricht uns darin an?

Erinnerungsauge

Auf ein Blatt Papier malen wir ein großes, geöffnetes Auge. Wir nehmen uns 10 Minuten Zeit und erinnern uns an wichtige und bedeutsame Augen-Blicke in unserem Leben. Das können Erlebnisse sein, aber auch konkrete Augen-An-Blicke von Menschen, die uns gut getan haben oder die schmerzlich waren. Wir schreiben alles um unser Auge.

In die Pupille schreiben wir: »Du, Gott, siehst mich freundlich an«. Einer Person unseres Vertrauens teilen wir mit, was wir möchten.

4.3 Biblische Texte gestalten als Brücke zum inneren Sehen und Hören

Jeder Mensch hat neben der Fähigkeit zu träumen auch die Möglichkeit, vor dem inneren Auge Farben, Bilder, Empfindungen und Abläufe zu ›sehen‹ und mit dem inneren Ohr Laute, Worte, Sätze oder Klänge zu ›hören‹. Vor allem bei Kindern erleben wir diese Möglichkeiten noch ganz unverstellt, sie sind selbstverständlicher Bestandteil ihrer Realität und Wahrnehmung. Sie sprechen mit Personen, die in ihrer Vorstellung anwesend sind, sie hören deren Antworten und reagieren darauf und sie lassen Gegenstände zum Leben erwachen durch die Kraft ihrer Fantasie.

In der Bibel begegnen uns Menschen, die in ihrem Ausgerichtetsein auf Gott dem inneren Schauen und Vernehmen durch den Geist Gottes trauen und es sowohl für sich selbst als auch für andere als Zuspruch, Wegweisung oder Prophetie sichtbar und hörbar werden lassen. »Wort Gottes« wird persönlich empfangen über das Vertrauen auf die Botschaften, die aufsteigen und die Bilder, die sich entfalten.

Alles innere Hören, Sehen oder Erleben ist nicht machbar, es kann aber in wacher Bereitschaft als Geschenk empfangen werden, ein Geschenk des sich in freier Liebe zuwendenden Gottes.

Darüber hinaus gilt das Wort Jesu: »Glücklich nenne ich diese, die nicht sehen und doch im Vertrauen weitergehen«. *(Nach Johannes 20,29)*

4.3.1 Das Wahrnehmen und Gestalten innerer Bilder – eine Gruppenarbeit[30]

Vorbemerkungen

Geistliche Imaginationsübungen bereiten eine persönliche Begegnung im direkten Angesprochen- und Berührtsein von Jesus, einem Engel oder von Gott vor. Sie sind eine Inszenierung biblischer Geschichten vor dem inneren Auge auf der Ebene des inneren Erlebens.

Eine gründliche geografische Beschreibung des Ortes, an dem die Geschichte spielt,

© *Irmintraud F. Eckard: »Umarmung 1«*
Tempera- und Glasfarbe (30 x 30 cm)

© *Irmintraud F. Eckard:* »*Nähe 1*«
Bearbeitete Monotypie (18 x 21 cm), gerahmt mit fol407r,
aus der Biblioteca Apostolica Vaticana, ›Jeremia‹

kann den Einstieg erleichtern; denn sie bereitet das innere Sehen landschaftlich vor.

Die jeweilige biblische Erzählvorlage wird an den Stellen, an denen eine Antwort bereits gegeben ist, offen gehalten. Gefühle der vorkommenden Personen werden nicht beschrieben, sondern die/der Mitgehende hört, sieht, spürt sie selbst nach und hat dadurch die Chance, ihren/seinen eigenen Empfindungen auf die Spur zu kommen. Zum Beispiel: »Ich höre, was er hört«, »ich sehe, was sie sieht«, »ich spüre, was sie fühlt«. Konkretes bleibt offen wie ein Gefäß, bewusst ungesagt, damit persönliche »Füllung« und Identifikation möglich wird. Beispiel: »Sie trägt etwas – auch ich trage etwas«, »er nimmt etwas mit – auch ich nehme etwas mit«. Auf diese Weise kann jede/r das sehen, was ihr/ihm gerade entspricht.

Die anschließende Gestaltungszeit dient der Klärung dessen, was aufsteigt und an die Oberfläche unserer Wahrnehmung drängt, und ist Raum zur Entfaltung und eigenen Befragung. Diese Befragung hilft, das eigene aktuelle Lebensthema zu entdecken, die empfangene Botschaft, ein Hinweis oder eine Erkenntnis, die blitzlichtartig aufleuchtet, wird zum Geschenk, das in und mit mir weiter wachsen kann.

Das Ziel: Eine Geschichte miterleben

Im Hören auf die biblische Geschichte der Begegnung des Engels mit Maria können wir uns auf eine solche innere Erfahrung einlassen.

Für alle Teilnehmenden sind Textblätter oder Bibeln vorhanden. Wir lesen den Text zuerst still für uns, dann wird er einmal langsam und laut vorgelesen.

Lukas 1,26-31,46-48 Maria und der Engel

Im sechsten Monat wurde der Engel Gabriel von Gott gesandt in eine Stadt in Galiläa, die heißt Nazareth, zu einer Jungfrau, die verlobt war mit einem Mann mit Namen Josef. Sie stammte aus Davids Geschlecht und hieß Maria. Und der Engel kam zu ihr hinein und sprach: Sei gegrüßt, du Begnadete! Der Herr ist mit dir!
Sie aber erschrak über diese Anrede und dachte bei sich:
Was ist das für eine Begrüßung?
Da sprach der Engel zu ihr: Fürchte dich nicht, Maria, du hast Gnade bei Gott gefunden, du wirst empfangen …
Und Maria sprach: Meine Seele preist den Herrn, und mein Geist freut sich über Gott, meinen Erretter; denn er hat seine Magd in ihrer Niedrigkeit angesehen.

Einstimmung

Wir haben jetzt eine Zeit des Hörens und inneren Sehens.
Danach ist Gelegenheit, etwas zu skizzieren.
Wir wählen uns jetzt schon eine Person unseres Vertrauens aus der Gruppe,
mit der wir später austauschen möchten.
In Zweiergruppen ist anschließend Gelegenheit, einander etwas mitzuteilen von
dem, was uns bedeutsam wurde. Dabei geht es nicht um Deutungen, Wertungen
oder Fertiges, sondern dass wir ein Ohr haben, in das hinein wir erzählen können,
was wir gemalt haben und was uns beschäftigt.
Wir verzichten bewusst auf Ratschläge oder Kommentare, halten Blickkontakt
und sind Hörende und Mitgehende.
Mit einem Händedruck können wir uns dann voneinander und dem gegenseitigen Mitteilen verabschieden.

Wir begeben uns in eine Haltung der Sammlung und Entspannung, z.B. auf
einem Stuhl sitzen, Beine parallel, Schultern locker, Augen geschlossen.

Wir lassen uns auf eine angeleitete innere Reise ein.

Anleitung (Nach jedem Satz ist eine Pause zum Nachsinnen)

Wir verlassen diesen Ort und reisen in den Norden von Israel.
Wir kommen über bewaldete Hügel – ❤ 𝔇 –,
vorbei an Feldern in der Ebene – ❤ 𝔇 –,
und zuletzt durch das Tal der Ölbäume – ❤ 𝔇 –,
nach Nazareth, dem Ort am Hügel zwischen Zypressen und Eichen. – ❤ 𝔇 –,
Es ist Vormittag, die Sonne brennt schon heiß vom Himmel. – ❤ 𝔇 –,
Ich gehe durch die staubige Straße, vor mir geht eine junge Frau, – ❤ 𝔇 –,
ich schließe mich ihr an, sie lächelt, als ob sie an jemand denken würde, den
sie liebt, – ❤ 𝔇 –, auch ich liebe – ❤ 𝔇 –,
sie trägt etwas – ❤ 𝔇 –, und ich? Ich trage auch etwas mit mir herum – ❤
𝔇 –,
zielstrebig geht sie nach Hause, ich gehe mit ihr; gehe ich neben ihr oder
hinter ihr? – ❤ 𝔇 –
Ich kann ihre Gedanken hören – ❤ 𝔇 –,
auch ich denke über einiges nach. – ❤ 𝔇 –
Sie tritt ein, ich begleite sie und wähle mir einen Platz im Raum, von dem
aus ich ihr zusehen kann – ❤ 𝔇 –.
Auf einmal spüre ich, dass außer uns noch jemand den Raum betreten hat, –
❤ 𝔇 –,

es ist plötzlich viel heller und wärmer, eine große Klarheit füllt alles aus, –
♥ 👂 –,
der Gekommene tritt direkt zu der jungen Frau – ♥   👂 –,
sie erschrickt und ist doch ganz gesammelt, ich höre, was er zu ihr sagt – ♥
👂 –, und sie gibt ihm Antwort – ♥   👂 –,
da wendet er sich um und kommt direkt auf mich zu – ♥   👂 –,
deutlich höre ich: Sei gegrüßt, – ♥   👂 –, du – ♥   👂 –, Begnadete,
was willst du, das ich dir tun soll? – ♥   👂 –,
und ich antworte mit klarer Stimme: ... – ♥   👂 –,
er nimmt meine Antwort in seine Hände, sieht mich an und sagt:
»Der Herr ist mit dir!« – ♥   👂 –.
Ich spüre, dass er zurückgekehrt ist an den Ort, von dem er kam.
Auch ich will zurückkehren, heimkommen.
So verlasse ich das Haus, zur Erinnerung nehme ich etwas mit.
Ich verlasse das Land und komme wieder hier an, betrete das Haus,
komme in den Raum und finde mich auf meinem Platz ein.
Langsam öffne ich die Augen, atme tief durch, strecke mich und bin wieder da.

Ablauf

✐ Wir zeichnen den Eindruck, den wir geschaut haben,
mit Wachsmalstiften auf DIN-A3-Papier (10 Minuten)

? Wir bedenken einige Fragen, die die/der Anleitende langsam vorliest:
(Sie können mein Begreifen und Erkennen unterstützen. Ich erzwinge keine Antworten, sie kommen von allein, eher leise. Ich nehme meine Gefühle und Empfindungen dabei wahr, ich verzichte auf eine Wertung; denn Erfahrungen sind zunächst einfach so da, wie sie eben subjektiv sind.)

o Was sagen mir die gewählten Farben oder Zeichen?
o Welche Empfindungen wecken sie bei mir?
o Gibt es Personen auf meinem Bild oder Beziehungen? Wie stehen sie zueinander?
o Bin ich selbst auf dem Bild?
o Welche Atmosphäre oder Grundstimmung herrscht vor?
o Was ist wohltuend, ermutigend? Was macht mich froh?
o Was schmerzt oder bringt Widerstand in mir zum Ausdruck?
o Ist Gott in meinem Bild? Wie wendet er sich mir zu?
o Möchte ich Sätze, Worte, ein Gespräch in mein Bild einfügen?

🗨 Wir tauschen uns zu zweit aus (mit einem/r Partner/in meiner Wahl), wir kommentieren nicht, deuten nicht hinein, sondern lassen uns mitteilen, sind mehr Ohr und Auge als Stimme.

🏝 Wir nehmen uns in der Stille allein Zeit, weitere Fragen zu bedenken oder können uns mit Fragen, Ungeklärtem oder Widerständen auch an den Leiter/die Leiterin wenden (es besteht die Möglichkeit für kurze Nachfragen).

Das Geschaute oder Gehörte bewahren wir als kostbare Gabe, als sehr persönliches Geschenk in für uns geeigneter Form (eine Zeit lang) auf.

Hinweise für die Anleitenden

Wenn ich als Anleitende einen biblischen Text so erzählen will, dass die Zuhörenden auf einen inneren Weg mitgenommen werden, muss ich einige Regeln beachten.
- Ich lese den biblischen Text mehrfach durch.
- Ich mache mich kundig, in welcher Gegend die Geschichte sich ereignet hat. Dazu verwende ich Bildbände von Israel und Karten.
- Ich vergegenwärtige mir die Situation und lasse sie vor meinem inneren Auge vorbeiziehen. Dabei sehe ich den Personen ins Gesicht, hinter die Stirn, ins Herz.
- Ich achte auf alle Verben, die ein Handeln, Tun, Gehen, Kommen oder
- Bleiben beschreiben, um einen gangbaren und erlebbaren Ablauf zu erhalten.
- Ich wähle etwa drei Momente/Situationen im Ablauf aus, bei denen ich mir
- vorstellen könnte, dass darin ein Nachspüren und Übertragen in die eigene Lebenswelt gelingen könnte.
- Ich gestalte frei eine direkte und persönliche Zuwendung Gottes, Jesu oder eines Engels mit den Zuhörenden, die zu einer Antwort hinführt und herausfordert.
- Um Empfangenes, Gehörtes oder Erlebtes zu bewahren, dient das Stil-Mittel des Mitnehmens eines Erinnerungs-Gegenstandes vom Ort der Handlung.
- Einleitung und Schluss sind deutliche Beschreibungen der lokalen Gegebenheiten, damit ein Loslassen zur inneren Reise und ein Ankommen in der Wirklichkeit leichter gelingen kann.

4.3.2 Biblische Texte verlebendigen – allein und in der Gruppe

Eine weitere Möglichkeit, einem biblischen Text zu begegnen und durch seine Botschaft mich berühren zu lassen, liegt in der Verlebendigung und Personifizierung seiner Aussage, die sich aufschließt, wenn wir nicht nachlassen mit dem Text zu ringen, zu argumentieren, zu lachen und zu weinen, zu hadern und zu kämpfen, wenn wir ihn nicht allzu schnell beiseite legen, wenn er sich nicht sofort begreifbar macht, wenn wir ihn vielmehr wie einen verborgenen Schatz zu heben suchen.

Es kann sein, dass wir dann sehen, fühlen, riechen, schmecken und hören können, was in einem Text geschieht.

Alle kreativen Formen des Umgangs mit biblischen Texten können Brücke zum persönlichen Zugang und der individuellen Erschließung werden. Im Unterschied zur Predigt, dem biblischen Vortrag oder der vorbereiteten Bibelarbeit, die lehrend, erklärend, deutend für alle Zuhörenden sprechen, geht es dabei mehr um das wache Hören der Einzelnen auf das, was für jede/n in der jetzigen Situation und Zeit wichtig ist. Dieser ganz eigene Erkenntnisprozess kann eine tief greifende und nachhaltige Wandlung auslösen und bedarf darum auch der sorgsamen Begleitung durch die Anleitenden.

Beispiel 1: Personifikation von abstrakten Begriffen

Du, Gott, wirst deine Barmherzigkeit *nicht von mir wenden,*
deine Güte *und* Treue *werden mich allezeit beschirmen. (Psalm 40,12)*

Wie können wir verstehen, was hier gesagt ist? Wie kann dieser Text ein Teil unseres Lebens, unserer Wirklichkeit werden? Begriffe wie Barmherzigkeit, Güte und Treue bleiben zunächst trocken und abstrakt, bis wir anfangen, in Gedanken fragend und sprechend, um sie herum zu wandern:

○ Wie sieht Barmherzigkeit aus, wie zeigt sie sich, wo habe ich sie erlebt, wann bist du, Gott, mir als der Barmherzige begegnet?
○ *Die* Barmherzigkeit, ist sie weiblich? Ebenso *die* Güte, *die* Treue?
○ Ist deine Barmherzigkeit, Gott, vielleicht eine Gestalt, deine Wesensart, die du an meine Seite gestellt hast, mir zugewendet? Und die Güte, die Treue, woher haben sie die Kraft zu beschirmen, Schutz zu geben?
○ Mir fallen die Engel ein, die Gottes Weisung uns zu gut ausführen. Verbergen oder offenbaren sich hier der Engel der Barmherzigkeit, der Engel der Güte und der Engel der Treue?

Auf einmal wird der Text lebendig und leibhaftig. Ein Gebet entsteht:

Du Engel der Barmherzigkeit,
bleibe mir zugewandt!
Stehe vor mir, schau mich an,
wenn ich die Augen öffne und mein Herz,

damit ich nicht verzweifle
wegen der harten Urteile,
wegen der anklagenden Stimmen
von innen und außen,
den lautstarken Forderungen starrer Gesetzlichkeiten,
damit das Schweigen des Friedens einkehre,
wo der Schmerz des Verstummtseins wütet,
damit das Gestrüpp der Bitterkeit verwandelt werde
in junges Grün versöhnter Verschiedenheit.

Du Engel der Güte, berühre meine Hand,
damit sie sich aus der Verkrampfung löse,
damit meine Faust sich öffne, freigebend-freigebig.
Berühre meine Augen,
damit sie den Glanz der Schönheit entdecken
und die Strahlen gelingender Momente einfangen.
Berühre mein Gesicht,
damit ein Lächeln erwacht
und Freundlichkeit sich ausbreite
im Grau meines umwölkten Seelenhimmels.
Du Engel der Güte, ergreife meine Hand,
wenn ich aufstehe, sitze oder gehe,
und lass nicht los,
wenn ich mich zurückziehen will ins Schneckenhaus
verletzter Gefühle und enttäuschter Erwartungen,
sei mein Mutblick in offenem Ansehen.

Engel der Treue, du,
hüte meine Gedankenwanderwege,
damit sie sich nicht verlaufen.
Sei in mir ein Schutzzelt
der undiskutierbaren Liebesentschlossenheit.
Engel der Treue, du, sprich mir zu,
wenn mein Vertrauen in Vorsicht zerbröselt
und meine Stimme den Klang der Hoffnung verliert.

Wir können bei den Verben oder den Adjektiven beginnen und entfalten sie in unserer Vorstellung. Oder wir beginnen bei dem, was sich beim Lesen sperrt und zunächst zu verweigern scheint. Im assoziierenden Schreiben lassen wir unseren auftauchenden Gedanken freien Lauf, sortieren nicht und verzichten auf Bewertung

Wir treten in einen offenen Dialog mit dem Text ein oder befragen ihn und lassen auch uns befragen.

Beispiel 2: Eine Rollenbefragung

Wir lassen uns auf die Zachäusgeschichte (*Lukas 19*) ein und lesen sie zunächst für uns allein.

Was oder wer spricht mich an? Jede/r wählt eine Rolle. Das kann eine der beteiligten Personen oder aber auch ein Zustand, ein Gefühl, ein Gegenstand o.a. sein (ähnlich wie beim Bibliodrama).

Eine/r entscheidet sich beispielsweise für: »*Der vorauslaufende Wille, Jesus zu sehen*«.

Es entwickelt sich ein Frage-Antwort-Gespräch:

»Das will ich sein, der vorauslaufende Wille, Jesus zu sehen.«

»*Wozu willst du gerade der vorauslaufende Wille Jesus zu sehen sein?*«

»Ich möchte schon da sein, schon vor Ort sein, wenn Jesus kommt.«

»*Wo oder wohin bist du denn vorauslaufend?*«

»Die Straße entlang, auf der er kommen wird, da bin ich unterwegs.«

»*Wo bleibst du, wo verweilst du?*«

»Ich knie mich mitten auf die Straße mit ausgebreiteten Armen, ich lasse ihn einfach nicht vorbei und schreie aus Leibeskräften: ›Kyrie eleison!‹«

»*Ist das nicht reichlich unverschämt?*«

»*Ja*, vielleicht ist es das, aber ich habe keine andere Wahl.«

»*Warum hast du keine andere Wahl?*«

»Weil ich ohne sein Ansehen, sein Anrühren und Anreden nicht leben kann!«

»*Dann tue, was du musst!*«

Wir können uns gegenseitig unsere Gespräche vorlesen und dabei ganz unerwartete und neue Zugänge erleben. Wir kommentieren die einzelnen Gespräche nicht, sondern lassen sie als sehr persönliche Mitteilungen so stehen.

Manchmal kommen wir uns vielleicht vor wie ein Detektiv, der die Spuren Gottes, die Fußabdrücke unseres großen Du zwischen den Zeilen zu entdecken sucht. Bei allem Suchen und Finden wächst das Staunen über das Wunder, dass sich Gott in der Heiligen Schrift unserem menschlichen Begreifen nähert, unerwartet oft und unverfügbar, aber immer als der Liebende.

Beispiel 3: Selbst Teil des Geschehens werden

In unserer Vorstellung begeben wir uns mitten in das Geschehen, suchen uns einen Ort und erleben von diesem Ort aus, was geschieht, was geredet oder gedacht, gefühlt oder getan wird. Daraus ergibt sich ein sehr persönlicher Zugang, weil wir selbst dieser Teil der Geschichte werden, der direkt etwas mit uns, unserer Situation und Befindlichkeit zu tun hat.

Lukas 8,24-25 Jesus im Boot.

Mein Ort: Ich sitze neben dem schlafenden Jesus an der Reling und werde durch den Sturm unsanft hin und hergeworfen.

Die Situation: Es herrscht ein unbeschreibliches Durcheinander. Jede/r versucht auf ihre/seine Art das Chaos zu steuern.

Jemand ruft Jesus aus dem Schlaf.

Da steht Jesus auf – auch ich stehe auf, stelle mich neben ihn und sehe der Situation ins Gesicht.

Er bedroht den Wind, dass er nicht Schaden anrichte für all die Leute im Boot. – Er bedroht auch meinen und unseren Gefühlssturm.

Er bedroht die Wogen des Wassers, dass sie das Lebensschiff nicht weiterhin gefährden und in die Tiefe ziehen.

Und die Wellen legten sich. Ich beobachte, wie ein Prozess der Beruhigung und Befriedung auf Jesu Wort hin beginnt.

Es entstand eine Stille. Ich beobachte, wie sie anfängt, sich ausbreitet, immer umfassender, bergender und alles ausfüllend wird.

In diese Stille hinein redet Jesus: »Wo ist euer Glaube?« In der Stille höre ich die Anfrage, diese ganz persönliche Frage nach unserem Glauben, unserem gemeinsamen Vertrauen, dem Bergungsort unserer Gedanken und Empfindungen: »Wo ist euer Glaube jetzt« Ich buchstabiere vorsichtig eine ehrliche Antwort: »In der Tiefe der Stille, im Abgrund des Schweigens, im Anschauen deines nächtlichen Angesichts, jetzt, hier, da, wo du bist.«

Wenn die Gedanken aufhören, bleiben wir noch eine Zeit lang schweigend, schauen noch einmal über die Szenerie und kommen dann wieder bewusst bei uns vor Ort, an unserem Platz an. Das Lesen unserer Gedanken im Zusammenhang kann uns zeigen, was für uns heute gerade bedeutsam ist.

Einige Fragen mögen zur Klärung helfen:
o Welchen Ort habe ich gewählt? Wozu?
o Welche Stimmung war für mich vorherrschend?
o Was waren meine Wünsche und Sehnsüchte, Bedürfnisse oder Bitten?
o Wie habe ich Jesus erlebt? Wie die anderen Anwesenden?
o Welche Überschrift gebe ich meinem »Erlebnis« nachträglich?
o Gibt es einen Zuspruch, eine tröstliche oder ermutigende Wahrheit,
o die ich bewahren möchte?

In einer vertrauten Gruppe können wir in einem Partner/innen-Austausch über unsere Erfahrung anhand der Fragen sprechen. Dabei gilt, wie schon bei anderen Austauschübungen beschrieben, die Diskretion im Zuhören, die auf Nachfrage und Deutung verzichtet, sondern schlicht offene Hör-Bereitschaft bleibt, damit die/der Partner/in die Möglichkeit hat, im Reden über die Erfahrung selbst Klärung zu bekommen.

4.4 Die Sprache des Herzens – dem Unaussprechlichen auf der Spur

Aus dem inneren Sehen und Hören wächst eine immer vertrautere Beziehung zu unserem Schöpfer-Du, in der eine getroste Tapferkeit unsere Ängste und Unsicherheiten schmelzen lässt, so dass wir dem nächsten Augenblick ins Auge schauen und dem Anruf des Heute Gehör schenken können.

Das Hinabsteigen in unseren innersten Raum, in dem nur Gott und ich zu Hause sind, kann zur Quelle einer mutigen und gelassenen Lebensentfaltung werden.

Das ›Gespräch des unaussprechlichen Seufzens‹ und das ›Gebet des Atmens‹, die ›Sprache meines Herzschlags‹ und das ›wortlose Lieben‹ sind Formulierungen der Mystiker, die das in Begriffe zu bringen versuchen, was doch nicht zu beschreiben ist, weil es Formen der Kommunikation sind, die sich uns so persönlich erschließen, dass wir sie nicht eigentlich wissen oder erklären können. Wir spüren darin etwas von der innigsten und vertrautesten Begegnung des Schöpfers mit unserer Seele, unserem Herzen, unserem ganzen Sein von Du zu Du.

4.4.1 Impulse zur Einstimmung/Texte zur Meditation

◉ Wir nehmen ein Rosenblatt in unsere offene Handtellerschale.
Wie der Duft der Rosen steigt in uns Empfinden auf und wird Gebet:
»Mein ganzes Leben ist eine Liebeserklärung an dich.
Dein ganzes Leben ist eine Liebeserklärung an mich.
Es singt mein Herz im Pulsschlag von ›Jetzt und hier‹,
von ›dein für immer‹ und von ›Ja und Amen‹.«

◉ Wenn es nur einmal so ganz stille wäre.
Wenn das Zufällige und Ungefähre
verstummte und das nachbarliche Lachen,
wenn das Geräusch, das meine Sinne machen,
mich nicht so sehr verhinderte am Wachen -:

Dann könnte ich in einem tausendfachen
Gedanken bis an deinen Rand dich denken
und dich besitzen (nur ein Lächeln lang),
um dich an alles Leben zu verschenken
wie einen Dank.
Rainer Maria Rilke[31]

Warten und ganz gewiss sein,
warten und nicht aufgeben,
warten und mit dem Herzen einwilligen,
im Voraus Ja sagen,
warten auf gegebenes Wort hin
und alle Tage die Herzaugen ausrichten
zu dir.

Glanz von innen her
Glut unserer Leidenschaft
wie Feuer im Herd

Wortlose Seufzer steigen
wie Luftblasen
aus tiefem Gewässergrund
an die Oberfläche zu dir
angesehen, berührt, begnadet
durch deine Liebe
mein ganzes Sein
atmet dich
und dir zu.

Tiefer als mein Denken und Empfinden
bist du.
Tiefer, als ich bin,
bist du vor Beginn der Schöpfung.
Aus deinem Herzen,
aus deiner Liebe,
aus deinem Willen
bin ich geboren
vor der Zeit
für die Ewigkeit.
Meine Seele ruht in dir,
mein Geist nimmt auf

deinen Geist,
mein Herz atmet Liebe:
Verweilen in der tiefsten Ruhe,
im innersten Raum Frieden.

Der Schlag meines Herzens
wird zur Melodie der Stille,
der Ostinato Leben.
Und alles Sein ist Tanz vor dir
im Rhythmus von Jetzt und So,
in Ja und Amen.

Gepriesen seist du, Gott der Väter,
Gott meines Lebens, du meine Liebe!
Gepriesen seist du, heilige Flamme,
Urgrund und Quelle meiner Kraft!
Gepriesen seist du, heilige Nacht, Stille der Schauungen.
Dein-sein allein ist alles. Amen.

Unerwartet
wie ein Blitz aus heiterem Himmel
atmet mein Herz
deine Gegenwart
nichts zählt mehr
in diesem Augenblick
mit allen Fasern
meines Seins
spüre ich dir nach
erobere die Tiefe
erklimme den Gipfel
halte mich fest
in dir
du, der mich anrührt
jetzt.

Lied zur Vertiefung

Text und Melodie: Irmintraud F. Eckard

Wind aus der Feu-er-wol-ke Sturm aus der Glut. Strom aus der

Got-tes-fül-le, Kraft aus der Flut. Groß ist die Lie-be Got-tes,

gren-zen-los groß! Ü-ber-strö-men - de Barm-her-zig - keit!

4.4.2 Praktische Übungen für die/den Einzelne/n

Lied-Meditation

Ich lese das Meditationslied »Wind aus der Feuerwolke« leise vor mich hin und meditiere die einzelnen Wortbilder, indem ich bei jedem einzelnen verweile, es mir innerlich ausmale und darauf achte, was es in mir auslöst: »Wind«, »Feuerwolke«, »Sturm«, »Glut«, »Strom«, »Gottesfülle«, »Kraft«, »Flut«, »große Liebe Gottes«, »grenzenlos groß«, »überströmend«, »Barmherzigkeit«. Ich singe es mehrfach und achte dabei jeweils besonders auf ein Wortbild. Das Wortbild, das mich am stärksten anspricht, gestalte ich beim Singen mit einer Bewegung. Vielleicht entsteht auch ein getanztes Gebet. Anschließend kann ich es mit Farben vertiefen.

Spiritualität des Lächelns

Ich setze mich bequem und aufrecht hin, lasse meinen Atem ruhig gehen und kommen. Ich übe dabei mit offenen Augen die »Spiritualität des Lächelns«, indem ich meine Mundwinkel bewusst ganz leicht anhebe und meine Wangen soweit ›lifte‹, dass ich sie unterhalb der Augen deutlich spüre: »Ich bin angesehen, Gott nimmt mich wohlwollend wahr, er ist mir gut.« Ich lese jetzt einen Impuls oder ein Gedicht sehr langsam, immer wieder und immer langsamer, bis es ganz ausklingt. Ich überlasse mich der nachklingenden Stimme oder Stimmung mit geschlossenen Augen. Was auch in mir auftaucht, lasse ich da sein oder auch wieder gehen. Wenn ich das Bedürfnis habe, etwas aufzuschreiben, notiere ich es und verweile dann wieder im gesammelten Schweigen.

Zum Abschluss öffne ich meine Augen und übe noch einmal für einen Moment die »Spiritualität des Lächelns«: »Ich sehe dich, mein Gott, an, wie du mich ansiehst.«

4.5 Zahlen oder Buchstaben meditieren

In einer kleinen Erzählung wird berichtet, wie ein Priester jeden Tag einen sehr einfachen, etwas verwahrlost aussehenden Mann in die Kirche gehen sieht. Dort kniet er sich in eine der hinteren Bänke und murmelt etwas monoton vor sich hin. Nach fünf Minuten steht er wieder auf und verlässt die Kirche mit einem eigenartig glücklichen Gesichtsausdruck. Neugierig, was der Mann denn wohl zu beten hätte, stellt sich der Priester eines Tages ganz in dessen Nähe an eine Säule und lauscht dem Gebet des Einfachen. Doch wie groß ist sein Erstaunen, als er vernimmt, wie der Beter langsam und deutlich vor sich hinspricht: » a, b, c, d, e, f, g, ... x, y, z«, dann mit Amen endet und aufsteht. Dies wiederholt sich Tag für Tag. Endlich geht ihm der Priester nach und befragt ihn wegen seines eigenartigen Gebetes. Doch der Einfache meint nur: »Da ich nicht weiß, wie ich beten soll und mir die rechten Worte nicht bekannt sind, mit denen ich Gott bitten oder ehren könnte, sage ich ihm die einzelnen Buchstaben. Er, der Allwissende, wird wohl aus ihnen das Gebet zusammensetzen können, das in meinem Herzen ist.«

Zahlen und Buchstaben können in ihrer bildlich-gleichnishaften und symbolischen Bedeutung eine Meditationshilfe sein, die wie ein Geländer die Gedanken leitet, sammelt und aus dem Abschweifen zurückholt.

Beispiel 1: Zahlen

Jede Zahl wird in Gedanken mit einer Wesensart Gottes/einem Namen Gottes oder einer geistlichen Aussage in Verbindung gebracht, die im Symbolwert der Zahl zum Ausdruck kommt. Diese wird im Rhythmus des Ein- und Ausatmens innerlich wiederholt.

1 – Allmächtiger / Schöpfer Himmels und der Erde / Ursprung allen Seins / Unser Vater
2 – Alpha und Omega / Anfang und Vollendung / Ja und Amen
3 – Dreieiniger Gott / Vater, Sohn und Heiliger Geist
4 – Bis an die Enden der Erde (die Himmelsrichtungen)
5 – Gottessohn – aus der Jungfrau Maria geboren (Zahl des Menschen)
6 – Mit allen Sinnen leben (Zahl der Sinne, Zahl der menschlichen Arbeit)
7 – Freude der Engel (Zahl der Vollkommenheit)

8 – Wunder des Neubeginns (Zahl der Taufe, der Auferstehung)
9 – Allerheiligste göttliche Majestät (Zahl der Trinität, dreifach)
10 – Geheimnis der Weisung (Zahl der Gebote, der Verantwortung des Menschen vor Gott)
11 – Überfließende Fülle / Meer der Liebe (Zahl des Überflusses, der freiwilligen Überschreitung des Geforderten)
12 – Volk Gottes (Zahl der Stämme Israels, der Apostel, der Monate)

Beispiel 2: Buchstaben

Die Buchstaben des Alphabets werden verknüpft mit Liedanfängen, Bibelversen oder einzelnen Begriffen. Es ist hilfreich, ein kleines Merkheft anzulegen, weil nicht alle Buchstaben leicht zu besetzen sind.
Dieses geistliche Buchstabieren kann eine lange und eintönige Fahrt zu einem Erlebnis werden lassen.

Als Ergänzung können grafische Hilfen dienen, die mit Begriffen oder Bildern beschriftet werden.
Bei den Zahlen z.B. kann man
- die Eins mit einem Kreis verknüpfen,
- die Zwei mit einer Brücke,
- die Drei mit einem Dreieck,
- die Vier mit einem Quadrat,
- die Fünf mit einer Hand,
- die Sechs mit dem Davidstern,
- die Sieben mit einem Leuchter,
- die Acht mit Wasserwellen (Taufe)
  usw.

Bei den Buchstaben können künstlerisch gestaltete Initialen, einzeln auf Blätter gezeichnet, als Vorlage dienen (auf jedem PC finden sich unter »Schriften« eine große Auswahl, wenn man sie nicht selbst gestalten will). In einer Gruppe ergänzen wir dann die Buchstabenblätter mit den gefundenen Bibelworten, Liedanfängen oder Begriffen und erhalten mit der Zeit ein sehr spezielles A-B-C-Buch zur Meditation.

Der Fantasie sind keine Grenzen gesetzt, und es sind keineswegs nur die klassisch christlichen Symbolbilder, die für eine hilfreiche Meditation in Frage kommen. Es wird vielmehr vom eigenen Zugang und den persönlichen Assoziationen abhängen, was uns als Geländer einfällt.

Kapitel 5   Meditationsbilder –
Anregungen zum
Gestalten und Verweilen

5.1 Wahrnehmen und Gestalten aus dem Inneren

5.1.1 Vorbemerkungen

Das »Gestalten aus dem Inneren«, aus dem Betrachten eines biblischen Textes z.B. oder einer Jesus-Begegnung heraus braucht einen besonderen Rahmen der Stille und einen bewusst gestalteten, von äußeren Ablenkungen freien Raum. Es kann sich gut in ausgesparten Zeiten von Exerzitien oder Oasentagen entfalten, wenn wir alle anderen Quellen der Information und Ablenkung ausschalten und uns auf die Begegnung mit Christus einlassen.

Im Gestalten mit Farben oder plastischem Material, Musik (Gesang und Instrumenten) oder auch mit unserem Körper in Tanz und Bewegungsgestaltung findet unser Inneres einen Weg, sich zu äußern. Das ist oftmals wie ein Spiegel, ein Prozess, bei dem wir uns selbst sehen, in dem auftaucht, was verborgen ist, in dem wir erkennen, wo wir gerade stehen. Zuweilen sind göttliche Impulse auch Lichtblicke, die Wege aufzeigen und neue Horizonte eröffnen oder trösten und ermutigen. Es verhält sich mit den Gestaltungswegen im spirituellen Leben ähnlich wie mit unseren Kleidern, ihre Auswahl und Angemessenheit ist wetter- also zeit- und stimmungsabhängig.

Irmintraud F. Eckard, »Zwischen Himmel und Erde«, siehe auch Farbtafel zwischen S. 48/49

5.1.2 Ein Erfahrungsbericht

In einer adventlichen Einstimmung haben wir die Wahl, uns mit einer bestimmten Person als Zugang zu beschäftigen. *»Der Rufende aus der Wüste«* spricht mich an und ich entscheide mich dafür, mich im Malen dem zu nähern, was mich an dem Spezifischen dieser Person spontan berührt.

Es wachsen zwei überlange Arme wie Baumstämme mit Ästen wie Hände aus der Tiefe in den Himmel: hochgereckt aus Nacht, Dunkel, Feuer, Wüste zum Himmel gestreckt, bittend, rufend, der Berührung bedürftig.

Während des Malens wird es klarer. Der Himmel, blau und weiß, das ist die größere Klarheit, nach der ich mich sehne. Die Arme und Hände berühren das Licht, berühren Gott, gleichsam mit den Fingerspitzen. Sie sind stark-farbig, von unten her braun, grün, orange, dann immer heller werdend nach oben zu. An der Außenhülle der Stämme ist viel schwarz und lodernde Feuerflammen: Das ist alles, was im Leben wie Wüste und Nacht wirkt; Auseinandersetzungen und offene Fragen, Gefühle und Sehnsucht. Dann wachsen die Wurzeln weit in die Breite und Tiefe, das Grundwasser berührend, das innen in Stamm und Zweigen emporsteigt: In der Tiefe weiß ich die gleiche Kraft des Lebens, das Grundwasser, der Lebenssaft, das Licht. Geerdet-sein und Gehimmelt-sein sind eins. »Himmel und Erde vereinen sich beide, Schöpfer, wie kommst du uns Menschen so nah.« Im Gestalten formt sich ein Gebet: »Wandle das Feuer, das von außen brennt, in Glut der Liebe, die in den Wurzeln emporsteigt und Lebendigkeit wirkt.« Gedicht-Gebete entstehen. Die Worte wachsen aus dem Inneren wie die Farbspuren auf dem Papier.

> *Zu dir strecke ich die Sehnsuchtsarme aus,*
> *entblöße meine Armut,*
> *stehe im Regen und weine.*
> *Sieh, was du angerichtet mit deinem Schatten.*
> *Nun lechzt mein Sein nach dir*
> *und kann nicht Frieden finden außer dir.*
> *Kyrie, Liebster,*
> *zieh mich aus dem Strudel*
> *meiner Du-Bedürftigkeit zu dir!*

> *Zwischen Himmel und Erde,*
> *zwischen Grund und Ziel darf ich sein,*
> *durchströmt von deinem Geist,*
> *erfüllt mit deiner Lebenskraft,*
> *geheiligt durch deine Liebe.*
> *So breite ich die Schwingen meiner Seele*
> *weit aus*
> *und steige in die Höhe,*
> *lande in der Tiefe,*
> *durchstreife die Weite*
> *und bin doch immer bei dir.*

5.1.3 Praktische Übung

Wortbilder werden zu Empfindungsbildern – eine Übung für Gruppen:
Das Lesen von Gedichten, Liedern oder Psalmen kann ein Impuls sein, in uns innere Bilder entstehen zu lassen.

Wir lesen den ausgewählten Text zunächst still für uns. Dann liest ihn eine/r sehr leise und deutlich hörbar vor. Die Zuhörenden haben die Augen geschlossen und achten auf alles, was »hinter den Lidern« auftaucht. Wortbilder können zu Empfindungsbildern werden, gleichnishafte Formulierungen lassen Erinnerungsbilder in uns auftauchen. In einer Gestaltungszeit (mindestens 15 Minuten) malen wir unsere Eindrücke, ohne sie gedanklich vorzusortieren oder uns von Gesichtspunkten der kognitiven Bildgestaltung gängeln zu lassen.

Hinweis: Die Verwendung von Konturenfarben in Tuben aus dem Bereich der Seidenmalerei ermöglicht ein sehr viel intuitiveres Gestalten als herkömmliche Farben, die mit Pinseln verarbeitet werden. Die Seidenmalfarbe wird direkt aus der Tube auf das Papier gezogen und mit den Fingern vermalt. Man benötigt nur ein Gefäß mit Wasser zum Reinigen der Hände und einen Lappen zum Trocknen.

Die Farben können auch ineinander gewischt werden.

Wenn eine Gestaltung sich über einen längeren Zeitraum – z.B. einen ganzen Tag oder

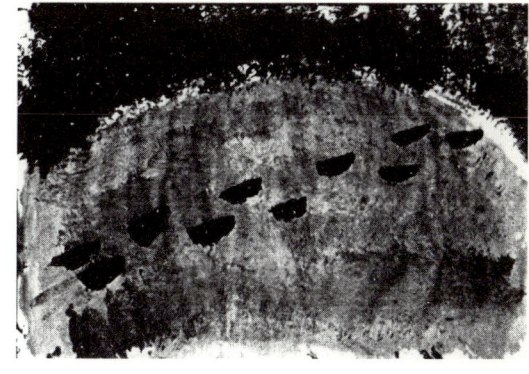

Agnes, 9 Jahre alt, »Der alltägliche Weg«, Tempera- und Glasfarbe (39,5 x 29,5 cm), siehe auch Farbtafel zwischen S. 192/193

mehrere Tage – ausdehnen lässt, ist es hilfreich, zunächst nur ein rohes Linien- oder Bewegungsgerüst als ersten Impuls zu setzen. Ein Spaziergang oder das Hören einer zur Sammlung dienenden Musik schafft Distanz und die Möglichkeit, den inneren Erst-Impuls zu klären oder weiter reifen zu lassen. In einem zweiten Gestaltungsgang wächst das Bild danach vielleicht nur an einer bestimmten Stelle, Farben werden verstärkt oder verändert o.a. Nach einer weiteren Pause, vielleicht am Ende eines Tages, gelingt vielleicht eine (vorläufige) Fertigstellung. Wenn das Ergebnis nicht »rund«, noch nicht stimmig ist, lassen wir es dennoch los, legen es beiseite und übergeben es damit als Fragment unseres inneren Weges in einen Raum der Freiheit. Denn das ist wesentlich: Es geht nicht um Leistung, nicht um Kunstwerke, sondern um einen Weg der Veräußerung unserer Empfindungen, Gefühle und Gedanken.

- Beim spirituellen Malen ist der erste Impuls kein gedanklich-abstrakter, kein kompositorisch-planender, sondern eher eine Inspiration des Geistes, ein Impuls des Herzens, vielleicht nur eine grobe Form, eine Bewegung oder Farbe. Wir beginnen und wissen nicht, wohin es sich entwickeln wird.
- Manchmal ist es gut, nach dem ersten Impuls das Angefangene eine Zeit lang ruhen zu lassen. Später gestalten wir weiter, vielleicht auch erst nach Tagen, doch wir verweigern uns jedem Fertigstellungs- oder Perfektionszwang. Meditatives Malen ist in erster Linie eine Form unseres Betens und muss darum auch keinerlei Ansprüchen genügen.
- Wenn wir das nicht auszudrücken vermögen, was in uns ist, können wir es in Gelassenheit vor das freundliche Angesicht Gottes halten und ihm das Verstehen und Vollenden zutrauen.
- Ein gemaltes »Gebets-oder Meditationsbild« kann zum Gesprächsanlass mit Gott werden, indem wir mit ihm durch das hindurchgehen, was wir gestaltet haben oder gestalten wollten.

Beim Malen in Gruppen achten wir auf genügend Freiraum (ganz praktisch: große Fläche, genügend Abstand zueinander, damit niemand sich beobachtet fühlen muss). Wir geben einander frei, bleiben ganz bei dem eigenen Gestalten und sprechen uns nicht gegenseitig an. Manche empfinden eine leise Hintergrundmusik als hilfreich. Für andere ist der Raum der schöpferischen Stille unabdingbar. Das sollten wir klären, bevor wir anfangen.

Die entstandenen Bilder können ein Anhaltspunkt sein, etwas, an dem wir uns festhalten und davon in der Gruppe oder mit einem geistlich begleitenden Menschen mitteilen, was uns bewegt.

5.2 Grafische Wort-Bild-Gestaltung als Fenster zum Begreifen

Durch kreatives, gestaltendes Schreiben entfaltet sich der Sinn und die Bedeutung eines Textes für uns Linie um Linie, Wort um Wort.[32]
Symbole oder Zeichen werden als Rahmen oder zur Verstärkung eingesetzt, Auf- und Abwärtsbewegungen bringen die Dynamik des Textes zum Ausdruck und Wesentliches wird hervorgehoben und herausgestellt. Es ist ein betend-betrachtendes Zeichnen oder Schreiben, bei dem es nicht um die künstlerisch-kalligrafische Qualität, sondern um einen Weg der Gestaltung geht, der uns selbst »vor Augen« stellt, was für uns zu diesem Zeitpunkt bedeutsam ist. Eine derartige Gestaltung kann uns eine Zeit lang Merkhilfe sein, wird aber sicher durch anderes zu anderer Zeit abgelöst werden.

5.2.1 Vier Beispiele und meditative Texte

Die grafische Gestaltung in Gruppen eröffnet im nachfolgenden Betrachten die je individuelle und aktuelle Deutung einer/s jeden Einzelnen. Im Beschreiben dessen, was wir durch die Gestaltung erkennen, was uns aufleuchtet, geben wir zugleich Rückmeldung und Impulse zum Weiterdenken. Durch das Gestalten kann auch ein begleitender Prozess der lyrischen Gestaltung ausgelöst werden, so dass eigene Deutungen in freie oder gebundene Texte einfließen, die die Grafik ergänzen.

Als Material benötigt man Holzstifte oder Filzstifte und weißes oder buntes Papier.

Beispiel 1

Deine Augen, mein Gott, sahen mich, als noch niemand mich ahnen konnte.
(nach Psalm 139)

Auffallend sind das große Auge und das deutlich hervorgehobene »du«, das dem Wort »Mutterleib« einen tatsächlichen Leibraum zuweist. Einige Textstellen sind durch die Größe hervorgehoben:
»Deine Augen sahen mich«, »du – Mutterleib«, »ich danke dir«. Daraus erwächst eine Deutung: Gottes Ansehen, das ist der Mutterschoß, in dem ich gebildet wurde, das ist Grund zum Dank.

Deine Augen sahen mich als ich noch nicht bereitet war

du hast mich gebildet im Mutterleib ich danke Dir, daß ich wunderbar gemacht bin!

Dein Ort ist,
wo Augen dich ansehn.
Wo sich die Augen treffen
entstehst du.

Von einem Ruf gehalten,
immer die gleiche Stimme,
es scheint nur eine zu geben
mit der alle rufen.

Du fielest,
aber du fällst nicht.
Augen fangen dich auf.

Es gibt dich
weil Augen dich wollen,
dich ansehen und sagen
daß es dich gibt.[33]

Hilde Domin

163

Beispiel 2

Dich im Auge behalten,
mein Augapfel, du,
Fluchtpunkt all unserer Blicke,
all unsrer Heilssuche Ziel.
Granatapfelzeichen: immer schon
Bild unserer Gottes-Wort-Freude,
Simchat Thora.
Dein Wort,
Bergungsschatten all unserer Wege,
unseres Fußes Leuchte, du:
Dreimalheiliger, Lebenspendender, Ewiger.
Deine Heiligkeit blüht auf über uns,
weckt Wachsen und Werden
zur Fülle-Vielfalt,
Palmzweigen gleich,
an der Quelle gewurzelt.
Augapfel Gottes, du, Christus.

Meditation zum Symbolbild von Simchat Thora

Ich danke dir mit aufrichtigem Herzen, dass du mich lehrst die Ordnungen deiner Ge-
rechtigkeit. Ich freue mich über den Weg, den deine Weisungen zeigen, wie übergroßen
Reichtum. Ich habe Freude an deinen Satzungen und vergesse deine Worte nicht. Öffne
mir die Augen, dass ich sehe die Wunder deiner Weisung.
Dein Wort ist meines Fußes Leuchte und ein Licht auf meinem Weg.
(Aus Psalm 11,9)

Wohl dem, der begeistert ist von deinen Weisungen und Tag und Nacht über sie nach-
denkt. Er ist wie ein Baum, der an den Wasserbächen gepflanzt ist.
(Aus Psalm 1)

Juden und messianische Juden feiern zum Abschluss des Laubhüttenfestes, das an
die Zeit der Wüstenwanderung erinnert, das Fest *Simchat Thora* – Der Tag der
Freude über Gottes Weisung – das Freudenfest der Thora – das Freudenfest über
den Bund Gottes mit den Menschen; der Bund, der sich nicht auf Stärke, Größe
und Wohlverhalten Israels gründet, sondern auf die unveränderliche Liebe und
Treue Gottes zu seinem Volk.
Die Thorarollen werden in fröhlicher Prozession durch die Synagoge getragen.
Dabei wird gesungen und getanzt: mit der Thora im Arm! Kinder dürfen um das

Thorapult herumrennen und Fähnchen schwingen und werden mit Süßigkeiten beschenkt in Erinnerung an die Textstelle »dein Wort ist in meinem Mund süßer als Honig«. Sie erleben die Lehre, das Wort Gottes leibhaftig als lebenschaffende und Leben fördernde Quelle!

In dem vor uns liegenden *Symbolbild* können wir entdecken und erinnern, worin die tiefe und ausgelassene Freude an Gottes Weisung begründet ist.

Das alles umfassende Dreieck weist unser Leben als Gottesraum aus: keine und keiner von uns braucht im Chaos der Ungeborgenheit zu verzweifeln, wir sind umgeben in Raum und Zeit vom Schöpfer und Liebhaber unseres Lebens. Es blüht und wächst, es reift und vollendet sich unmerklich, aber gewiss.
Gottes Auge ist weit offen, liebevoll achtsam, nicht misstrauisch. Er strahlt uns an, lässt sein Angesicht leuchten über uns wie die Sonne.
Wir entdecken sein Herz in jedem Wort, das er an uns richtet und von Anfang an an uns gerichtet hat. Es ist aufgeschlagen, offen und ohne Vorbehalt, so wie seine Haltung uns gegenüber.
Darüber der Augapfel, er gleicht einer Hostie: die beständige freundliche Einladung zur Weg- und Lebensgemeinschaft im Licht des auferstandenen Christus.
Und wenn wir genau hinsehen, entdecken wir, dass das Auge auch ein Fisch ist, der den Rahmen sprengt, der aus dem Dreieck hinaustritt: Christussymbol und Hinweis auf ihn, Jesus, der die Brücke und der Weg wurde im Kommen, Leiden und Heimkehren.
Zum Schluss: Der Augapfel ist auch Granatapfel, Liebes- und Freudenzeichen über diese lebendige und lebendigmachende Beziehung, die im Wort gegründet ist, im Wort erneuert wird und im Wort Bestand hat.

Beispiel 3

Von seiner Fülle haben wir alle genommen,
Gnade um Gnade.
Johannes 1,16

Zwei Symbole, aus Text gebildet, fallen ins Auge: ein geneigter Krug und ein Kreuz.
Der Krug ist mit den Worten gefüllt:
»Von seiner Fülle«, wobei das Wort »Fülle« durch seine Größe über die Hälfte des Raumes einnimmt und mit den letzten beiden Buchstaben in einer Abwärtsbewegung des Ausgießens aus der Öffnung des Kruges heraustritt. In den Worten »haben wir alle ge-

nommen« wird diese fließende Richtung noch verstärkt und das Auge auf die in Kreuzform ineinander-gestalteten Worte »Gnade um Gnade« gelenkt.
Darin liegt eine sichtbare Deutung:
Gnade um Gnade wird im Kreuz Christi erfahren, das ganz unten geerdet ist.
Die Fülle dagegen kommt von links-oben, also aus dem Himmel.

Beispiel 4

Gott, der Herr, ist Sonne und Schild.
Er schenkt Gnade und Herrlichkeit.
Psalm 84,12

Bei dieser Gestaltung wirken die verwendeten Symbole stärker als der Text, der sich im Sand verläuft und im Nachthimmel den Sternen angepasst ist ("Der Herr, unser Gott, ließ uns seine Herrlichkeit sehen"):
Ein Beduinenzelt unter einem Sternenhimmel mit einem hell erleuchteten, geöffneten Eingang in Dreiecksform, davor ein brennender, siebenarmiger Leuchter. Drei Lichtquellen.

Bild-Text-Meditation
Textlesung: Psalm 84,1-3.5-8a.12+13

In diesem Psalm spricht der Beter von seiner Sehnsucht nach dem Haus Gottes, nach dem Ort der Begegnung, der Offenbarung und Vergewisserung, der Ermutigung und des Trostes, der Weisung und Orientierung.

> *Kennen wir das nicht auch? Es gibt Zeiten, da wird uns der Weg lang, da sehnen wir uns nach einem persönlichen Wort, nach Trost, da brauchen wir Weisung, wie es weitergehen soll, da fehlt uns der Durchblick und der Mut zu tapferen Schritten.*

Das Volk Gottes war auf der Wanderschaft, in der Fremde, auf Wüstenwegen in Richtung des verheißenen Landes unterwegs. Es lebte von der Wirklichkeit und Lebendigkeit seiner Beziehung zu Gott: Er ist der Starke und Gewaltige, der Allmächtige, der unveränderlich treue Bundesgott in allen Situationen und Stationen des Lebensweges. Er hat sie einst aus Ägypten befreit, hat sie durch mächtige Taten und Zeichen herausgeführt, begleitet und immer wieder seinem Namen Ehre gemacht: »Ich bin mit euch – Jahwe!«

Auch wir haben in unserem Leben solche Führungen erlebt, Berufung, Errettung,
Befreiung, Begleitung, Schutz, Hilfe.
Es ist gut für uns, wenn wir uns ab und an daran erinnern, wenn wir aus dem
Gedächtnis hervorholen, was Gott an uns getan hat, damit wir heute tapfer, getrost
und fröhlich glauben und die nötigen Schritte gehen können.
Wir können nicht allein von vergangenen Erfahrungen leben. Heute brauchen wir
sein Wort, seine Nähe, seine Berührung, seinen Zuspruch.
So wie wir jeden Tag neu essen und trinken müssen, so nötig brauchen wir den
lebendigen Gott täglich an unserer Seite.
Von solcher Erfahrung zeugt der 84. Psalm.

Wir betrachten es anhand des Bildes, auf dem symbolisch dargestellt ist, was Gott,
der Allmächtige, für sein Volk, aber auch für uns heute tun und sein will.

Gott, der Herr, ist Sonne und Schild. Er schenkt Gnade und Herrlichkeit.

Wir sehen *ein Zelt*, es ist ein Nomadenzelt,
eine Behausung für den Weg durch die Wüste,
Schutz vor der Hitze des Tages und der Kälte der Nacht,
vor den Sandstürmen und anderen Gefährdungen.
Das Zelt ist ein Bild für unser Unterwegssein auf Gottes Ruf hin,
für Aufbruchbereitschaft und Weitergehen,
für Loslassenkönnen und sich mit dem Nötigen begnügen.
> *Wie ist das bei mir? Kann ich das? Will ich das? Wie viel an äußeren Sicherheiten*
> *meine ich zu brauchen, um glücklich zu sein, um mithalten zu können? Was sollte*
> *ich besser loslassen, weil es mich hindert und beschwert, weil es meine Bewegungs-*
> *freiheit einengt, wenn Gott will, dass ich weitergehe?*
> *Wie sagte Jesus? »Wenn ihr Nahrung und Kleidung habt, so lasst euch genügen …«*

Gott, der Herr, ist Sonne und Schild. Er schenkt Gnade und Herrlichkeit.

Das Zelt steht *im Wüstensand*, überall *Sand und Steine*,
beschwerliche Wege, oft mühevoll und unsicher,
kaum Wasser für die Menschen oder Gras für die mitgeführten Tiere,
Sand und Steine sind ein Bild für unser Unterwegssein auf Gottes Ruf hin,
für unsere Bereitschaft, auf Sicherheiten zu verzichten und
in Abhängigkeit und Geführtsein weiterzugehen,
immer den nächsten Schritt, nicht mehr, aber auch nicht weniger.
> *Was bedeuten Sand und Steine für mich, für uns? Wie gehe ich mit den Hindernis-*
> *sen und Beschwerlichkeiten meiner Alltagswege um? Rebelliere ich und beschwere*
> *mich, klage und schiele zu anderen, denen es scheinbar viel besser geht? Ist es nicht*

eine ganz selbstverständliche Sache, dass wir es im Leben mit allen möglichen Wi-
derständen zu tun bekommen?
Wenn wir nur auf uns sehen, die Menschen und die äußere Situation, nur auf den
Sand und die Steine also, dann könnte uns der Mut verlassen. Doch Gott hat uns
bis hierher geführt, auf sein Wort hin ziehen wir weiter.

Gott, der Herr, ist Sonne und Schild. Er schenkt Gnade und Herrlichkeit.

Darüber der Nachthimmel, *die Sterne*, sie leuchten im Dunkeln,
sie erinnern an Abraham, an alle Gottesverheißungen,
an das Mitgehen Gottes selbst in dunklen wie in hellen Zeiten.
Jede eigene und gemeinsame Erfahrung der Treue Gottes wird zu einem neuen
Licht, wird zur Ermutigung und Orientierung:
»Der Herr, unser Gott, ließ uns seine Herrlichkeit sehen.«
Herrlichkeit, das ist das Sichtbarwerden der Wesensart Gottes mitten unter uns.
> *Wir müssen uns erinnern: Was hat er zu uns gesagt? Wie heißt mein Taufspruch,*
> *mein Konfirmationsvers, mein Trauspruch? Seine persönlichen Zusagen sind sol-*
> *che leuchtenden Sterne auf unserem Weg. Und was sagt er mir heute? Womit*
> *ermutigt er mich, tröstet mich, gibt mir ein klares Ziel?*

Gott, der Herr, ist Sonne und Schild. Er schenkt Gnade und Herrlichkeit.

Der Eingang des Zeltes ist hell erleuchtet, ein Dreieck aus Licht,
davor der siebenarmige Leuchter. Das Volk Gottes weiß:
> *Gottes Nähe* ist erfahrbar, sein Reden nicht unhörbar, er gibt sich zu
> erkennen, ist da, *mitten unter uns*, ist mit uns unterwegs, ist Licht für den
> Weg.
Er war nicht zu hoch-herrlich, um herabzukommen und unser Leben zu teilen,
seine Wesensart ist helfendes Herabneigen, ist Herunterkommen und Mitgehen.
Seine Gegenwart macht unsere Wege gangbar, geschützt und beleuchtet.
> Wir erleben ihn mitten unter uns in jedem Gottesdienst, aber auch in der
> Stille des Gebets, das uns mit allen Betenden verbindet, im Zuspruch durch
> eine Freundin, einen Kollegen. Wir sind nicht allein! Das ist unser Glück,
> das ist Gottes Auftrag an uns: Lasst einander nicht allein, gerade in schweren
> Zeiten!

Gott, der Herr, ist Sonne und Schild. Er schenkt Gnade und Herrlichkeit.

5.3 Meditation mit Bildern – allein und in der Gruppe

Die vorgestellten Bild-Beispiele können in Verbindung mit den einführenden und lyrischen Texten zur persönlichen oder gemeinsamen Betrachtung in Gruppen dienen.

Betrachtungshilfen:

○ Ich schaue mich in das Bild hinein. Ich erwandere es mit den Augen und nehme wahr, wo ich beginne, wohin mich der Blick führt, welche Stellen mich anziehen, irritieren, herausfordern ...

○ Ich verzichte zunächst auf Deutungen oder Interpretationen, alles, was auftaucht, darf sein, jede Assoziation, jede Erinnerung an Bekanntes.

○ Ich lasse mich auf die Empfindungen ein, die in mir beim Betrachten auftauchen. Ich schaue und achte auf meine Gefühle.

○ Das Bild ist wie ein lebendiges Gegenüber, das mit mir ins Gespräch kommen will. Es stellt Fragen an mich, vermittelt mir Botschaften, trägt ermutigende oder herausfordernde Worte an mich heran und wartet auf meine Antwort.

○ Ich lasse mich auf dieses Gespräch ein. Eine Form z.B. kann mich befragen, was sie mit mir zu tun hat, an was sie mich erinnert, ob sie mir fehlt, gut tut oder …
Eine Farbe kann mit mir ins Gespräch kommen usw.

○ Solch ein Bild-Dialog kann auch in schriftlicher Form gelingen.
Ich nehme ein Blatt Papier und teile es in der Mitte. Links schreibe ich alles auf, was aus dem Bild auf mich zukommt, und rechts, was ich dazu meine, fühle und denke, meine Anfragen etc.
Ich verzichte dabei bewusst auf jegliches Kontrollieren, Sortieren oder Bewerten, sondern lasse es sich aus mir heraus entwickeln.

○ Zum Schluss lese ich das ›Bild-Gespräch‹ noch einmal. Vielleicht unterstreiche ich dann eine Passage oder einen Satz, der mir besonders wichtig ist, weil ich daran weiterdenken möchte.

Bei Bildmeditationen in Gruppen achten wir darauf, dass jede/r den freien Raum hat, sich zu äußern, ohne dass sie/er unterbrochen wird, auch Rückfragen oder Anmerkungen sind nicht hilfreich, weil sie den Gedanken- oder Empfindungsfluss einengen und umlenken können. Zeiten des schweigenden Betrachtens sind ebenso wertvoll wie mitgeteilte »Erkenntnisse«.

5.3.1 Bild »Lebensschale«

Impulse zum Bild

Ein Gebet:
Meine Lebensschale
Umschlossen von deinen Händen,
Geborgenheit des Dir-Gehörens.
Du bist Mitte, Weg und Ziel.
Von allen Seiten Wege zum Zentrum,
Kreuzweg, dein Weg zuerst.
Einer Hostie gleich
leuchtet dein Licht von innen her.
Und die Ähre
spricht von Loslassen
und Freigeben,
von Reife und guter Zeit.
Um und um Himmelsblau: Du,
der Preis deiner Liebe
bist du selbst.
In dir sind wir zu Hause!

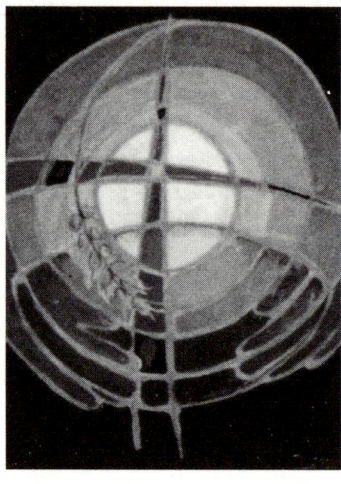

Irmintraud F. Eckard, »Lebensschale«, Glas-, Tempera- und Konturenfarbe (29,5 x 39,5 cm), siehe auch Farbtafel zwischen S. 48/49

Ein Morgenritual – Körpermeditation und Gebet:
Denke daran, spricht Gott: Du bist ein Gefäß. Dein Leib ist Schale.
Deine Hände sind Schale. Dein Aufgerichtetsein ist mein Gefäß.
(Wir nehmen diese Haltung ein, spüren ihr nach, was erfüllt uns, was mangelt?)

Wieder ist es Morgen,
Stille in der Frühe
eines schwindenden Nachthimmels.
Langsam erwacht mein Lied vor dir
in Bereitschaft und Ja.
Ich öffne meine Lebensschale,
deine Gegenwart zu empfangen,
begrüße dich mit gewecktem Herzen.
Auf dich hin breche ich auf
aus dem Träumegewirr des Schlafs
und vor dem Tag-Gemenge,
das mich erwartet;
denn bei dir ist Klarheit und Ruhe,
Heiterkeit des unverhofften

ersten Augenaufschlags
und wachsender Mut, allen und allem zu begegnen.
Ich trinke aus der Quelle Nähe
und atme auf im Freiheitswind
der Liebe,
in Seufzern, tiefer als Worte,
rühre mich nicht von der Stelle
und horche zu dir hin.
Es ist Morgen,
kostbarster aller Momente: Du.

5.3.2 Bild der Nähe »Göttliche Berührung«

Impulse zum Bild

Auf blauer Fläche breiten sich Farben
aus, bunte Kreise,
eine Spirale von innen nach außen.
Ein vielfarbiger Tropfen
fällt von oben herab.
Im Blau sind weitere Farbspuren
zu ahnen.

Jede Berührung Gottes
hinterlässt Spuren.
Wenn er uns nah kommt,
breitet sich Leben aus,
Vielfalt, Fülle, Schönheit und Glanz.

Und all das in einem einzigen
Tropfen Himmel,
der herabfließt als Geschenk.
Unverfügbar bleibt Gottes Gabe seiner selbst.

Sein Reden, Wirken und Anrühren zieht Kreise
in meinem Leben und überall,
bleibt sichtbar und spürbar,
auch wenn der Wind sich legt.

Ich kann es nicht festhalten, nicht bewahren
oder konservieren für morgen.
Bewegung bleibt lebendig und verändert sich.

Irmintraud F. Eckard, »Göttliche Berührung«, Glas-, Lack-, Tempera- und Konturenfarbe (29,5 x 39,5 cm), siehe auch
Farbtafel zwischen S. 96/97

So warte ich absichtslos in wacher Bereitschaft,
in jedem Augenblick alles zu empfangen
und doch freizugeben und loszulassen
zu dem, was es bewirken soll.

Mit den Fingerspitzen
berührt von dir,
ganz zart, ganz leise,
ein wenig nur,
geahnter Nähe
Liebesglück.
Mit den Fingerspitzen
berührt von dir.

5.3.3 Bild »Offenes Sehnsuchtsfenster«

Impulse zum Bild

Zwischen Himmel und Erde
ein geöffnetes Fenster
ins Licht.
Ich weiß wohl, spricht der Herr,
was für Gedanken ich über euch habe:
Gedanken des Friedens
und nicht des Leides,
dass ich euch gebe
Zukunft und Hoffnung.
(Jeremia 29,13)

Wege von allen Seiten zum Zentrum,
angezogen vom Leuchten
und von der Bewegung
Von Jesus geht alles aus,
der goldene Weg zum Ziel
beginnt im Himmel
und berührt die Erde.
Tränen befeuchten das Land der Liebe.
Ich erwarte Wunder!

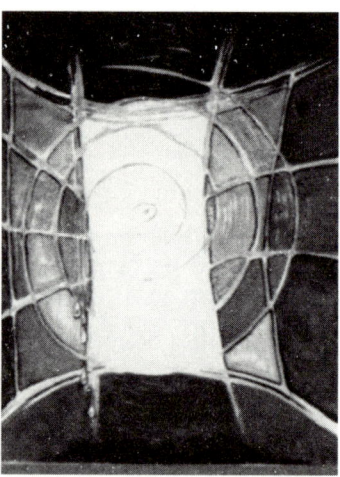

Irmintraud F. Eckard, »Offenes Sehnsuchtsfenster«, Tempera- und Konturenfarbe (29,5 x 39,5 cm), siehe auch
Farbtafel zwischen S. 96/97

Körperübung/Meditationstext:

Stelle dich an ein offenes Fenster, sieh hinaus, schaue den Himmel, die Erde, die Häuser und Bäume, die vorbeifahrenden Autos, die Menschen ..., atme tief ein und aus. Welche Hoffnung habe ich/ wünsche ich mir für mich, für sie? Öffne bewusst die Fenster deines Herzens für das Hoffnungslicht Gottes: *Ich weiß wohl, was ich für Gedanken über euch habe, spricht der Herr: Gedanken des Friedens und nicht des Leides, dass ich euch gebe Zukunft und Hoffnung.* (Jeremia 29,11)

Das offene Fenster,
Bild des Frei-Atmen-Könnens,
hinauslehnen und Frische aufsaugen,
Sonne und Regen auf der Haut spüren,
den Wind durch mein Haar zausen lassen.
Und mehr noch:
Keine Angst haben vor Tränen,
die herabfallen,
du darfst mich sehen,
so, jetzt,
froh oder traurig,
befleckt oder rein.
Ich brauche keine Mauer,
die dich ausschließt,
keinen Zaun,
der dein Kommen hindert.
Das Fenster ist offen,
du hast es aufgemacht.

Du kommst mir entgegen,
wie ein leises Klingen klopfst du an,
begegnest meiner Vorsicht mit Vertrauen.
Ich breite die Flügel
der Fenster meines Herzens aus.
Dein Wohlwollen weckt mich heraus.
Du rufst dem Du,
Lebensatem Christus.

5.3.4 Bilder der Liebe »Nähe 1«/»Umarmung 1«

Liebeslieder, Liebesgedichte und Liebesbilder sind von jeher (in der biblischen wie in der Tradition der Minne-Mystik) eine besondere Art, den sehr persönlich-liebevollen Umgang mit Gott als eine zärtlich-innige wie lebentragend-starke Beziehung zu beschreiben. Wem, wenn nicht Gott, könnten wir ohne Vorbehalt das größtmögliche Vertrauen entgegenbringen, der als Zeichen seiner grenzenlosen Liebe bereit war, sich so völlig in die Hände der Menschen zu geben wie Christus am Kreuz? So wird die Geborgenheit in der Liebe Gottes zum Grund und Ziel aller menschlichen Liebe und alles menschliche Sprechen von und über die Liebe, Fühlen und Dichten eine bruchstückhaft-ahnende Annäherung an die unbeschreiblich größere Gottesliebe.

Impulse zu den Bildern

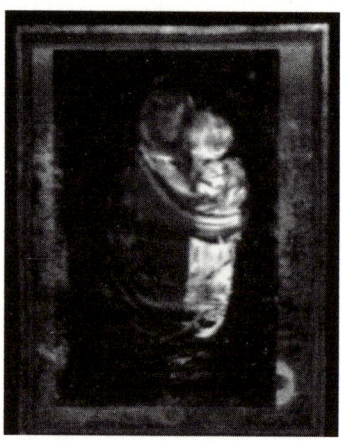

Herzbilder:
Herz ist Zeichen für Menschen,
die von Herzen leben,
ganz, identisch, herzlich,
herzhaft, herzzerreißend echt.
Menschen, die sich an Gott klammern,
die aus Gott leben und in Gott alles suchen.
Herz ist Lebensmitte, Sein-im-Zentrum,
Existenz vor Gott.
Darum sind alle Herz-Bilder
Bilder zur Quelle, zum Ursprung,
von Gott und zu Gott hin.

Irmintraud F. Eckard, »Nähe 1«, bearbeitete Monotypie (18 x 21 cm), gerahmt mit fol407r, aus der Biblioteca Apostolica Vaticana, ›Jeremia‹, siehe auch Farbtafel zwischen S. 144/145

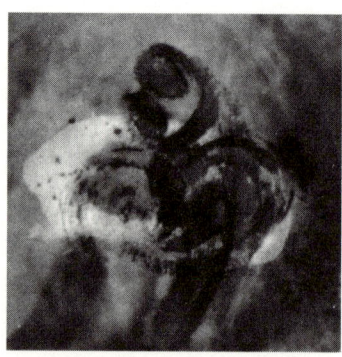

Ob ich stehe oder falle
gehe oder stürze
ich falle und stürze
in einen Schoß

Ich falle und stürze immerzu
in den Schoß des Geliebten
in die Arme des Freundes
in das Herz Gottes

Anton Rotzetter[34]

Irmintraud F. Eckard, »Umarmung 1«, Tempera- und Glasfarbe (30 x 30 cm), siehe auch Farbtafel zwischen S. 144/145

Festgehalten im Licht,
geborgen im gefährdeten Raum.
Gottes Güte umfängt durch Menschenarme.

Einfach so ohne Grund
lehn' ich mich, Christus, an dein Reden
und warte absichtslos auf deine Antwort.
Lass deine Liebe doch mein Leitstern sein
und meine Melodie des Lichts, die nie verklingt,
selbst wenn der Sturm ein tosendes Gelärm entfacht
in meiner Seele.
Denn Friedensgrund bleibt unbewegt
und dunkelstill in mächt'ger Tiefe,
wo du dein Amen sagst und Ja.
Lass, Liebster, mich in deinem Bergen leben!

Wie ist es,
wenn du Liebe denkst?
Zerreißt der Schleier, siehst du hindurch,
erkennst und staunst?
Wie ist es,
wenn du Liebe sagst?
Erwacht ein Lied der Lebensmelodie im Ja?
Wie ist es,
wenn du Liebe träumst?
Wird aus dem Schemen dann ein Bild,
wie es im Ursprung war
und wieder werden wird?
Wie ist es,
wenn du Liebe
denkst und sagst und träumst?
Du wirst Geschenk und Freude,
voller Kraft und wahr!
Du bist erkannt und so gewollt
Du bist mein Ebenbild
sagt, der dich schuf.

5.3.5 Bild »...« Ein Experiment der Aneignung in Gruppen

Schritt 1:

Wir geben dem Bild jeweils unseren ganz persönlichen Titel aus einem ersten Eindruck.

Schritt 2:

Wir schauen das Bild 60 Sekunden lang an. Dann nehmen wir ein Blatt Papier und fertigen (ohne das Original zu betrachten) mit schnellen Bleistiftstrichen eine Schnellstrichskizze an. Sie zeigt, was sich uns als wesentliche Bewegung eingeprägt hat.

Schritt 3:

Irmintraud F. Eckard, »Zum Licht hin«, Tempera- und Konturenfarbe (29,5 x 39,5 cm), siehe auch Farbtafel zwischen S. 192/193

Wir wählen drei Wachsmalkreiden aus und gestalten in wenigen Minuten unser eigenes Bild. Dabei achten wir besonders auf das, was die gewählten Farben für uns bedeuten, welche Assoziationen und Empfindungen sie in uns auslösen, für was sie als Symbolfarben stehen.

Schritt 4:

Nun legen wir alle entstandenen Bilder auf den Boden, betrachten sie und finden Gemeinsames und Unterschiedliches. Wer möchte, kann zu seinem Bild etwas sagen oder einen Satz aufschreiben, der dann unkommentiert vorgelesen wird.

Schritt 5:

Jede/r kann sich nun ein Bild wählen, das sie/ihn anspricht, und sich dazu setzen oder stellen. Wir kommen ins Gespräch miteinander.

Durch diesen Ansatz wird das Original zum Impuls für das eigene Gestalten, in dem sich das zeigt, was für uns jetzt von Bedeutung ist.

Hinweis: Wir suchen uns und betrachten immer wieder für eine längere Zeit (mindestens 1-3 Wochen) Bilder, die uns zur Sammlung einladen. Wir hängen oder stellen die Bilder so auf, dass unser Blick im Lauf des Tages immer wieder darauf fällt.

Unsere Gedanken notieren wir fortlaufend in ein besonderes Heft oder Buch. Wenn wir eine Tagesnotiz unserer geistlich-psychisch-körperlichen Verfassung und Erfahrungen ergänzen, kann dies im Rückblick hilfreiche Hinweise geben; denn das, was uns auffällt, hat immer etwas mit uns selbst im Kern unseres Wesens zu tun. Manchmal lässt es sich so leichter ansehen und damit umgehen. Aus dem, was uns »ein-leuchtet«, können wir ein Gebet formulieren.

5.4 Ikonen in der geistlichen Betrachtung

Bei der Fülle an Bildern, die uns zur Sammlung führen und eine Einladung zum Gebet werden können, nehmen die Ikonen einen besonderen Platz ein.
Die Begegnung oder der Umgang mit Ikonen lässt sich nicht abstrakt-theoretisch beschreiben; denn es ist und bleibt ein Geheimnis, das eher erfahren und erlebt als verstanden werden kann. Jeder einzelne Schritt bei der Entstehung einer Ikone, von der Auswahl und Vorbereitung des Holzes und seiner Grundierungen bis zur Auswahl des Themas und der Gestaltung in der Bemalung ist begleitet von festgelegten und aus dem Herzen kommenden Gebeten. Jedes Sujet wird nicht als freie, persönliche künstlerische Arbeit behandelt, sondern wird nach genau festgelegten Anweisungen ausgearbeitet. Nicht der Maler, sondern der oder die Abgebildeten und hinter ihnen Gott selbst sind im Zentrum der Aufmerksamkeit. Daher lassen sich Ikonen auch selten einem bestimmten Künstler zuweisen, eher einer Ikonenmalschule, weil der Maler ganz hinter sein Werk zurücktritt, um nur ja nicht im Wege zu stehen, dazwischen zu treten und die Achtsamkeit der Betrachtenden vom Herz der Ikone abzulenken.

Ikonen gleichen einer besonderen Tür zu den »himmlischen Wirklichkeiten«. Die Impulse laden ein dem nachzuspüren, wie es ein Gebet von Erasmus von Rotterdam formuliert:

Gott,
du bist der Schöpfer:
Erneuere dein Geschöpf.
Du bist der Erlöser:
Verwahre, was du erkauft.
Du bist der Erhalter:
Lass nicht verderben, was von dir lebt.
Du bist der Herr:
Gebrauche dein Eigentum.
Du bist das Haupt:
Hilf deinen Gliedern.
Du bist der König:

Gib Ehrfurcht vor deinen Geboten.
Du bist Gott:
Erbarme dich der Demütigen.
Sei alles in allen,
damit der weltweite Chor deiner Kirche
die Herzen und Stimmen vereine
und dir danke für dein Erbarmen.
Urbild der Einheit,
Vater, Sohn und Heiliger Geist,
dir sei Lob und Ehre in Ewigkeit!

Erasmus von Rotterdam

Das griechische Grundwort »Eikon«-Ikone bedeutet Bild, Abbild, Ebenbild. So wie der Mensch als Ebenbild, als Abbild, als Kunstwerk Gottes geschaffen ist und in seinem kreatürlichen Menschsein die Spuren Gottes trägt und (bei aller Gebrochenheit) Hinweis auf den göttlichen Erschaffer bleibt, so ist die Ikone ein theandrisches Bild, teils himmlisch und teils irdisch. Sie will einladen, hinter die sichtbare Wirklichkeit zu sehen und durch die äußeren Formen und Farben wie durch ein Fenster das Wesentliche zu entdecken.

Im Unterschied zur Fotografie eines Menschen, die ihn allein in seiner äußerlichen Erscheinung zeigt, die zeit- und ortsbedingt geprägt ist, will die Ikone nicht den historisch-realen Menschen zeigen, sondern sein durch Gottes Wirken und Vollenden ganzheitliches Heil-Sein und Zu-dem-Geworden-sein, was er von seiner Ursprungsbestimmung her sein sollte: ein klares Abbild, ein transparenter Hinweis auf Gott selbst. So wird die Ikone zur Verkündigung der Erlösungswirklichkeit.

Durch die Betrachtung der Ikone kann im meditierend Sehenden eine Ahnung der als Ganzheit gestalteten Einheit des eigenen Lebens aufwachsen. Durch ihre »Entschlackung« aller irdischen Beimischungen ermutigt sie, den Blick weg von den eigenen Defiziten zur in Christus erlösten Gestalt zu richten: »Auf der orthodoxen Ikone ist das menschliche Antlitz gemalt, wie es im Anfang war, wie es bei der Erschaffung der Welt war. Jede Ikone stellt das Archetypon, das Urbild oder den Prototyp des Menschen dar. Auf der Ikone ist der menschliche Leib befreit von den Gesetzen des Stoffes, der Zeit und des Raumes ... Dieses Menschenbild ist ewig und Gott ähnlich, der dafür als Vorbild gedient hat.«[35]

Eine Ikone und ihre biblische Quelle gehören zusammen. Bei der Betrachtung z.B. der bekannten Dreifaltigkeitsikone von Andrej Rubljow aus dem 15. Jh. ist es hilfreich, die Begegnung der drei Engel bei Abraham im Hain Mamre (Genesis 18) zu lesen und sich in der meditierenden Betrachtung auf die Beziehung der Personen in Bild und Text einzulassen. Bei Marienikonen wird das Leben der Maria in den Evangelientexten zur Grundlage und zum Vor-Bild in ihrer Beziehung zu Christus, die in vielfältigen Nuancen durch die jeweilige Darstellung des Jesus(-kindes) in oder auf ihren Armen oder in der Mitte ihres Seins dargestellt wird.

Eine Ikone betrachten heißt sich einlassen auf Anspruch und Zuspruch Gottes auf die Ganzheit des Lebens in der Priorität seines Handelns vor und nach allem menschlichen Wollen und Wirken. Das wirkt befreiend und entlastend, weil es den Menschen in den Raum der umfassend-heilsamen Wandlungsmöglichkeiten Gottes hineinnimmt.

Du, meine Ikone

Stiller Hinweis,
Wegzeichen du,
auf eine Welt,
die immer schon dahinter lebt.
Befreit, entkleidet
aller irdisch-ausgedienten Hüllen
unvollkomm'nen Seins.
Abgestreift hast du
die Erdhaftigkeit,
das letzte Seil zum Boden jetzt gekappt.
Und auf, hinauf
mit engelsgleichem Flügelschlag
zieht ew'ges Leben dich zum Licht.
Nur dein Gewand bleibt hier, das alte,
weil du ein neues trägst im Glanz.
Über alles schön bist du,
du trägst es ja für den Geliebten.

Unvergesslich bleibt jedem, der es einmal erlebt hat, die Begegnung mit Originalikonen. Die körperliche Lebendigkeit des Originals ist nicht zu vergleichen mit einem Druck oder einer Farbkopie, auch wenn nur wenige Menschen solche Originale ihr eigen nennen können.

Die Intensität der Ausstrahlung des Originals im Verhältnis zum Druck ist so wie von einer Fotografie zur realen Person, wie von einer Abbildung eines guten Menüs zum wirklichen Genuss mit allen Sinnen, wie der Bericht vom salzigen Meerwasser zum eigenen Schwimmen darin.

Hinweis: Ich plädiere darum gegen die Konserven und für das Original, sei es auch noch so fragmentarisch: Jedes selbst gestaltete Bild ist lebendiger als das Duplikat, jeder eigene Tanz heilsamer als ein auf Video geschauter, jedes selbst gesungene Lied wirksamer als die beste Aufnahme einer CD. Nichts ist der persönlichen Erfahrung im Gestalten des Inneren und der Gottesbegegnung vorzuziehen.

Heute liebe ich dich mit meiner Hände Gestalten
und meinem kleinen
Ja trotz Erschöpfung und Müdigkeit.
Ich liebe dich abgrundtief und felsenhoch,
durch Dickicht und Gestrüpp genauso
wie im strahlend-klaren Sonnenschein.
Es ist gleich, du bist da. Das genügt.
Sólo dios, basta!

Kapitel 6 Aufrichtungen und Ermutigung

Wer sich aufgemacht hat, den inneren Weg zu gehen, bleibt – bei aller Erfahrung der Nähe Gottes und aller Vergewisserung seiner Liebe – vor Stürmen und Wüsten nicht verschont, erlebt Dürre und Hitze, Enttäuschung und Ermüdung. Doch darin wird sich bewähren, ob das Fundament trägt. Also kehren wir immer wieder zu dem nicht wankenden Felsen des Wortes der Heiligen Schrift zurück, die allein die Kraft besitzt, Traurige zu trösten, Verzagte zu ermutigen und Gebeugte aufzurichten. Stellen wir uns in Wahrhaftigkeit und ohne den Wahn der Unverletzlichkeit unserer Bedürftigkeit nach Licht, nach Verwandlung und Heilung und halten wir diese Spannung aus bis zur endgültigen Vollendung, der Ergänzung allen Mangels am letzten großen Tag.

Wenn es uns doch gelänge, uns selbst und einander nicht auf unsere Fehler, Mängel und Scherben, sondern – wie Christus es tut – auf unsere Möglichkeiten hin anzusehen, würde der freundliche Entfaltungsraum Leben weiter und wärmer und die barmherzige Milde im Umgang miteinander zum guten Boden, in dem Hoffnung und Mut, dass das Leben gelingt, wachsen können. Den Boden, der uns trägt, und die Luft, die wir atmen und die uns am Leben erhält, verdanken wir nicht uns selbst und sie bleiben auch unabhängig von unserem So- oder Anders-Sein. So bleibt auch Gottes uns rückhaltlos zugewandte Liebe unabhängig von unserem Verhalten ein freies und Leben entfaltendes Geschenk.

Es geht also letztlich darum, wie wir auf diesem Hintergrund mit der eigenen Unvollkommenheit umgehen und ob wir darin das Geschenk der Erlösung konkret werden lassen für uns und füreinander.

6.1 Eine Spiritualität des Sabbat – ein Weg zur Gelassenheit[36]

Im Nachdenken und Mitfeiern des Sabbat (und dann, in Fortführung dieser Heilsvorschau, des Sonntags) können wir die Kraft des befreienden Segens Gottes erleben. In vielen Gemeinden, Gemeinschaften und Familien geschieht solches Wiedergewinnen und Gestalten eines fröhlich-feiernden Vorabend-Rituals am Samstagabend zur Einstimmung auf den Sonntag. Die spirituelle Kraft der Sabbat-/Sonntagerfahrung vermag unserem Leben den Geschmack der Gelassenheit wiederzugeben.

6.1.1 Impulse zur Einstimmung und Deutung

Die Impulse können einzeln oder zusammen meditiert oder gestaltet werden (z.B. durch das Lesen verschiedener Lektoren). Jeder Gedanke kann uns auch eine Woche lang begleiten und z.B. eine »Sonntag-Einstimmungsfeier« einleiten.
Und Gott sah an alles, was er gemacht hatte, und siehe, es war sehr gut.
Und so vollendete Gott am siebten Tag seine Werke, die er machte,
und ruhte am siebten Tag von allen seinen Werken, die er gemacht hatte.
Und Gott segnete den siebten Tag. (Genesis 1)

Über allen Schöpfungen Gottes liegt das Siegel: »*Sehr gut*« und »*vollendet*«. Es folgt ein »Ruhen von allen Werken« am siebten Tag.
Das lehrt uns: Vollendung, völliges Sehr-gut, ist Gottes alleiniger Vorrang, das eignet nur ihm allein.
All mein Schaffen hat das Ziel, in die Ruhe des siebten Tages einzumünden, will losgelassen werden in Gottes Vollenden und Zum-Ziel-bringen.
Daraus erwächst eine heilige Gelassenheit gerade trotz und in allem Stückwerk und aller Begrenztheit meines Tuns, Wollens und Wirkens.
Alles Planen und Handeln aus meiner Kraft und meinem Vermögen darf am Sabbat zur Ruhe kommen.

»Der Sabbat ist zur Wonne und nicht zum Schmerz« gegeben. Er ist die Krönung der Woche. Nach jüdischem Glauben lebt im Sabbat ein Funke der Vollendungsstimmung, die Gott ergriff, als er die Welt erschaffen hatte. Erst mit der Ruhe, mit dem Sabbat, war das Werk vollendet.
Sabbat zu feiern heißt daher auch, die Vollendung der Schöpfung zu feiern und Gottes Freude zu erleben.
»Einen Tag der Ruhe und der Heiligkeit hast du deinem Volk gegeben.
Es ist die Ruhe der Liebe und Hingebung, die wahre und treue Ruhe, die Ruhe des Friedens und der Sorglosigkeit, der Beruhigung und der Sicherheit, die vollkommene Ruhe, an der du Wohlgefallen hast.
Mögen doch deine Kinder es erkennen und wissen, dass ihre Ruhe von dir herkommt; und durch ihre Ruhe sollen sie deinen Namen heiligen.« (Sabbatliturgie)

○ Das hebräische Wort bedeutet ›innehalten, aufhören‹. Das ist auch der Kern des jüdischen Sabbats: Der Schöpfung Hände und Geist entziehen und dem Schöpfer alle sieben Tage einmal sein Werk wieder zu Füßen legen:
»Ich weiß, dass ich nicht Schöpfer bin, und ich zeige es auch, dass ich es weiß: Gott ist Schöpfer, nur Gott allein.«

○ Auch *»die Seele des Menschen labt sich am Sabbat und wird erquickt«.* Und diese am Sabbat erneuerte Seele macht aus dem Sklaven der Arbeit und Mühe – in Erinnerung an die Sklavenzeit in Ägypten – wieder einen freien Menschen, ein spielendes Kind des Schöpfers – wie nach der Befreiung unter Mose.
Der Sabbat ist also auch Zeichen eines befreiten Volkes, das von niemand pausenlos angetrieben oder unterjocht werden darf.

○ Was den Tag des Herrn, unseren Sonntag, den ersten Tag der neuen Woche, an dem Christus aus dem Grab erstand, vom Sabbat unterschieden ist, dass er uns nicht nur die Vollendung der Schöpfung am siebten Tag, sondern die vollkommene Erlösung durch Jesus vor Augen stellt, also das, was Gott endgültig für uns getan hat. Die Einhaltung des Sabbat war ein Prüfstein für den moralischen Zustand Israels und seine Bereitschaft zur Treue gegenüber Gottes Weisungen. Der Tag des Herrn aber ist für die Gemeinde Jesu die beständige Erinnerung und Vergewisserung, dass sie ohne jede Bedingung von Gott durch das Erlösungswerk und die Auferstehung Jesu Christi von den Toten angenommen ist!

○ Es geht bei der Feier des Sabbat um die elementaren Fragen unseres Menschseins und Glaubens: Schöpfung, Exodus, Gerechtigkeit, Erwählung und Zeit. Wir erfahren Gott als den Mitziehenden, Jesus Christus als den Befreienden und den Geist Gottes als den, der uns der Gnade gewiss macht.

6.1.2 Eine christliche Sabbat/Sonntag-Begrüßungsfeier-Liturgie

Wir stehen um den gedeckten Tisch, auf dem zwei Kerzenleuchter mit weißen Kerzen stehen, zwei salzige Hefezöpfe mit Mohn bestreut unter der Sabbatdecke liegen, daneben ein Salzfässchen und ein Kelchglas mit rotem Traubensaft oder Wein. Die zu lesenden Texte werden reihum gesprochen.

E   Heute abend feiern wir den Beginn des Sonntags und denken dabei an das Volk Israel.
Bei Anbruch der Abenddämmerung, wenn die ersten drei Sterne sichtbar sind, wird in den Häusern das Licht entzündet.

Wir wollen heute mit Israel und für Israel beten, dass Gott seinem Volk den wahren Frieden schenkt.

Lied

E   Herr, unser Gott, erbarme dich unser! Auf dir ruht unser Vertrauen.
Du bist unser Gott und wir sind dein Volk, alle sind wir deiner Hände Werk und deinen Namen rufen wir an. Dich loben und preisen wir, Vater, Sohn und Heiliger Geist, jetzt und in Ewigkeit.

E   Lasst uns Gott loben.

A   Wir loben Gott in alle Ewigkeit.

Die beiden Sabbatkerzen werden entzündet. Die sind Erinnerung an die zweimalige Verkündigung der Zehn Gebote (Exodus ›Gedenke des Sabbattages, dass du ihn heiligst‹ Deuteronomium ›Beachte den Sabbattag, dass du ihn heiligst‹: Gedenken und Beachten!) –. Aller Anfang beginnt mit dem Licht.
Die Hausfrau spricht das folgende Gebet:
Gepriesen seist du, Herr unser Gott, König der Welt,
der du uns durch deine Gebote geheiligt hast und uns Freude schenkst,
das Licht für den Sabbat zu entzünden.
»Es werde Licht! Licht in unseren Herzen,
Licht in unseren Häusern, Licht in unserer Welt!«

A   Amen.

E   Alle, die den ›Lichtglanz der Erkenntnis der Herrlichkeit Gottes im Angesicht Christi‹ geschaut haben (2 Korinther 4,6), Christus, das Licht der Welt, sprechen mit den Kindern des Lichts:

A   Dein Wort ist meines Fußes Leuchte und ein Licht auf meinem Wege. Lasst uns wandeln im Licht des Herrn.

Danach begrüßt man sich gegenseitig (mit Umarmung oder Handschlag):

A   »Schabbat Schalom« oder: »Gesegneten Sonntag!«

E   Schüttle den Staub des Alltags ab und steh auf! Zieh dein Festgewand an, mein Volk! Durch Isais Sohn aus Bethlehem, den Messias, kommt dein Heil, die Erlösung.

Freue dich; denn dein Stern geht auf! Strahle auf, Licht von Gott!
Wach auf, mein Geist, und singe dein Lied! Denn die Herrlichkeit Gottes offenbart sich an dir.

E   Herr, du segnest, die dich preisen, und heiligst, die auf dich vertrauen.
    Der du selbst die Erfüllung des Gesetzes und der Propheten bist, Christus,
    unser Gott, der du den ganzen Heilsplan des Vaters erfüllt hast, erfülle mit
    Freude und Fröhlichkeit unsere Herzen.

A   Amen.

Lied

Psalm 98 (wird im Wechsel in zwei Gruppen gesprochen)

Singet dem Herrn ein neues Lied; denn er tut Wunder.
Er schafft Heil mit seiner Rechten und mit seinem heiligen Arm.
Der Herr lässt sein Heil kund werden;
vor den Völkern macht er seine Gerechtigkeit offenbar.
Er gedenkt an seine Gnade und Treue für das Haus Israel,
aller Welt Enden sehen das Heil unseres Gottes.
Jauchzet dem Herrn, alle Welt, singet, rühmet, lobet!

Auf dem Tisch liegen die *beiden Challot*, zwei geflochtene Weißbrote mit Mohn
bestreut. Sie sind in ein besticktes Tuch eingeschlagen, so wie das Manna auf der
Wüstenwanderung vom Tau bedeckt wurde. Zwei Zöpfe sind es, weil das Manna,
das am sechsten Tag eingesammelt wurde, auch für den Sabbat ausreichte.
Auf dem Tisch steht auch ein *Salznäpfchen*, das Symbol des ewigen, unsterblichen
Bundes.
Die Sabbatdecke wird weggenommen.

Lesung aus Deuteronomium 6

E   Höre, Israel! Jahwe, unser Gott, ist der einzige Gott!
    Du sollst, Jahwe, deinen Gott, lieben aus deinem ganzen Herzen, aus deiner
    ganzen Seele und mit all deiner Kraft!
    Und diese Worte, welche ich dir heute anbefehle, sollen in deinem Herzen
    bleiben.

Lesung aus Römer 11

E   Es wird kommen aus Zion der Erlöser.
Dies ist mein Bund mit ihnen, wenn ich ihre Sünden wegnehmen werde.
Denn Gottes Gaben und Berufung können ihn nicht reuen.
O welche Tiefe des Reichtums, beides, der Weisheit und der Erkenntnis Gottes!
Denn von ihm und durch ihn und zu ihm sind alle Dinge.
Ihm sei Ehre in Ewigkeit! Amen.

Lesung aus Deuteronomium 7

E   Du bist ein Volk, heilig für Jahwe, deinen Gott; dich hat Jahwe, dein Gott, erwählt, ihm zu gehören als Eigentumsvolk, unter allen Völkern auf Erden. Nicht weil ihr alle Völker an Zahl überträfet, neigte sich Jahwe euch zu und erwählte euch – denn ihr seid das kleinste von allen Völkern –, sondern weil Jahwe euch liebte.

Der Vater/Hausherr füllt sein Glas bis an den Rand, stellt es in den rechten Handteller und beginnt leise:
»Wir sind das Werk deiner Hände, unser Gott!«

Dann spricht er lauter weiter:
»Es wurden vollendet Himmel und Erde mit ihrem ganzen Heer.
Gott vollendete am siebten Tag seine Werke, die er machte, und ruhte am siebten Tag von allen seinen Werken, die er gemacht hatte.« (Genesis 2,1-3)
»So komme jetzt auch all unser Wirken und Sein zur Ruhe!«

Nun spricht er den Segen über den Wein:
Gelobt seist du, Herr, unser Gott, Weltenherrscher,
der die Frucht des Weinstocks erschaffen hat.
Du hast uns aus allen Völkern erwählt und geheiligt,
und deinen heiligen Ruhetag hast du uns in Liebe und Wohlgefallen zum Geschenk und Anteil gegeben.«

Der Vater trinkt einen Schluck Wein und gibt den Kelch herum.
Dann hebt die Hausfrau die Challa hoch und betet:
»Gelobt seist du, Herr, der den Ruhetag heiligt.
Gelobt seist du, Herr, unser Gott, Weltenherrscher,
der das Brot aus der Erde hervorbringt und uns sättigt.«

Eine Challa wird angeschnitten und in Stücke gebrochen, mit Salz bestreut und an alle weitergereicht. Es wird gegessen und ab und zu ein Schluck getrunken. Danach findet entweder ein fröhliches gemeinsames Mahl statt oder es wird miteinander gespielt, musiziert, gesungen, eine Abendwanderung gemacht o.a.
Zum Segen für die Nacht versammeln sich alle wieder um den Tisch:

E   Breite deinen Frieden als Schutz und Beschirmung über uns aus.

A   Gelobt seist du, Gott, der seinen Frieden über uns ausbreitet, über seine Kirche, über das Volk Israel und über Jerusalem.

A   Amen, Halleluja!

A   Vaterunser

E   Der Segen des Herrn und sein Erbarmen komme auf euch durch seine Gnade und Menschenliebe, an allen Orten seiner Herrschaft, jetzt und immer und von Ewigkeit zu Ewigkeit.

A   Amen.

Lied

6.1.3 Inhaltliche Hinweise zur Gestaltung

Die Sabbatdecke wird bei der Sabbatfeier dazu benützt, die beiden Brote zu verhüllen, sie ist in der Regel mit Symbolen und Texten verziert, die daran erinnern, dass wir als befreite Kinder Gottes allen Grund zum Feiern haben, zum Ausruhen und Loslassen in Gottes großzügiger Vor- und Fürsorge.
Im gemeinsamen oder einzelnen Gestalten vertieft sich die lösende und befreiende Bedeutung des Sabbat und findet ihren Ausdruck als sichtbare Erinnerung.

Hinweise zur Klärung

Sabbat bedeutet:
1. Wir erfahren Gott als den Mitziehenden.
2. Wir wenden uns unserer Welt zu im Anteilgeben am Schalom Gottes.
3. Wir erinnern uns im Umgang miteinander: Alle sind gleich wertgeachtet.
4. Sabbat ist Beauftragung an Gottes Volk, ein Segen für die Völker zu sein, nicht Beherrscher und Ausbeuter; denn Erwählung bedeutet Indienstnahme, Verpflichtung auf Gottes Treue, nicht aus Verdienst, sondern aus Gnade.

Mit Stoffmalfarbe/Stoffmalstiften oder Stoffkleber und Stoff-Glimmer werden die Tücher (Leintuchstoff 40 x 40 cm) gestaltet.

Durch einfache diagonale oder kreuzweise Faltung kann leicht die Mitte gefunden oder das Tuch in Felder unterteilt werden.

Zum Beschriften mit Texten eignen sich Stoffmalstifte.

Die Stoffmalfarbe muss nach dem Trocknen nach Anweisung von links eingebügelt werden, damit das Tuch gewaschen werden kann.

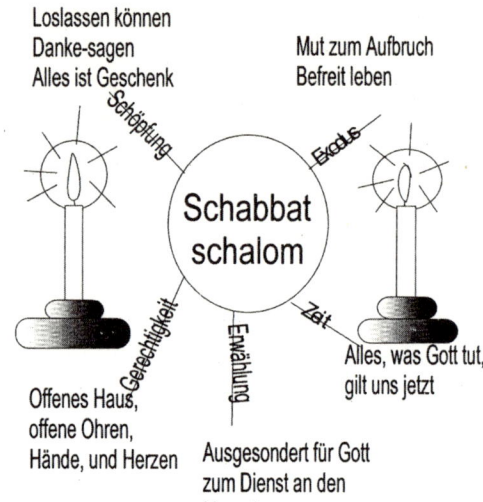

- Welcher Schwerpunkt ist mir wichtig?
- An was möchte ich ›gedenken‹?
- Was möchte ich Gott an Verantwortung und Arbeit, an Aufgabe und Last zurückgeben?
- Was bedeutet für mich der Sonntag, die Auferstehung Jesu Christi?
- Welche Zeichen oder Worte können das verdeutlichen?

Eine Familie oder Gemeinschaft kann auch gemeinsam eine Decke gestalten, in der die verschiedenen Schwerpunkte der Einzelnen sich wiederfinden.

Diese Decke wird jeweils zur Sonntag-Begrüßungsfeier benützt.

6.2 Selbstbild und Gottessicht

Für viele Menschen ist die eigene Wahrnehmung und Einschätzung hauptsächlich geprägt von Erfahrungen des Gelingens oder Scheiterns nach den Maßstäben der möglichen (Höchst-)Leistung oder des (angepassten Wohl-)Verhaltens und von den Rückmeldungen, die sie aus ihrer Umgebung erhalten.

Nicht selten legen wir an uns eine unbarmherzig hohe Messlatte an, die kaum Spielraum für Versagen oder Schwäche lässt und die schon gar nicht dem uns von Gott zugesprochenen Lebens- und Entfaltungsraum entspricht. Meist projizieren wir diese verinnerlichten Selbsteinschätzungen und Urteile nicht nur auf andere, sondern auch auf Gott selbst. Da hilft nur die Beschäftigung mit den Quellen, mit den Texten der Bibel, in denen die Wesensart Gottes in Jesus Christus und seiner Zuwendung zu Menschen sichtbar wird, damit unsere Sicht korrigiert und Fehlhaltungen erkannt und geheilt werden können.

Ziel eines befreienden Umgangs mit biblischen »Aufrichtungstexten« bleibt,

- dass wir unsere persönliche Betroffenheit und Heilungsbedürftigkeit konkret wahrnehmen, artikulieren und ansatzweise bearbeiten,

o dass wir konkrete Schritte zur Lebensstilkorrektur und zu hoffnungsvollen Aus-
blicken entdecken und in die Praxis umsetzen lernen und

o dass wir das Heilwerden als persönliches Angebot und Möglichkeit in der Gemeinschaft (der Kirche) erleben.

*Gott hat den Schuldschein, der gegen uns sprach, durchgestrichen und seine Forde-
rungen, die uns anklagten, aufgehoben. (Kolosser 2,14)*
Die in der Tiefe lauernden Forderungen an uns selbst, etwas sein oder tun zu
müssen, damit wir Gott und uns und einander wertvoll sind, haben keine
Berechtigung mehr. Es gibt keine gegen uns gerichteten Forderungen mehr,
keine Verklagung oder Anklage, kein Einfordern von mehr, als da ist, seit
Christus am Kreuz für uns starb.

6.2.1 Anleitung zu einer Gruppenerfahrung: Aufrichtung

Einstiegsimpuls

Trauerkrusten
Trockene Steine
Turmhohe Sorgengebirge drohen
Taumelnde Schritte verstellter Wege
Türlosigkeit

Mattigkeitsdürre
Mühevolles Suchen
Meilenweit ohne Horizont
Mein Leben eine Last
Mitternacht

Lichtglanzwehen
Leises Ahnen
Lockt nach oben
Leuchtender Stern über mir
Liebesruf

Augenblicksfunke
Alles umgreifend
Angesicht meines Du
Anfang eines neuen Weges
Auferstehungsmorgen

Und er lehrte in einer Synagoge am Sabbat.

Und siehe, eine Frau war da, die hatte seit achtzehn Jahren einen Geist, der sie krank machte; und sie war verkrümmt und konnte sich nicht mehr aufrichten.

Als aber Jesus sie sah, rief er sie zu sich und sprach zu ihr: Frau, sei frei von deiner Krankheit. Und legte die Hände auf sie; und sogleich richtete sie sich auf und pries Gott.

(Lukas 13,10-13)

🌑 *Gedanken zum Text als Einstimmung:*

Es ist Sabbat, Tag der Ruhe in Gottes Vollendung, Tag des Heils.

Jesus lehrt die Menschen, die sich versammelt haben, er ist da, wo die Menschen sein Wort hören wollen.

Und da ist auch diese kranke Frau, die nicht einfach nur krank ist.

Sie hat »einen Geist der Krankheit«. Ihr Geist, ihr Denken und Wahrnehmen, ihr Empfinden und Fühlen sind nicht frei, nicht heil. 18 Jahre sind eine lange Zeit, wenn sich Gedanken wie Mächte gebärden und vom Denken Besitz ergreifen.

Da machte sich etwas breit, was sie immer mehr niederdrückte.

Ihr Blickfeld wurde immer kleiner, enger, eingeschränkter.

Am Ende sah sie kaum noch den Weg vor ihren Füßen.

Sie sieht nicht mehr den Himmel, kaum die Bäume, nicht die Vögel und die ziehenden Wolken.

Sie kann sich nicht mehr aufrichten, schon gar nicht aus eigener Kraft.

Eine wirklich ›aussichtslose‹ Situation.

Sie kann auch Jesus nicht sehen. Aber er sieht sie.

Doch hören kann sie. Hat sie doch all die Jahre nur zu gut auf all die verkrümmenden inneren Stimmen gehört. Nie kam eine Stimme von außen, die sie herausgerissen hätte aus dem tödlichen Karussell.

Nun hört sie einen Anruf zu Jesus hin, dem Liebhaber ihres Lebens.

Seine Nähe ist Zuwendung in Barmherzigkeit und in der Autorität dessen, der ihr Leben heilen und erneuern kann.

»Sei los!« – ein kettensprengendes Wort.

Sie spürt die Hand Jesu auf sich. Alle Verkrümmung löst sich.

Sie richtet sich auf, steht aufrecht mit freiem Blick.

Da bricht es aus ihr hervor, was so lange vergraben war: Jubel und Dank!

o Wir hören die Frage an uns: *Welche Gedanken oder Überzeugungen erlebe ich als niederdrückend, bedrückend und traurig machend?*

o Auf vorbereitete blaue Zettel kann jede/r (jeweils einen Gedanken pro Zettel) aufschreiben.

o *Erinnere ich mich an Worte Jesu, die befreiend und frohmachend sind?*

o Auf vorbereitete gelbe Zettel kann jede/r (jeweils einen Gedanken pro Zettel) aufschreiben.

Die blauen Zettel der Bedrückung werden alle auf dem Boden verteilt, dazwischen, noch verdeckt, auch die gelben der tröstlichen Wahrheiten. (Es kann hilfreich sein, bereits eine Anzahl tröstlicher Wahrheiten, Jesusworte und Zusagen vorbereitet zu haben).

o Wir gehen jetzt alle, mit dem Gesicht nach unten, gebückt durch den Raum, dabei liest jede/r, die/der will, eine bedrückende Aussage ab.
o Dann nimmt die/der Anleitende eine gelbe Karte auf, geht zu einer Person, legt ihr die Hand auf den Rücken, fasst sie an der Hand, richtet sie auf und spricht ihr eine hoffnungsvolle Wahrheit zu. Es geschieht Aufrichtung.
o Die/der Aufgerichtete geht nun zur nächsten Person und handelt an ihr ebenso, bis alle aufgerichtet sind.
o Wir bleiben einen Moment bewusst so stehen, schauen uns um und an und setzen uns dann im Kreis zusammen.
o Wir können über das sprechen, was uns berührt hat.
o Aus einer alphabetischen Liste mit Aussagen Gottes über uns – »Wie mich Gott sieht« (Anhang 1) – sucht sich jede/r zu den Anfangsbuchstaben ihres/ seines Namens Zusagen aus und liest sie laut vor:
»In Gottes liebevollen Augen bin ich (wie) ...«
o *Variation:*
Die Aussagen liegen alphabetisch geordnet in Schälchen um die Mitte.
Jede/r zieht für ihre/seinen Nachbarn eine Aussage mit dem Anfangsbuchstaben des Namens und spricht es ihr/ihm zu, indem sie/er sie/ihn an der Hand nimmt.
»In Gottes Augen bist du ... (wie) ...«

Ein lyrisches Gebet beschließt die gemeinsame Erfahrung:

Dass du mir gut bist,
ist wie ein heilsam lauer Wind,
der mich vergessen macht den Schmerz
und lindert meiner Seele Zagen,
wenn mir die Furcht
den Atem nehmen will
und auch den nächsten Schritt umdunkelt.
Dein Nahsein ist mir
wie ein Weg in freies Land;
und ob du etwas sagst
oder auch nur dein Blick mich still berührt,
ein Freund wie du
ist Sonne auf dem Ginsterpfad.

Hinweis:

Wir sind herausgefordert, nicht müde zu werden, permanent unsere Fehlüberzeugungen durch die befreiende Wahrheit des Wortes Gottes zu ersetzen.

Jede und jeder kann diesen Dienst des aufrichtenden Zuspruchs alltäglich tun durch die Art, wie wir einander begegnen, was wir über uns und übereinander denken und aussprechen.

Weitere Texte, die zur Gestaltung und Entfaltung einladen

Markus 5,22-24.38-42   »Talitha Kumi – Mädchen, steh auf!« Die Tochter des Jairus: Aufstehen, in Bewegung kommen, Lebendig werden, Wachsein, An-die Hand-genommen-werden.

Johannes 5,1-9.14-15   Bethesda – zum Heil bewegtes Wasser: Element der Gesundung, Menschen brauchen Menschen, verlorene und geweckte Hoffnungen.

Markus 7,31-37   »Hephata – tu dich auf!« Heilung des Taubstummen: Hörenkönnen, Klänge und Töne des Lebens, heilendes Miteinanderreden und Miteinandersein.

Vielleicht gelingt es mit den Jahren, dass wir uns selbst so lieb gewinnen, wie wir sind, mit all unseren Unfertigkeiten, in der Gelassenheit der in Christus Angenommenen, weil alle Bruchstücke einmal in der großen Vollendung Gottes, in der Erlösung durch Christus zusammenfinden.

6.2.2 Lied und Gestaltungsvorschlag

Ich will, dass du lebst

Text und Melodie: Frieder Gutscher, © cap!music, Altensteig

Ich a-ber will, dass du lebst, aus Zer-bro-chenem aufstehst, du sollst wer-den, wachsen, auf-recht gehn, Blü-ten tra-gen,

© *Irmintraud F. Eckard:* »*Zum Licht hin*«
Tempera- und Konturenfarbe (29,5 x 39,5 cm)

Agnes, 9 Jahre alt: »Der alltägliche Weg«; © *Irmintraud F. Eckard*
Tempera- und Glasfarbe (39,5 x 29,5 cm)

Früch-te sehn. Ich will, dass du lebst, nicht an al - ten Wun-den

klebst, dich nicht län - ger mehr ver - säumst, in - dem du

nur dein Le - ben träumst.

Gestaltungsvorschlag:

Die Teilnehmenden sitzen im Kreis.

In der Mitte steht ein bunter Blumenstrauß mit mindestens so vielen Blüten oder Zweigen, wie es Teilnehmende sind.

Um die Mitte herum sind verdeckt ermutigende Segensworte (Anhang 2, siehe S. 200-202) sternförmig verteilt.

Das Lied wird eingeübt und gesungen oder von der CD eingespielt.

Eine/r beginnt, geht zur Mitte, holt eine Blüte/einen Zweig und ein Segenswort, geht auf eine/n im Kreis zu, überreicht die Blüte und sagt: »Gott will, dass du lebst!« dann liest sie/er das Segenswort vor (spricht es zu).

Die/der Gesegnete geht nun auch zur Mitte, wählt eine Blüte/einen Zweig usw., bis alle ein ermutigendes, sichtbares Zeichen des Aufblühens und eine persönliche Zusage erhalten haben.

Dazwischen und am Ende singen wir gemeinsam immer wieder das Lied.

6.3 Grenzen respektieren – eine biblische Betrachtung

1 Mose 8,20-22

Noah baute dem Herrn einen Altar und nahm von allem reinen Vieh und von allen reinen Vögeln und opferte Brandopfer auf dem Altar. Und der Herr roch den lieblichen Geruch und sprach in seinem Herzen: Ich will nicht mehr die Erde verfluchen um der Menschen willen; denn das Dichten und Trachten des menschlichen Herzens ist böse von Jugend auf. Und ich will nicht mehr schlagen alles, was da lebt, wie ich getan habe. Solange die Erde steht, soll nicht aufhören Saat und Ernte, Frost und Hitze, Sommer und Winter, Tag und Nacht.

Wenn ich meine eigenen Grenzen, meine Unzulänglichkeiten und die Last meines Versagens erlebe, wünschte ich mir manchmal, dass Gottes Friedensbund so lautete: »Es soll nicht aufhören getrostes Säen und liebevolle Wärme, Ferien-Sommer und heller Tag.« Und dabei wünschte ich mir voll Sehnsucht das Ende von mühevoller Arbeitslast, von Beziehungskälte und Aneinander-Schuldigwerden, Ablehnung und Ausgrenzung, von Leid, Schmerz, Tod und Nacht.

Ich identifiziere die dunklen Seiten meines Erlebens mit Frost, Winter und Nacht. Gibt es eine Versöhnung mit meinen Grenzen? Ich merke: Sie wegzudenken, fort-zuwünschen, sie zu vermeiden oder zu leugnen ist kein Weg.

Wir sind eine unzertrennbare Einheit aus Leib, Seele und Geist, aus Geworden-sein und Werden.

In dieses Dilemma hinein erinnert uns Paulus an das Fundament unseres Lebens:

Römer 8,31-35.37-39

Ist Gott für uns, wer mag gegen uns sein? Der auch seinen eigenen Sohn nicht verschont hat, sondern hat ihn für uns alle dahingegeben – wie sollte er uns mit ihm nicht alles schenken? Wer will die Auserwählten Gottes beschuldigen? Gott ist hier, der gerecht macht. Wer will verdammen? Christus Jesus ist hier, der ge-storben ist, ja vielmehr, der auch auferweckt ist, der zur Rechten Gottes ist und uns vertritt. Wer will uns scheiden von der Liebe Christi? Trübsal oder Angst oder Verfolgung oder Hunger oder Blöße oder Gefahr oder Schwert? In allem überwin-den wir weit durch den, der uns geliebt hat. Denn ich bin gewiss, dass weder Tod noch Leben, weder Engel noch Mächte, noch Gewalten, weder Gegenwärtiges noch Zukünftiges, weder Hohes noch Tiefes noch eine andere Kreatur uns schei-den kann von der Liebe Gottes, die in Christus Jesus ist, unserem Herrn.

Es ist, wie wenn Gott selbst zu uns spricht:
»Wie sollte ich deine Grenzen nicht lieben? Jeder Sommer ist schön, weil er nach der Kargheit des Winters kommt. Licht und Schatten gehören zusammen. Nacht und Tag gehören zusammen. Jede Nacht endet mit dem neuen Tag. Beides ist gut. Auch in deinen Dunkelheiten bin ich da. Nacht und Tag bin ich bei dir in gleicher Liebe. Du kannst alles getrost zulassen und dich selbst loslassen in mir.«

So kann ich mich also getrost und ohne Angst auch den Schattenseiten meines Charakters, meines Wesens und Seins stellen, weil Gott in dieser abgrundtiefen Liebe durch nichts zu erschüttern ist. Vielmehr eröffnet er mir einen Weg, damit umzugehen.

Während wir in guten Tagen, in Stärke und Freude, in Harmonie und Gelingen voll Kraft und Mut arbeiten, gestalten und uns einzusetzen, ist die Nacht die Zeit zum Loslassen, zum Schlafen und zum Ausruhen.

Ich komme nicht weiter, wenn ich gegen meine Grenzen rebelliere. Nacht heißt: Ich darf mein Mühen und Anstrengen, Wollen und Wünschen loslassen in Gottes liebevolles Vollenden, darf zulassen, dass beides zusammengehört und ausruhen in seiner Liebe.

Dein Lächeln
hat mich erreicht.
Deine Liebe
hat mich geweckt.
Ein neuer Tag beginnt
mitten in der Nacht.
Das Morgenrot deiner Hoffnung
bringt Licht.
Noch fallen Tränen
zur Erde,
benetzen die Saat
deiner Worte
wie Tautropfen.
Und ich atme den Duft
wachsenden Brotes –
Hoffnung der Herrlichkeit.
Du hast mich erreicht.

Denn ich bin gewiss, dass weder Tod noch Leben, weder Engel noch Mächte, noch Gewalten, weder Gegenwärtiges noch Zukünftiges, weder Hohes noch Tiefes noch eine andere Kreatur uns scheiden kann von der Liebe Gottes, die in Christus Jesus ist, unserem Herrn. Amen.

Gebet

Herr,
nimm du mein Leben in deine Hand
und tu damit, was dir recht ist.
Deiner Liebe will ich mich schenken.
Was du mir gibst,
ob schwer oder leicht,
will ich nicht zurückweisen.
Nur, Herr, rette mich vor mir selbst.
Vor meinem zerstörerischen Wunsch,
alles, was du fügst, ändern zu wollen.
In deinem Willen lass mich still und ruhig werden.

Dann, Herr, wird mein Herz warm
durch das Licht deiner Freude.
Ihr Feuer brenne in mir ganz hell zu deiner Ehre.
Nur dafür möchte ich leben.
Amen.

Nach Thomas Merton

6.4 Praktische Übungen

Bruchstück-Kunstwerke (eine Langzeitübung):
Um der Schönheit des Fragmentarischen nachzuspüren, haben wir einen Karton aufgestellt, in den wir alles, was zu Bruch geht, hineinlegen(oder Teile davon): Glas- und Porzellanscherben, zerbrochene Bleistifte, ein Buchdeckel, ein Socken mit Loch, Perlen von einer zerrissenen Kette, ein Stuhlbein usw. Von Zeit zu Zeit werden aus den Teilen mit Weißleim oder in Gips, mit Kupferband und Lötkolben, mit Farbe und Heißkleber Bruchstückmosaiken oder Arrangements zusammengestellt. In alten Bilderrahmen oder Schubladen finden die »Werke« einen Rahmen. Angeschlagene Milch- oder Teekannen können zu Blumenbehältern im Garten werden ... Wir machen anschaulich, dass auch im Misslingen und Zerbrechen Hoffnung verborgen ist.

Zusagen-Merkzettel:
Wir schreiben aufrichtende Wahrheiten und Zusagen auf einzelne Merkzettel, die wir an verschiedene Orte in der Wohnung platzieren, so dass wir sie immer wieder sehen und daran erinnert werden.
z.B. »Ich muss nicht 100%ig sein – und du auch nicht«.
»Siehe, in meine Hände habe ich dich eingezeichnet, sagt Gott«.
»Du darfst du sein«.
»Ich will, dass du lebst, aus Zerbrochenem aufstehst!«
»Du darfst leben, wachsen, aufrecht gehen, Blüten tragen, Früchte sehn«.
»Tu dich auf!«
...

Familien-Ermutigungs-Kalender:
Wir sammeln hilfreiche Einsichten, mutmachende Texte und Lieder und Bilder, die uns trösten und froh machen. Aus allem gestalten wir einen (gemeinsamen) Kalender mit einem bunten Potpourri an Impulsen für jeden Monat. Am Ende jeden Monats wird die Seite zerlegt und an Menschen aus unserem Freundeskreis, Nachbarn o.a. verteilt.
Variation: Wir kopieren jede Seite und verwenden sie in dem jeweiligen Monat als Briefvorlage z.B. für Geburtstagsbriefe.

Anhang 1: Biblische Segensbilder

Wie Gott mich sieht – alphabetische Liste

In Gottes Augen bin ich
wie ein Adler   (Psalm 103,5)

In Gottes Augen bin ich
angesehen   (Psalm 139,16)

In Gottes Augen bin ich
ein Anbeter   (Johannes 4,23+24)

In Gottes Augen bin ich
wie ein Apfelbaum   (Hoheslied 2,3)

In Gottes Augen bin ich
eine schöne Aue   (Jeremia 6,2)

In Gottes Augen bin ich
ein Augapfel Gottes
        (5 Mose 32,10 / Sacharja 2,12)

In Gottes Augen bin ich
auserwählt   (Offenbarung 17,14)

In Gottes Augen bin ich
Arbeiter in der Ernte   (Matthäus 9,38)

In Gottes Augen bin ich
ausgesandt   (Markus 3,14)

In Gottes Augen bin ich
ein Baum am Wasser   (Psalm 1,3)

In Gottes Augen bin ich
barmherzig   (Matthäus 5,7)

In Gottes Augen bin ich
bereit zu guten Werken   (Titus 3,1)

In Gottes Augen bin ich
berufen   (2 Petrus 1,3)

In Gottes Augen bin ich
bewahrt vor dem Bösen
        (2 Thessalonicher 3,3)

In Gottes Augen bin ich
bewährt   (1 Petrus 1,7)

In Gottes Augen bin ich
eine Blume   (Hoheslied 2,1)

In Gottes Augen bin ich
ein Bote/eine Botin   (Jesaja 52,7)

In Gottes Augen bin ich
Brief Christi   (2 Korinther 3,3)

In Gottes Augen bin ich
Christus angehörend   (Markus 9,41)

In Gottes Augen bin ich
in Christus Jesus   (Römer 8,1)

In Gottes Augen bin ich
Christi Eigentum   (1 Korinther 3,23)

In Gottes Augen bin ich
in Christus geheiligt   (1 Korinther 1,2)

In Gottes Augen bin ich
Diener Christi   (2 Korinther 6,4)

In Gottes Augen bin ich
dankbar   (Epheser 5,20)

In Gottes Augen bin ich
Eigentum Gottes   (1 Petrus 2,9)

In Gottes Augen bin ich
erfüllt mit Trost   (2 Korinther 7,4)

In Gottes Augen bin ich
erlöst   (Jesaja 62,12)

In Gottes Augen bin ich
erneuert   (2 Korinther 4,16)

In Gottes Augen bin ich
errettet   (Joel 3,5)

In Gottes Augen bin ich
eine Fackel   (Offenbarung 11,4)

In Gottes Augen bin ich
eine Flamme   (Jesaja 10,17)

In Gottes Augen bin ich
auf dem Felsen   (Psalm 40,3)

In Gottes Augen bin ich
ein freier Mensch   (Johannes 8,36)

In Gottes Augen bin ich
ein/e Freund/in   (Johannes 15,15)

In Gottes Augen bin ich
fröhlich   (Psalm 9,3)

In Gottes Augen bin ich
ein Garten Gottes   (Hoheslied 4,12)

In Gottes Augen bin ich
ein geheiligtes Gefäß   (2 Timotheus 2,21)

In Gottes Augen bin ich
geduldig   (Offenbarung 2,2)

In Gottes Augen bin ich
gegründet auf Felsen   (Matthäus 7,25)

In Gottes Augen bin ich
gerecht   (Römer 8,30)

In Gottes Augen bin ich
gesegnet   (Psalm 115,15)

In Gottes Augen bin ich
glücklich   (2 Chronik 32,30)

In Gottes Augen bin ich
ein Hausgenosse Gottes   (Epheser 2,19)

In Gottes Augen bin ich
Haushalter/in Gottes   (1 Petrus 4,10)

In Gottes Augen bin ich
heil   (1 Petrus 2,24)

In Gottes Augen bin ich
ein Held, eine Heldin   (Richter 6,12)

In Gottes Augen bin ich
herzlich   (Epheser 4,32)

In Gottes Augen bin ich
in Gott ein Licht   (Epheser 5,8)

In Gottes Augen bin ich
in die Hände Gottes gezeichnet
            (Jesaja 49,16)

In Gottes Augen bin ich
immer ohne Mangel   (Jakobus 1,4)

In Gottes Augen bin ich
ein/e Jünger/in   (Matthäus 10,25)

In Gottes Augen bin ich
ein Kind Gottes   (Römer 8,14)

In Gottes Augen bin ich
ein Kleinod   (Jesaja 45,3)

In Gottes Augen bin ich
klug   (Psalm 119,104)

In Gottes Augen bin ich
voll Kraft Gottes   (Kolosser 1,11)

In Gottes Augen bin ich
königlich   (Offenbarung 1,6)

In Gottes Augen bin ich
eine Krone   (Philipper 4,1)

In Gottes Augen bin ich
ein Lamm in Gottes Herde   (Lukas 10,3)

In Gottes Augen bin ich
im Lebensbuch verzeichnet
            (Offenbarung 21,27)

In Gottes Augen bin ich
ein/e Lehrer/in   (Epheser 4,11)

In Gottes Augen bin ich
voll Licht   (1 Thessalonicher 5,5)

In Gottes Augen bin ich
ein Licht der Welt   (Matthäus 5,14)

In Gottes Augen bin ich
eine Lilie   (Hoheslied 2,1)

In Gottes Augen bin ich
mächtig   (Philipper 4,13)

In Gottes Augen bin ich
Menschenfischer/in   (Markus 1,17)

In Gottes Augen bin ich
mitleidsvoll   (1 Petrus 3,8)

In Gottes Augen bin ich
ein/eNachfolger/in   (Epheser 5,1)

In Gottes Augen bin ich
ohne Furcht   (Lukas 1,74)

In Gottes Augen bin ich
ein Ölbaum   (Jeremia 11,16)

In Gottes Augen bin ich
eine Pflanzung des Herrn   (Jesaja 60,21)

In Gottes Augen bin ich
wie ein Palmbaum   (Psalm 92,13)

In Gottes Augen bin ich
eine Quelle   (Sprüche 13,14)

In Gottes Augen bin ich
eine Rebe am Weinstock   (Johannes 15,5)

In Gottes Augen bin ich
reich beschenkt   (2 Korinther 9,11)

In Gottes Augen bin ich
reichlich getröstet   (2 Korinther 1,5)

In Gottes Augen bin ich
ruhend   (Hebräer 4,10)

In Gottes Augen bin ich
eine Rose   (Hoheslied 2,1)

In Gottes Augen bin ich
ein Sämann   (Markus 4,14)

In Gottes Augen bin ich
sanftmütig   (Matthäus 5,5)

In Gottes Augen bin ich
ein Segen   (Sacharja 8,13)

In Gottes Augen bin ich
schön   (Jesaja 62,3)

In Gottes Augen bin ich
stark   (Epheser 6,10)

In Gottes Augen bin ich
teuer erkauft   (1 Korinther 6,20)

In Gottes Augen bin ich
treu   (1 Timotheus 1,12)

In Gottes Augen bin ich
tröstend   (2 Korinther 1,4+5)

In Gottes Augen bin ich
tüchtig   (2 Korinther 3,5)

In Gottes Augen bin ich
umfangen von Güte   (Psalm 32,10)

In Gottes Augen bin ich
umgeben von einer feurigen Mauer
(Sacharja 2,9)

In Gottes Augen bin ich
über die Mauer springend   (Jesaja 35,6)

In Gottes Augen bin ich
unterwiesen im Weg des Herrn   (Psalm 32,8)

In Gottes Augen bin ich
in Vergebung lebend   (Epheser 1,7)

In Gottes Augen bin ich
versöhnt mit Gott   (2 Korinther 5,18)

In Gottes Augen bin ich
wohl versorgt   (Sprüche 8,21)

In Gottes Augen bin ich
in der Wahrheit wandelnd   (3 Johannes 3+4)

In Gottes Augen bin ich
wie eine Wasserquelle   (Jesaja 58,11)

In Gottes Augen bin ich
ein Werk Gottes   (Epheser 2,10)

In Gottes Augen bin ich
ein Zeuge, eine Zeugin
(Apostelgeschichte 10,39)

In Gottes Augen bin ich
eine Zuflucht   (Jesaja 32,2)

In Gottes Augen bin ich
voll Zuversicht   (Jeremia 17,7)

Anhang 2: Segensworte der Ermutigung

So wie einer, der gesät hat, in bestimmter Gewissheit auf die Früchte wartet, so hast auch du dein Herz in der Geduld verankert, dass Gottes Verheißung sich erfüllt. Du hast einen langen Atem für alle, die mit dir leben, weil Gottes Erbarmen euch alle trägt und zum Ziel bringt. (Nach Jakobus 5)

Weil du dich Gott untergeordnet hast und nach seinem Willen fragst, hört er auf deine Bitten und gibt dir, was du für andere brauchst.
Du hängst dein Herz nicht an vergängliche Dinge; denn du hast die Freundschaft mit Gott gewählt. (Nach Jakobus 4)

Du weißt um die Kraft des Wortes Gottes. Aus der guten Quelle der Liebe und Wahrheit, der Barmherzigkeit und der Klarheit sprich in Schlichtheit, was aufbaut und ermutigt. Überlasse die Vollendung dem einzig Vollkommenen, Jesus. Ruhe im Schweigen. (Nach Jakobus 3)

Wie ein Gärtner eine Pflanze einsetzt, begießt und pflegt, so will Jesus seine Worte in dein Leben einpflanzen.
Im Hören wächst in dir das mutige Reden und die Tat der Liebe. Achte darauf, dass die Saat nicht erstickt wird, sorge für Licht und Wärme, indem du der Freude Raum gibst. (Nach Jakobus 1)

In großer Güte begegnet dir Gott. Darum bist du sicher und zweifelst nicht, wenn du ihn um Hilfe bittest: Dein Glaube ist stark, weil Gott der Fels ist. Deine Liebe wird erneuert, weil Gott die Quelle ist. Deine Freude wächst, weil du seine Wohltaten entdeckst. (Nach Jakobus 1)

Ich freue mich an deinem Leben. Du unterstützt und begleitest, hilfst mit und ergänzt, was fehlt. Durch dein selbstloses Dienen und Lieben breitest du das Reich Gottes aus. In allem hast du Frieden; denn du bist mir kostbar und wertvoll. (Nach 3 Johannes)

Fürchte nichts! Gott selbst bewahrt dich und schützt dich, weil du dich ihm anvertraut hast. Was dich auch umgibt, durch Gottes Heiligen Geist erkennst du die Wahrheit und überwindest das Böse mit Liebe.
Rufe getrost und bitte freimütig; denn du gehörst zu Jesus Christus, der dich gerettet hat zum ewigen Leben. (Nach 1 Johannes 5)

Du bekennst Jesus Christus und weißt um seine große Liebe zu dir. Das schenkt dir die Freiheit zu lieben, die ungeliebt sind, zu versöhnen, die ohne Frieden sind, und zu vertrauen, dass Jesus mit seiner Liebe alles vollendet, was du beginnst. Sei mutig im Tun des Guten. (Nach 1 Johannes 4)

Wie ein Kind zum Vater kommt, so breite vor ihm aus, was dich bewegt und beschäftigt. In seiner Nähe lösen sich Fragen und der Mut zur Wahrheit wächst in dir.
Die Liebe und Wertschätzung Jesu Christi gibt dir Stärke und Tapferkeit zu tun, was Recht ist und furchtlos zu lieben. So sind es nicht deine Worte, die Gott loben, sondern deine Haltung des kindlichen Vertrauens. (Nach 1 Johannes 3)

Weil du dich entschlossen hast, Gottes Wort zu halten, strahlst du Gottes Liebe aus. Du lebst im Licht und suchst die Gemeinschaft der Brüder und Schwestern. Jeden Tag neu ist die Vergebung dein Fundament und dein Weg. Empfange sie und gib sie weiter, so wird Jesus Christus in dir erkannt. (Nach 1 Johannes 2)

Du achtest mehr auf Gottes Wort und Verheißungen als auf das Gerede der Menschen. Sei darin stark und fest, zuversichtlich und unerschütterlich. Halte dich an die Geduld Jesu Christi und bleibe darin im Frieden, so wird deine Erkenntnis zunehmen, du wirst ihn verstehen und lieben lernen. (Nach 2 Petrus 3)

Du kannst so leben, wie es Gott gefällt, weil Jesus dich bei deinem Namen gerufen hat und dir die Kraft dazu gibt. Im Vertrauen auf ihn gehst du den Weg bis zum Ziel in Geduld,

Gottesfurcht und Liebe zu den Menschen. Jeden Tag stelle dich auf das feste Fundament, dass du berufen und erwählt bist, zu Jesus Christus zu gehören. (Nach 2 Petrus 1)

Fürchte keinen Wind und erschrick nicht vor Menschen! Du hast den guten Weg gewählt, dich von Jesus Christus führen zu lassen. Diese Hoffnung strahlt aus dir und viele kommen ins Fragen nach dem Grund deiner Freude. Freimütig und mit gutem Gewissen kannst du jederzeit und überall deinen Glauben bekennen. Dein Leben bekräftigt deine Worte. (Nach 1 Petrus 3)

Du hast dein Lebenshaus auf Jesus Christus als Fundament gebaut. Er hat dich eingefügt in die Gemeinde, in das heilige Gottesvolk, das er selbst leitet und versorgt. Seine Geduld und Freundlichkeit bestimmen dein Leben, weil du ihm überlässt, dich zu rechtfertigen, dich zu heilen und dir zu geben, was du brauchst. (Nach 1 Petrus 2)

Dein Glaube erweist sich in deiner praktischen Liebe, in Gastfreundschaft und Fürsorge, in Hilfeleistungen und Unterstützung. Du weckst dadurch Trost und Freude in der Gemeinde. Gottes Freude über dich ist groß, ihn erkennst du immer mehr. (Nach Philemon)

Die dir Anvertrauten lehrst du mit der Weisheit des Heiligen Geistes und führst sie von der Finsternis zum Licht. Sei unbesorgt im Reden des gesunden Wortes Gottes und unermüdlich im Tun. Glaube, Liebe und Geduld sind deine Stütze und der Anker deiner Seele. Niemand kann dich verlästern! (Nach Titus 2)

Du weißt dich aus Gottes Barmherzigkeit gerettet und berufen zur tatkräftigen Liebe. Deine Bereitschaft zum Tun des Guten ist groß. Lass dich jeden Tag vom Heiligen Geist erfüllen und ausrüsten, damit deine Zuversichtlichkeit und dein Mut erneuert werden und du nicht müde wirst. Jesus Christus schenkt dir Fülle und Frieden. (Nach Titus 3)

Die Liebe Gottes und die Geduld Jesu Christi mit allen Menschen prägt dein Leben. Er stärkt dein Vertrauen und bewahrt dich vor Gefahren des Leibes und der Seele. Du scheust keine Mühe und Arbeit im Einsatz für die Verkündigung des Wortes Gottes. Höre nicht auf, zuversichtlich zu beten für alle, die lehren und leiten. (Nach 2 Thessalonicher 3)

Du bist wachsam, ein Kind des Lichts und des Tages. Dein Glaube und deine Liebe sind dein Schutz in Zeiten der Unsicherheit und der Müdigkeit. Die Gewissheit des Heils in Jesus Christus bewahrt dein Denken. Wo du auch bist und was du auch tust, du lebst für ihn und er lebt mit dir. Sei zuversichtlich und ohne Sorge wie ein Kind. (Nach 1 Thessalonicher 5)

Du zeigst Vertrauen zu denen, die dich im Glauben leiten. Deine Liebe ermutigt sie und stärkt sie für ihre Aufgabe. Du hast Tragkraft für die Schwachen, Geduld zeichnet dich aus. Deine Fröhlichkeit und dein Eifer für das Gute sind Gott kostbar. Deine Dankbarkeit ist der Glanz deiner Gebete, die Gott erfreuen. Unversehrt und unsträflich bewahrt dich Jesus Christus in deiner Berufung. (Nach 1 Thessalonicher 5)

In Stille und Treue arbeitest du, wie du es vermagst. Gott sieht auf das Werk deiner Hände und deines Herzens und stärkt dich, dass alles in der Liebe geschieht. Du lebst vor Gott und aus der Kraft des Heiligen Geistes, durch den du anderen dienst nach deinem Vermögen. Gott vollendet sein angefangenes Werk in dir. Entspanne dich in ihm. (Nach 1 Thessalonicher 4)

In großer Freiheit und Freude lobst du Gott. Sei nicht ängstlich, sei erfinderisch und mutig: Neue Lieder wachsen aus der Liebe. Dein ganzes Leben ist umgeben von herzlichem Erbarmen und der Freundlichkeit Gottes, die sich in Vergebung zeigt. Gottes Wort gewinnt immer mehr Raum in dir und prägt dein Denken. Du bist geliebt! (Nach Kolosser 3)

Alle Unterschiede sind überwunden in der Liebe Christi. Keine Sorge bedrücke dein Herz. Alles, was dich bewegt, sprich es aus im Gebet. Dann wird Gottes Friede und sein sanfter Geist bei dir einkehren. Du kannst zufrieden sein mit dem, wie es ist, weil Jesus Christus dir alles ist, was du brauchst und ersehnst. (Nach Philipper 4)

Du willst, was Gott will, und er wirkt es in dir. Die Gesinnung Jesu Christi strahlt in dir auf: herzliche Liebe und Barmherzigkeit, Trost und Einmütigkeit. Weil du mit Fröhlichkeit dienst und ohne Klagen arbeitest, bist du für viele ein strahlendes Licht und eine Fackel im Dunkeln. Kostbar bist du in Gottes Augen. (Nach Philipper 2)

Du bist entschieden, Jesus Christus nachzufolgen und er hat sich deiner angenommen in großer Liebe.
Sein Geist lehrt dich einen neuen Weg: Gütig und wahr kannst du Menschen begegnen. Du erkennst, was Gott gefällt, und trittst mutig dafür ein. Kostbar ist jeder Tag: Christus lebt ihn mit dir und verändert dich in sein Bild. Freue dich! (Nach Epheser 5)

Durch dein Vertrauen in Jesus Christus wirst du stark und fest in der Liebe. Dein Herz wird weit und offen für alle, die ihn nicht kennen. Durch Gottes Liebe überwindest du Grenzen und Mauern, Zäune und Barrieren. Freimütig gibst du weiter, was er dir gab, und ehrst ihn durch deinen Gehorsam. (Nach Epheser 3)

Dein Glaube an Jesus Christus wird sichtbar in allem, was du aus Liebe tust. Du hast offene Augen und ein offenes Herz für die Nöte anderer. In großer Freiheit dienst du. Freundlichkeit und Güte sind um dich durch den Heiligen Geist, der alles Gute in dir reifen lässt. Gott vertraut dir viel an.
(Nach Galater 5)

Du hast Raum gemacht für das Wirken des Heiligen Geistes, dass Frieden und Freude in deinem Haus einkehren. So bekommst du einen Blick für das, was aufbaut und Mut macht; denn die Liebe Jesu Christi zeigt sich in deinem Tun, im Kleinen und im Großen zu Gottes Ehre. (Nach Römer 14)

Wie Christus sein Leben für dich gelebt und geopfert hat aus Liebe, so lebst auch du für die dir Anvertrauten. Deine Wertschätzung und Annahme schafft Raum zur Entfaltung und gibt Trost denen, die verzagen wollen. Der Gott der Hoffnung erfüllt euch mit Frieden und Einheit im Glauben.
(Nach Römer 15)

Du lebst mitten in der Welt und stehst doch ganz auf dem neuen Land des Lebens für Jesus Christus. Du kennst die Spielregeln dieser Zeit und hast für dich gewählt, dein Denken und Handeln von Gottes Wort bestimmen zu lassen. Immer mehr erkennst du den Willen Gottes und tust, was ihn ehrt und erfreut. Er schenkt dir zu deiner Sorgfalt Freude und Gelingen.
(Nach Römer 12)

Kapitel 7   Schluss

7.1 Inspirationen zum Weiterdenken

Mir scheint, dass Gotteserfahrung immer eine dreipersonale Erfahrung ist und auf die umfassende Heilung, Stärkung und Entfaltung von Gemeinschaft zielt. Sie befähigt uns, wenn sie echt ist, in aufrichtiger Hinwendung und Offenheit auf das große Du Gottes hin zu reifen und durch Scheitern und Gelingen zueinanderhin gemeinschaftsfähig zu werden. Sie ist damit wesentlich und geistlich dreidimensional.

Gott mehr,
das ist der Schlüssel,
Gott mehr,
das öffnet Gefängnisse,
Gott mehr,
das schenkt Höhe und Weite und Tiefe,
Gott mehr,
das ist Vorrang der Worttreue,
Gott mehr,
das ist Gabe des Geistes,
Gott mehr,
das ist zwingend gegen alle anderen Zwänge,
Gott mehr,
das ist Lebensantwort auf Liebe,
Gott mehr,
das ist heute zu buchstabieren,
Gott mehr,
das ist Berg der Begegnung,
Gott mehr,
das ist unser Alltagsweg,
Gott mehr!

Denkt an die Vögel,
schaut auf das Gras,
lasst alles wachsen bis zur Ernte.
Geht euren Weg,
seht auf das Ziel,
nehmt Tasche und Stab
und bleibt nicht stehn.
Blickt nicht zurück,
hört auf das Lied:
Menschenzeit flieht,
Gott aber bleibt.

7.2 Lied zur Vertiefung

Text und Melodie: Irmintraud F. Eckard

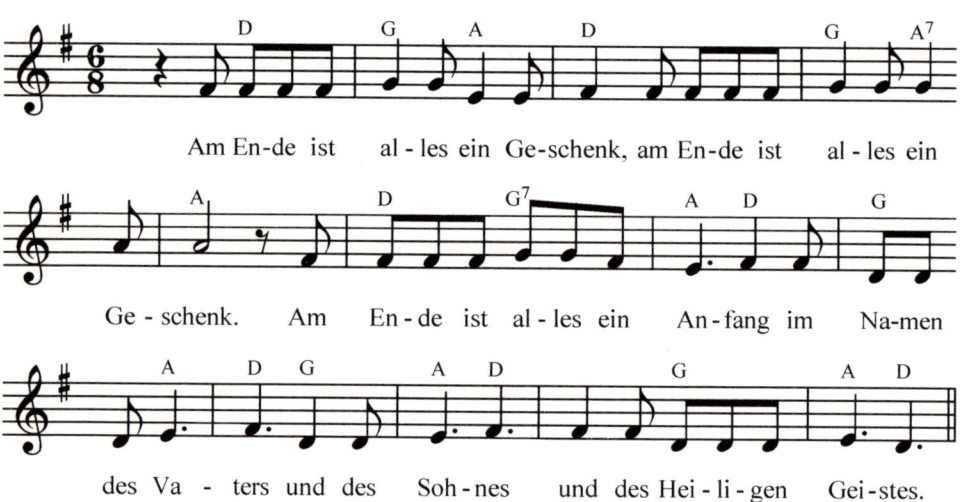

Vielleicht können wir es von den Kindern, die Jesus buchstäblich in die Mitte gestellt hat, lernen, um was es geht.

Im kindlichen Wahrnehmen liegt etwas von der durch Zweifel und Vernunft noch unberührten Erkenntnis dessen, was wirklich ist. Wer aufmerksam und wach mit Kindern lebt, »erntet« immer wieder spontane und in ihrer Klarheit überraschende Einsichten. Da gilt es dann behutsam und leise zu sein, nicht zu fragen und zu erörtern, sondern eher zu hören und einzusammeln. In ihrer kindlich-aufrichtigen Direktheit und absichtslosen Empfangsbereitschaft sind sie uns Erwachsenen ein Vorbild für das Wesentliche, um das es im Umgang mit dem Spirituellen geht: das Beschenktsein mit dem Unerwarteten.

7.3 Die Weisheit eines Kindes

Eine Sechsjährige spricht eine fundamentale Erkenntnis aus: »Wir sollen alle dumm sein, dann werden wir frei sein. Gott hat alle gleich lieb.« Zunächst bin ich verblüfft und etwas irritiert, dann leuchtet es mir auf: »Dumm-sein« bedeutet nichts anderes als Arm-Sein, sich nicht als Wissende, Vermögende, Beherrschende und Autonome gebärden, sondern als Angewiesene, als von Gott mit allem und in allem Beschenkte.

Arm bleiben
nichts festhalten wollen,
nicht Freude, noch Sonne,
nicht Trotz, noch Ärger,
nicht Erfahrung, noch Erleben.
Arm bleiben – Kind werden.
Arm bleiben –
alles als Geschenk empfangen,
Fülle des Lebens in Liebe und Last,
in Lust und Leiden.
Arm bleiben – schlicht werden.
Arm bleiben –
Kräfte nicht angstvoll horten,
den Blick nach oben weiten,
verschwenderisch geben; denn
Neues kommt zur Zeit.
Arm bleiben – beschenkt werden.
Arm bleiben –
den Weg mitgehen,
ohne Tasche und Schuhe,
als Versorgter und Freund,
nicht als Herrschaftsmächtiger,
Alleswissender, Selbstbestimmender.
Arm bleiben – hörend werden.
Arm bleiben –
Glück einer führenden Hand erleben,
eines gefüllten Korbes Freude,
eines liebenden Blickes jederzeit –
gute Zeit.
Arm bleiben – froh werden.
Arm bleiben –
Seiner Macht trauen,

auf Gewalt Verzichten;
Seine Ehre mehren,
Selbsterhöhung meiden;
Seinen Reichtum kennen,
sich von angehäuftem Sichtbaren lösen.
Arm bleiben – frei werden.

7.4 Ein Vorschlag zum Schluss

Zum Schluss mache ich einen Vorschlag, es könnte auch eine Erinnerung sein, ein lebensdienlicher Hinweis vielleicht oder ganz und gar überflüssig, weil es selbstverständlich ist, sei's drum:

Lies nicht nur ›spirituelle Bücher‹, wenn du den inneren Weg suchst und gehst. Lies Gedichte, Geschichten von Menschen, lies Märchen und Mythen und ehrliche Briefe, bis du Worte findest, die dich beunruhigen oder befrieden; dann lege die restlichen Worte getrost beiseite und verweile.

Schaue nicht nur ›heilige Bilder‹ an. Gehe in Ausstellungen und durchwandere tausend Gemälde, bis dein Herz an einem hängen bleibt und etwas findet, was dich rührt; alle anderen Bilder vergiss getrost und hüte den Schatz.

Höre nicht nur sakrale Musik. Öffne dein Ohr dem vielerlei Getön und mancherlei Gesang, bis ein Klang dein Gemüt in Schwingung bringt und deine Füße das Tanzen lehrt; alle anderen halte nicht auf im Verschweben.

Denn in allem und überall ist Gott und sucht dich ganz auf deine-seine Art anzureden und anzurühren und zu wandeln in Lebendigkeit.

Anmerkungen

1. *Ignatius von Loyola*, Geistliche Übungen, nach dem spanischen Urtext übersetzt von Peter Knauer, Echter, Würzburg 1998.
2. *I.F. Eckard*, in: »Satt kenn ich nicht!« (Knockin' on Heavens Door, Bd. 3), Gütersloher Verlagshaus, Gütersloh 2001, S. 129f.
3. Aßmann, Helmut, Militärdekan im Ev. Kirchenamt für die Bundeswehr in Bonn (in: ›Schritte 4/2001, Magazin für Christen, Aussaat-Verlag, Neukirchen-Vluyn, S.6):
   »Das Wesen des Menschen: Aus Erde gemacht, aber von Gott bewegt: Materie wie Sterne, Steine und Stroh, aber bis in das letzte Molekül voller göttlicher Anwesenheit. Vergänglich wie alles Geschaffene, aber voller Sinn und Sehnsucht für das Unvergängliche. ... Spiritualität ist jene Lebensbewegung, in der ein Mensch sich der göttlichen Anwesenheit in der Welt und in seinem eigenen Leben zuwendet, sich ihr öffnet und in ihr seine Erfüllung findet. Ein spirituelles Leben bringt die irdische Vorgabe der geschichtlichen Existenz und die himmlische Gabe des lebendigen Gottesatems zusammen; in ihm verbinden sich *menschliche Arbeit* und *göttliche Zuwendung* zu einer Daseinsform.«
4. *I.F. Eckard*, Bibel kreativ, Patmos Verlag, Düsseldorf 2000.
5. Der große Duden, Fremdwörterbuch, Mannheim/Wien/Zürich 1971.
6. *Martin Buber*, Ich und Du, 11. Auflage, Heidelberg 1983, S. 99.
7. *Ulrich Schaffer*, Entdecke das Wunder, das du bist, 6. Aufl., Kreuz-Verlag, Stuttgart 1992, S. 9.
8. Brot in deiner Hand, in: Vorlesebuch Symbole, Geschichten zu biblischen Bildwörtern, 2. Auflage, Verlag Ernst Kaufmann, Lahr und Patmos Verlag, Düsseldorf 1990, S. 231ff.
9. Henri J.M. Nouwen, Ich hörte auf die Stille – Sieben Monate in einem Trappistenkloster, 16. Auflage, Verlag Herder, Freiburg 1978.
10. Nach Martin Buber, Das Buch der Preisungen, Gerlingen 1992, S. 31.
11. *Antoine de Saint-Exupéry*, Der kleine Prinz, Karl Rauch Verlag, Düsseldorf 1978, S. 56.
12. *Paul Jakobi (Hg.)*, Liebeserklärungen an meinen Gott, Paderborn 1999, S. 19.
13. *Rainer Maria Rilke*, Werke, Band 1, Insel Verlag, Frankfurt 1980, S. 22.
14. *Moshé Feldenkrais*, Bewußtheit durch Bewegung. Der aufrechte Gang, Suhrkamp 1978.
15. *Elke Hirsch*, Kommt singt und tanzt, 2. Auflage, Patmos Verlag, Düsseldorf 1999.
16. Gesänge aus Taizé, Neue Ausgabe, Ateliers et Presses de Taizé 1995, S. 13.
17. 25 Lieder von Frieder Gutscher, Cap!Music, Altensteig 2000, Refrain von ›Sei gesegnet du‹.
18. *Martin Gutl*, Der tanzende Hiob, Graz 1975, S. 58.
19. Der Messias – Händel Meets Pop, Pila Music GmbH, Dettenhausen 1995, Track 12.
20. *Walter Nigg*, Gebet der Christenheit, Siebenstern Verlag, München 1971, S. 46.
21. *W. Stählin*, Sendung und Botschaft, München 1963, S. 208.
22. Unter Verwendung eines Textes von Christel Straub aus »anstiftungen« – ein Hoffnungsbuch für junge Menschen, hg. v. G. Biemer, A.Biesinger und W. Tzscheetsch, 6. Auflage, Verlag Herder, Freiburg 1986, S. 82f.
23. *Michael Kampik*, Die Erschaffung des Kusses und andere Legenden von der Liebe, 2. Auflage, Verlag Herder, Freiburg 1987, S. 63.
24. Schau doch meine Hände an, Sammlung einfacher Gebärden zur Kommunikation mit nichtsprechenden Menschen, Bundesverband evangelischer Behindertenhilfe e.V., 5. Auflage, Diakonie-Verlag, Reutlingen 1998.
25. *G. Smalley/ J. Trent*, Bitte segne mich, Auf der Suche nach dem verlorenen Segen, 2. Auflage, Francke Verlag, Marburg 1992.
26. *Henri J.M. Nouwen*, Was mir am Herzen liegt. Meditationen, 4. Auflage, Verlag Herder, Freiburg 1998, S. 50.
27. *Anselm Grün*, Jeder Mensch hat einen Engel, 3. Auflage, Verlag Herder, Freiburg 1999, S. 92f.
28. *Heinrich Spaemann*, Orientierung am Kinde, 6. Auflage, Johannes Verlag, Einsiedeln 1984, S. 125f.
29. *Maria Calanz Ziesche*, Die letzte Freiheit. Schwestern Unserer Lieben Frau, Rheinbach bei Bonn 1990.
30. Die Anregung mit inneren Bildern zu arbeiten habe ich zuerst bei Herrn Gemeindereferent Klaus Stemmler im Bischof-Ketteler-Haus, Exerzitienhaus der Diözese Mainz, in 64801 Dieburg, Postfach 1148, kennen und schätzen gelernt, der dazu eine hilfreiche, ausführlichere Anleitung geschrieben hat.
31. *Rainer Maria Rilke*, Werke 1, Suhrkamp Verlag, Frankfurt am Main, S. 12.
32. Eine ausführliche Beschreibung und Anleitung findet sich in: I.F. Eckard, ›Bibel kreativ‹, Patmos Verlag, Düsseldorf 2000, S. 53ff.
33. *Hilde Domin*, Gesammelte Werke, S. Fischer-Verlag, Frankfurt a.M. 1987.
34. *Franz von Assisi*, Das Testament eines armen Mannes, Bildmeditationen von Anton Rotzetter und Werinhard Einhorn, Verlag Herder, Freiburg 1987, S. 110.

35. *C. Virgil Gheorghiu*, Von Fünfundzwanzig Uhr bis zur Ewigkeit, S. 10.
36. Unter Verwendung der folgenden Quellen zusammengestellt: NAI-Nachrichten aus Israel, Februar 93, ›Jüdisches Urchristentum‹, S. 10.
   S.Ph.De Vries, Jüdische Riten und Symbole, Fourier Verlag, Wiesbaden 1988/5, S. 57ff.
   Charles Henry Mackintosh, Gedanken zum 1. Buch Mose, H.L.Heijkoop, Winshoten, 1973/12.
   dto., Gedanken zum 2. Buch Mose, s.o.
   Joyce Hannover, Gelebter Glaube – Die Feste des jüdischen Jahres (GTB 778), Gütersloher Verlagshaus, Gütersloh 1992/3, S. 17ff.

Verwendete Bibelübersetzungen

Die Bibel nach der Übersetzung Martin Luthers in der revidierten Fassung von 1984.
Gott-Gesänge, Die Psalmen in die Sprache der Gegenwart übersetzt und kurz erläutert von Ludwig Albrecht, Ökumen. Verlag Dr. R.F.Edel, Marburg 1966.
Das Neue Testament, übersetzt und kommentiert von Ulrich Wilckens, 3. Auflage, Furche Verlag, Hamburg 1971.
Die Bibel, Die Heilige Schrift des Alten und Neuen Bundes (Jerusalemer Bibel), Verlag Herder Freiburg 1965.

Ergänzende Literaturliste

van Breemen, Piet, *Was zählt ist die Liebe, Verlag Herder, Freiburg 1999*.
Bund der Deutschen Katholischen Jugend/Bischöfliches Jugendamt im Bistum Mainz (Hg.), *Leben einüben. Texte und Übungen zum ganzheitlichen Beten und zu den »geistlichen Übungen des Ignatius«, Ein Lese- und Übungsbuch, Fundgrube 4, Mainz 1986*.
Delbrêl, Madeleine, Frei für Gott, Johannes Verlag, Einsiedeln 1976.
Grün, Anselm, Verwandlung. Eine vergessene Dimension geistlichen Lebens, 8. Auflage, Matthias Grünewald Verlag, Mainz 2000.
–, Bilder von Verwandlung, 7. Auflage, Vier-Türme Verlag, Münsterschwarzach 1997.
–, Jeder Mensch hat einen Engel, 3. Auflage, Verlag Herder, Freiburg 1999.
–, Den Reichtum des Lebens entdecken, Biblische Bilder einer heilenden Seelsorge, 4. Auflage, Matthias Grünewald Verlag, Mainz 1999, S. 83ff.
– und *Müller, Wunibald* (Hg.), Was macht Menschen krank, was macht sie gesund?, 2. Auflage, Vier-Türme Verlag, Münsterschwarzach 1998.
Johne, Karin, Geistlicher Übungsweg für den Alltag, Styria Verlag, Wien 1999.
Jülicher, Jochen, Effata – öffne dich, Übungen zu den Heilungsgeschichten der Bibel, Echter Verlag, Würzburg 1997.
Lambert, Willi, Gott umarmt uns durch die Wirklichkeit, Matthias-Grünewald-Verlag, Mainz 1999.
Mühlen, Heribert, Einübung in die christliche Grunderfahrung, Zweiter Teil: Gebet und Erwartung, 5. Auflage, Matthias Grünewald Verlag, Mainz 1978.
de Mello, Anthony, Mit Leib und Seele meditieren, Verlag Herder, Freiburg 1998.
Nouwen, Henri J.M., Nimm sein Bild in dein Herz, geistliche Deutung eines Gemäldes von Rembrandt, Verlag Herder, Freiburg 1991.
Sanford, Agnes, Heilendes Licht, Edel-TB,Oekumenischer Verlag Dr. R.F.Edel, Marburg 1978.
Schaupp, Klemens, Gott im Leben entdecken. Einführung in die geistliche Begleitung, 3. Auflage, Echter Verlag, Würzburg 1996.
Schellenberger, Bernardin, Gib deiner Seele Flügel – Mystische Augenblicke für jeden Tag, Verlag Herder, Freiburg 1999.
Smalley, G. /Trent, J., Bitte, segne mich. Auf der Suche nach dem verlorenen Segen, 2. Auflage, Francke Verlag, Marburg 1992.
Spaemann, Heinrich, Orientierung am Kinde, 6. Auflage, Johannes-Verlag, Einsiedeln 1984.
Stutz, Pierre, Ein Stück Himmel im Alltag, Sieben Schritte zu mehr Lebendigkeit, Verlag Herder, 3. Auflage, Freiburg 2000.
Thurmann, Chris, Lügen, die wir glauben, 3. Auflage, Schulte & Gerth, Asslar 1992.
Toaspern, Paul, Stille vor Gott. Eine Einführung in evangelische Einkehrtage, 2. Auflage, Evangelische Verlagsanstalt, Berlin 1980.